中国政治学人
Academics of Chinese Politics

比较政治学解析

The Analysis of Comparative Politics

李路曲 著

中央编译出版社
Central Compilation & Translation Press

目录

序 言 ... 1
第一章 比较政治分析的基本逻辑和操作方法 ... 1
  第一节 比较政治分析的基本逻辑 ... 1
    一、政治分析的因果逻辑：非比较性的 ... 1
    二、比较政治分析的逻辑 ... 5
    三、比较政治研究的逻辑过程 ... 11
    小 结 ... 13
  第二节 比较政治分析的基本方法 ... 14
    一、个案取向的研究方法及其效用 ... 14
    二、变项比较研究的方法及其效用 ... 26
    三、理论检验的方法 ... 30
    小 结 ... 34
  第三节 从单一国家研究到多国比较研究 ... 35
    一、研究范式转换的趋势 ... 35

目录

Contents

二、引入比较方法的必要性与困境	40
三、案例设计的比较性	46
小　结	50
第二章　理性选择理论及其分析方法的演进	52
第一节　理性选择理论的方法论特征	52
第二节　关于理性选择理论的争论	58
一、关于物质利益动机的争论	58
二、关于偏好和决定论的争论	62
三、关于信息不完全与人的计算能力的争论	63
四、关于历史与背景的作用的争论	69
五、关于路径依赖的争论	71
第三节　经验理性及其分析方法的发展	73
一、经验理性及其分析方法的渊源	73
二、经验理性及其分析方法的发展	75

目录

  三、两种经验理性路径及其分析模型 79
  小 结 84
 第四节 理性选择理论在政治分析中的应用 85
  一、应用理性分析所要注意的问题 85
  二、集体行动理论在政治分析中的应用 87
  三、国家中的个体行动者及其决策行为 91
  四、政治行动者之间的策略互动 97
  小 结 106
第三章 文化主义理论及其分析方法的演进 107
 第一节 文化分析中的诠释理论 107
  一、诠释在文化分析中的地位和作用 107
  二、诠释的类型 111
  三、关于诠释理论的争论 119
  小 结 125

目录
Contents

第二节	文化的冲突与认同的建构	126
	一、文化与政治行为	127
	二、文化差异与社群边界及其冲突	131
	三、文化认同的建构	136
	小　结	140
第三节	政治文化研究的兴起和发展	141
第四节	政治文化概念的发展与困境	146
	一、概念的缺失及其对理论的制约	146
	二、机制在理论中的作用	151
	三、多重的概念困境	153
	四、社会资本概念的引入及其局限性	160
	小　结	165
第五节	政治文化与政治变迁	166
	一、问题的提出	166

目录

　　二、关于政治文化变迁的争论　　168
　　三、政治文化理论的连续性假设　　177
　　四、范式保存的变化与非连续性变化　　181
　　五、政治转型时期的文化变迁　　187
　　小　结　　190
第六节　社群与国家认同的变迁与构建　　190
　　一、文化与社群认同的特性与功能　　191
　　二、关于社群认同产生的三种观点　　195
　　三、文化认同的变迁　　200
　　小　结　　205
第七节　政治仪式功能的变迁　　206
　　一、政治仪式的政治和文化意义　　206
　　二、政治仪式基本功能的演变　　209
　　三、后现代社会中政治仪式功能的某些变化　　212

目录

  四、政治仪式的结构特质及其内在动力 215
  小 结 218
第四章 结构主义理论及其分析方法的演进 219
 第一节 结构主义分析方法的产生与发展 219
  一、问题的提出 219
  二、宏观分析的特征及其嬗变 224
  三、历史与社会科学相互建构中的"分析性叙事" 229
  四、结构主义与能动主义的结合 235
  小 结 239
 第二节 制度变迁的动力、特性与政治发展 239
  一、制度变迁的动力 240
  二、制度变迁的特性与政治发展 243
  三、制度变迁的同构性、创新性与政治发展 249
  四、关于制度变迁的本体论问题 253

目录

小　结	258
第五章　比较政治学理论的发展趋势	**259**
第一节　问题的提出	259
第二节　三大研究范式的本体论与方法论特征	260
第三节　三大研究范式的一致性探寻	265
第四节　以现代性为核心的理论构建	268
第五节　兼容性理论和模型的发展	270
小　结	275
英文参考文献	**277**
中文参考文献	**292**

序　言

我的学术研究是从国别研究起步的，20世纪80年代崛起的"亚洲四小龙"以及国内外学术界对它的关注，使我在80年代末决定研究新加坡问题。在此研究的基础上，90年代后期我的研究又扩展到了东亚的政治发展和政党问题。2000年代中期，为了进一步比较的需要，我也研究了几年欧洲的政党政治。此后，由于感到研究的局限，又在五年前开始关注比较政治学的理论和方法。可以说，我的研究和教学走过了一条从一国研究到多国比较和地区比较，再到理论与方法的学术道路。当然，无论是在哪一个领域，研究的深度和广度都还远远不够，尤其是对比较政治学的理论及某些方法的掌握，我更是一个后来者和学习者。

正如一些学者指出的，由于多种原因，中国的比较政治学一直发展较为缓慢，理论创新的基础和条件还不成熟。[1] 因此，如何积累理论创新的基础和条件是中国的比较政治学者的重要任务。在这方面，我以为，首先要对产生

---

[1] 可参阅李辉、熊易寒、唐世平：《中国比较政治学研究：缺憾和可能的突破》，载《比较政治学研究》第4辑，中央编译出版社2013年版。

于西方的比较政治学的理论和方法进行系统而深入的研究和解读，进而从自己已有的对政治现实的经验研究出发来对这些理论进行进一步的阐述和检验，这也是目前中国的比较政治学者可以进行创新的领域。实际上，正如曹沛霖先生所说，中国的国别研究和区域政治研究有相当的水平①，尽管在这两个领域中也缺乏对比较政治学的理论与方法的系统的运用，但有一些直接的案例研究和比较还是比较成熟的。作者也曾在这方面进行过一些努力。

其次，中国的比较政治学者还需要在研究中系统地使用规范的和科学的方法，无论是案例研究的方法还是统计分析的方法都要有更严格的规范性和科学性。这一点说起来容易，做起来却不那么容易，因为这不但因为我们对方法的研究还远远不够，更重要的或许是从事政治学尤其是比较政治学的学者的条件远远不及国外的同行以及国内的经济学和其他学科学者的条件，无论是人力还是财力来看都是如此，这严重地限制了它的进一步发展。当然，尽管如此，中国的比较政治学者也在不断地发展着这门学科，不断地推进它的进步。

本书解析了比较政治学的基本理论和方法。客观地说，比较政治学的这些基本理论和方法完全是由西方政治学家所创立并不断创新的，但是，正如学界包括西方学者自己所指出的，这些理论和方法还有很多缺陷，在很多情况下并不能完全有效地解释政治现实问题；而且，"理论是灰色的，而生活之树常青"，政治现实的发展总是给比较政治学提出新的问题，需要它加以解决，并要求人们在解决过程中对理论进行修正或创新。中国比较政治学的发展首先需要进一步地掌握并应用比较政治学的基本理论和方法，在此基础上根据世界和中国的政治现实来解读、应用、验证并修正这些理论，只有在此基础上才能有所创新，并构建新的理论范式。

本书的第一章首先阐述了比较政治分析的基本逻辑，指出这一逻辑是指复杂而多重的关系中探索政治现象之间的关系，使那些在非比较研究中无法

---

① 参见曹沛霖在2012年武汉大学"比较政治与政治文化研讨会"上的书面发言。

排除或认为由于相互抵消而不起实际作用的变化因素，但在实际上可能是起作用的因素成为解释研究对象的一个有机组成部分。这一基本逻辑的落实就是它的操作逻辑或基本的研究方法，这是指贯串于政治分析之中的具体而直接的应用方法之中的逻辑关系，这表现在从个案方法到统计分析之间有着一脉相承和相互补充的逻辑关系，由此既可以满足人们对政治现象或个案进行深入而全面的研究和理解，也可以满足人们对大量的相关变量进行量化分析，由此体现着比较分析的系统性。

其次，从一国研究到多国比较研究不仅是比较政治研究的现实路径，不仅反映了研究视野的扩大，而且是研究方法的发展。在一国研究中引入比较方法为研究提供了新的分析工具和新的分析视角，这为全方位地分析和解释复杂的政治现象提供了可能性和合理性。但如何才能有效地引入或应用比较方法，在学界进行着不同路径的探索，而案例研究由于本身所具有的单一性和比较性，使其成为重要的思考技巧和研究设计。

第二章分析了理性选择理论及其分析方法的演进过程、关于它的优长和缺陷以及它在政治分析中的应用等。

理性选择理论有两个基本的方法论特征。一个是它的理性人假设，这是指人的本性是理性的，每个人都是按照理性的思维方式来行事。当然，作为一种政治学理论，即使是早期的理性选择理论也与经济学有所不同，这表现在它注意到复杂环境的影响，承认制度的作用以及注意到冲突和权力问题，并在此后为应对这些问题修正了相关原则，例如，明确界定了制度和其他背景性的特征，这些制度与特征决定了行动者可能的选项以及不同选项的成本和收益。

理性选择理论的另一个基本特征是它的方法论个体主义，这是指理性选择理论是以个体为分析单位，在研究中将研究对象化约到个人和个体。它认为政治行动的主体只能是具体的个人，而非想象中的集体。方法论个体主义与方法论集体主义相比，前者认为客观认识源于对个体现象的研究，后者则认为客观认识源于对群体现象的研究。方法论个体主义认为，集体本身既不能思考也不会行动，没有人能够描述出一种集体能有像个人一样作出决策的机制，因此，如果一个论点在个人层面被证明没有意义，那么无论它在其他方面如何可信，都经不起时间的检验与更为仔细的甄别。而方法论集体主义则认为，人的社会属性决定了他必须生活于共同体中，社会关系是人的本质，只有从社群、民族、国家、阶级、政党等集体单位出发，才能准确地说明个人行为。

在理性选择理论看来，民主社会的政治领域像经济领域一样，存在着一种市场关系，存在着一个提供公共物品的政治市场。经济市场和私人选择相关，个人为了获取私人物品与他人进行经济交换；政治市场和公共选择相关，它将分散的个人偏好整合为公共决策。

应用理性选择理论进行政治分析，研究政治发展和辨识政治行为，是理性主义者的主要目的。在进行这种分析时，要求辨识相关的行动者，分析他们的偏好，并找出偏好影响行为的可信证据。在把偏好作为原因而影响行动的研究过程中，需要对复杂的事物进行抽象分析和逻辑演绎，这时人们可能会犯错误，但这一过程是基本的，有时是试错的过程。如同其他一些理论一样，理性选择理论没有规定自己的检验假设的特定方法，但是，要想使自己的演绎逻辑及其论证有说服力，就要对证据进行严格的检验，以确定它们是否符合演绎逻辑的结果。

我们在应用理性选择理论分析政策制定和政治改革时，要认真关注潜藏于相关个体行动者的心理和认知，这意味着要对行动者的动机作出明确的表述。如果调查的行动不是目标导向的，例如，大多数有关如何获取价值观的学习模型中的行动就是如此，那么就需要弄清楚行动者是如何想的。如果行动是目标导向的，但理性选择方法中使用的自利假定并不能描述现实，那么就需要说明到底是什么动机驱动了行动者，并想清楚在不同环境下这些动机是如何影响决策的。

第三章首先阐述了文化分析理论的类型，对文化分析中的诠释理论进行了探讨，指出比较政治中文化分析方法的核心是对政治现象进行诠释，在此基础上，它建立了不同的分析模型，其中人文主义的诠释模型把主体看成是有高度自主性的主体；具有社会科学倾向的诠释模型在承认主体自主的基础上把理性看成是纯粹的和具有一定普遍性的；以后结构主义和后现代主义为基础的诠释理论主张对传统与实践进行去中心化，同时，否认普适性的主体和理性；新的反基础主义的诠释模型是在一定程度上承认了主体和理性，主体要受客体的制约，理性不具有普遍适用性，而是一种有限推理。无论是哪一种分析方法，都是以经验研究为主，没有摆脱文化分析的模糊性和潜在性，尽管程度不同。

其次追述了政治文化理论的兴起和发展，对政治文化理论的发展与困境进行了系统的分析，指出政治已经成为一个较为成熟的理论范式。但是，它仍存在着核心概念上的局限性，这也严重影响着它对政治现实的分析，因为如果一个理论没有解决内部的概念问题，它就可能自相矛盾或使解释机制模糊不清；如果没有解决外部的概念问题，就可能忽视与它相关的研究传统的基本认知和概念借用及创新。政治文化研究所使用的主观性文化概念，从政治文化、社会资本到价值观是有所进步的，但仍难以观察或确定，从而使它无法摆脱对经验性研究方法的依赖。把这些概念应用到政治文化研究中，难以提供令人信服的因果关系或其他确定性的解释，它们在如何激励个体行动和在聚合人们行为时是如何保持连续性或发生变化的问题上也存在着局限性，因此概念构建是不可避免的。

最后，对政治文化与政治变迁的关系等重大的政治文化研究中的问题进行了分析，指出政治文化理论的连续性预期是它解释政治变迁的一个基本观点，但这一观点一直受到质疑。实际上，文化变迁的连续性可能会随着变迁而改变或被调适，文化变迁的中断在一定条件下是存在的。

第四章首先对结构主义理论及其分析方法的演进进行了论述，指出结构主义因超越了集体主义和个体主义的方法论视角而受到重视，但它因忽视了能动性而一度受到严厉的批评。在回应这种批评也即自身发展的过程中，它出现了一种发展趋势及两条发展路径：一种趋势是它超越结构主义的局限而力图展现出结构与能动的关联性；第一条路径是从宏观分析到新历史制度主义，它以缩短研究时限，限定制度问题，压缩思考范围来增强解释力，并在相当程度上处理了结构与能动的关系；另一条路径是在宏观分析中处理结构与能动之间的关系。从方法论上来看，它力图通过制度来进行科学主义与阐释主义的结合。这种结合强调分析性选择和叙事性建构之间存在着强关联性，强调要在对案例进行系统建构的基础上对其进行加工，以便进行系统的比较。

其次对学界关于制度变迁的动力、特性及制度变迁理论在政治发展中的应用进行了论述，指出尽管新制度主义的不同流派对制度、观念、主体以及它们之间的关系的看法存在着差异，但它们都认为制度变迁的动力产生于制度变迁主体的预期。那么，主体进行制度变迁的方案和构想是如何产生的？理性制度主义的最新成果认为这是主体学习的结果，个体在竞争压力下在实践中的学习活动可以产生对新制度的构想，而历史制度主义则认为这是历史的制度和观念作用于主体的结果。

第五章对当代比较政治中的三大研究范式即理性主义、文化主义和结构主义出现的一种相互兼容的发展趋势进行了分析，指出它们在弥补自己的缺陷和面对问题主义的挑战时，在不断发展自己的研究方法时还通过吸收其他研究范式的方法来发展自己，后者已经成为普遍的研究路径。为此，学者们以这三大研究范式为中心建构了各种兼容性的亚理论或模型，甚至有一些理论企图把这三大研究范式整合进一个研究框架或模型之中。

实际上，它们是从不同的视角研究人的行动，或者说，可以在人的行动问题上统一起来。比较政治学中的问题处境与研究设计基本是由这三类要素形成的自然模型组成，而这三种理论或模型的发展价值在于通过它们之间的批判性对话来揭示它们之间的各种接合，在这些接合之处，一个范式的缺陷可以得到其他范式的弥补。尽管各种亚理论或研究模式的出现也在一定程度上反映了

"主义导向"向"问题导向"的研究趋势，但这种趋势不是放弃理论而是通过构建对研究对象更具有针对性的研究模型来弥补理论的不足和增强其适用性。它表现在从对普适理论的追求转向在特定问题领域内运用理论工具对其构成条件的专门分析；在特定问题领域内主要的方法论和各类观点视角得以展示并呈现相联合的态势，以求对特定问题领域作出较为综合的理解。

对于那种企图放弃理论构建而完全转向问题研究的趋势，应该看到比较政治学理论是在早年人们看到问题导向的研究缺乏说服力的情况下针对其研究缺陷而发展起来的，因此，在看到现有理论缺陷就又回归问题导向并不是一种明智之举。而对比较政治学的各种研究范式进行深刻的理解和批判，寻找它们之间的一致性，推动各研究范式之间的创造性交流，进而兼容和综合各种研究取向，才有可能发展强释力的理论。实际上，任何研究都可以纳入一定的理论与概念框架之中，虽然问题导向的研究声称自己不遵循任何理论框架，但其研究策略一般都与一定的理论方法中的某种研究策略兼容，因而我们无法在理论性研究与实践性研究之间作出严格的区分。所以，理论导向和问题导向的比较主义者都应该认识到，对理论进行批判性的理解是阐明、重述和扩展经验性研究的最好方式。

本书的写作过程可以反映我这一时期的学术研究状况。尽管我已经尽了最大的努力，但由于本书所涉及的领域广泛，以及水平所限，因而毋庸置疑，本书中对所有问题的研究都还有很大的不足，有待于学界同仁和读者的批评指正。

最后，我要感谢所有在本书写作过程中给予支持和帮助的朋友，感谢本书的责任编辑侯天保为本书付出的辛勤劳动，感谢研究生吕进、杨晓起、张飞龙、高俊龙、凌海、任真真、李雪君、刘星安为本书的资料收集和整理以及校对付出的劳动。

李路曲

2014年3月9日

第一章 比较政治分析的基本逻辑和操作方法

第一节 比较政治分析的基本逻辑

比较政治分析的基本逻辑是在复杂而多重的关系中探索政治现象之间的关系,使那些在非比较研究中无法排除或认为由于相互抵消而不起实际作用的变化成为解释研究对象的一个有机组成部分。这一基本逻辑的落实就是它的操作逻辑,这是指贯串于政治分析中的具体而直接的应用方法之中的逻辑关系,这表现在从个案方法到统计分析之间有着一脉相承和相互补充的逻辑关系,由此既可以满足人们对政治现象或个案进行深入而全面的研究和理解,也可以满足人们对大量的相关变量进行量化分析,由此体现着比较分析的系统性。

一、政治分析的因果逻辑:非比较性的

政治分析就是探索政治现象间的因果关系,从其最核心的意义或特点上来说,它并不是比较性的,或者说直接

进行单一因果关系分析的方法通常不应被看作是比较性的。例如，如果一个农民参加了村长的选举，而其动因就是因为候选人是自己的亲戚。如果仅就这一因果关系进行调查，那么这很难说这是比较性的。进一步来说，政治学中一些试图对社会和政治现象作出解释的方法并不是比较性的，而主要是使用自己建立的概念或范畴寻找政治现象间的联系。例如，在研究英国的选举情况时发现处于社会底层的印度移民有投票给工党的行为取向，由此可以根据这个案例进行演绎，把它解释为受到压迫的少数民族或一个民族处于社会底层的成员倾向于把票投给左翼政党。这就成了一般性的命题，即少数受压迫者在选举中倾向于把票投给左翼政党。要应用这个命题或理论，就要从这个一般性命题的逻辑中寻找相关的个案，即这一理论为预测其他个案提供了分析的基础。例如，基于这个命题的普遍性和现实性，可以逻辑地推断美国的拉美裔和黑人中的下层阶级倾向于投票给民主党。这是按照因果律来推导的命题，它从直接观察的现象中推导出结论，这一推理就是"受压迫的少数人"存在着"投票给左翼政党"的行为倾向。[①] 这两个变项关系都是因果属性的，前者导致了后者。用这种方法，人们就可以在建构假设和理论时，从直接观察特定的政治现象所得出的有限因素或因果关系中推导出更多的政治现象或既定环境中的后果。我们之所以说这种方法和逻辑不是比较性的，不仅因为从印度移民投票给工党的行为推导出"社会底层成员有投票给左翼政党的倾向"这一假设是从单一因果关系或变项间关系中推导出来的，而且它在应用和推广这一假设时也没有进行多个案例的验证。

另外一种情况是把比较政治分析的方法界定得很宽泛，在非常广泛的意义上使用这一方法，在持这种观点的学者看来，个体研究或个案研究无不是比较研究的一个组成部分。尽管在很多情况下确实存在着这种潜在的比较性，例如上述关于村民选举村长的情况，你可以说这个村民之所以选举自己的亲

---

① 〔美〕劳伦斯·迈耶、约翰·伯内特、苏珊·奥格登：《比较政治学——变化世界中的国家和理论》，罗飞等译，华夏出版社2001年版，第4页。

戚当村长，是因为他在自己的亲戚与非亲戚候选人之间进行了比较。如此，尤其是半个多世纪以来比较政治学的视野和研究范围的扩大以及全球化趋势，使孤立的研究越来越少了，但这种看法仍然不能概括所有的现象，也不能得到一些比较学者的认可。

一些专门从事比较政治学方法和理论研究的学者是在严格的意义上来表述这一方法的，他们把宽泛意义上的"比较"排除在了比较政治分析的方法之外。这样，狭义的个体研究或国别研究就不被看成是比较政治分析的一部分，这在传统的政治研究中是常见的情况，在当代也有很多这种情况，例如文化分析中的阐释学方法就是如此。

理论的解释功效的强弱和是否经得起实践的检验，是衡量其科学性的重要标准，也是它与错误的或者不是以因果律为核心的方法相区别的标准。进而，一种理论是否具有科学性和普遍性也是可以检验的，因为它要为人们所接受，只有在从它的逻辑中推导出的假设或普遍性与现实情况相一致时才有可能，否则就缺乏适用性和科学性。当然，严格说来我们从来也不能证明一个假设或理论是完全正确的，因为科学理论的指向是无尽的未来，而我们不可能找到所有相关的证据。如果说在自然科学或社会科学的某些领域中"正确的理论"只具有相对完整性的话，那么在政治科学中这种相对完整性中的完整性则更要少一些。例如，对重要的社会革命或社会改革动因的探讨总是相对的，因为不仅某一特定国家的动因充满着复杂性，我们很难穷尽与其相关的各种因素或变项的影响，而且对不同国家的探讨会因为它们各自环境的不同而更加难以检测。但是这并不妨碍我们设立某种标准，通过从某种理论中可以证明或不可以逻辑地导出某种现象来对相关假设或理论进行论证和检验。

由此看来，任何关于政治现象非比较性的因果关系的研究，只能分析出它们之间的一些主要的因果关系，这还意味着潜在地认定了所有其他相关而未被分析的因素的作用会相互抵消，否则就不能认定那些原因是主要原因。

而这在很多情况下并不能真实地反映现实政治世界的情况，因为政治现象及因果关系间的联系很少是单一的或简单的，通常是复杂的。因此，一般政治分析所能提供的对复杂政治现象的解释总是不完整的，而从这样的解释中所产生的结论也在更大程度上是"或然性的"，或概率性的，也就是说它假设的是在一定环境中可能而不是必然发生的事情。这种理论解释的基本逻辑仍然与传统政治分析的逻辑一样，是从一般的假设来对事物进行推理和预测性解释，这就使它在预测的准确性和解释的完整性上有一定的局限性。而这正是比较政治分析可以在很大程度上解决的问题，尽管它也不能完全解决这个问题。我们最终看到，一般的政治分析与比较政治分析没有本质的区别，其基本逻辑是一致的，只是在操作逻辑及其方法上有一定的差异，在解决复杂问题的范围和程度上有一定的差别。比较政治分析的操作逻辑的特点是它的多重性和比较性。

比较政治分析的起点和作用是，当受到非直接的或多重自变项的影响而难以导出因果关系时，或者出现未被分析的变项的影响或"伪相关因素"的影响而使某些个案与理论推导出的假设和规则不相符合时，就需要我们从这些特殊的个案中进一步去寻找相关变项间的关系，并在此基础上形成新的因果关系，这就是比较政治分析所要达到的目的或任务。举例来说，在受教育程度与政治态度之间有一定的关联，一般来说，受教育程度越高，宽容度也越高。但是有些人却与此相反，尽管他们受教育程度很高，却不能容忍任何异议。原因可能有多种，其中宗教信仰可能是一个重要的原因，也就是说由于对某一宗教的虔诚信仰会使某些受教育程度很高的人不能容忍异议的存在。由此看来，只有在非宗教影响的情况下高教育程度才能产生宽容。[1] 这样，通过对宗教因素的分析，我们会使对这一命题的解释变得更为丰满和准确。这里的教育程度与宽容是一对直接的因果关系，而宗教因素是在特定研究过程

---

[1] 〔美〕劳伦斯·迈耶、约翰·伯内特、苏珊·奥格登：《比较政治学——变化世界中的国家和理论》，罗飞等译，华夏出版社2001年版，第5页。

中发现的另一相关因素，实际在这里也就成为了另一个自变项，比较分析就是把这一因素影响纳入研究过程进行分析的有效方法。这就是说，要检验和发展这个命题或理论的正确与否或适用程度，要在现实世界中寻找相关的案例来进行检测，这本身就是比较性的了。

二、比较政治分析的逻辑

比较分析是社会科学研究的一种基本方法，因为在多数情况下社会现象都不能仅靠单一分析来完成，而是要通过综合分析各种因素来取得正确的结论。[1] 例如，要对一些社会在现代化飞速发展和社会转型时期暴力事件增多这一政治现象进行解释并总结出规律，就不仅要对这些事件中每个参与者的行为进行分析，还要对这些社会的社会环境甚至历史传统等相关因素的影响作出解释，而这只能通过比较政治分析来进行。因此，比较研究的特点或合理性是分析和评估各种变项间的关系并解释它们，以从中得出合理的结论。我们大致可以用三种不同但最终相关的路径和目标来表述比较政治分析的这一过程：一种是为寻找因果关系而系统地考察各相关变项中发生的相似变化，例如亨廷顿对 20 世纪后期数十个发展中国家政治转型的研究就是如此，他通过比较而找到了发生这类政治转型的普遍原因和各国的特殊原因。[2] 二是以某一特定的理论或概念来解释某些现象间的因果关系，并为检验某些理论或概念而考察一定数量的案例。这种比较方法可以通过在不同的案例中解释变项间的因果关系或理论的适用性而完善和发展理论，至少也可以扩展理论的适用范围。例如马克思的社会革命理论是从研究社会发展规律和欧洲 19 世纪的革命中总结出来的，我们可以这种理论为指导研究后来的俄国十月革命和中

---

[1] 有些学者坚持比较政治是一个宽泛的概念，几乎所有的政治分析都可以包括在比较分析之内，例如马克·利希巴赫等，可参见〔美〕马克·利希巴赫、阿兰·S. 朱克曼：《比较政治：理性、文化和结构》，储建国等译，中国人民大学出版社 2008 年版，第 5 页。

[2] 〔美〕塞缪尔·P. 亨廷顿：《变动社会的政治秩序》，张岱云等译，上海译文出版社 1989 年版；《第三波——20 世纪后期民主化浪潮》，刘军宁译，上海三联书店 1998 年版。

国革命以及其他国家的革命。在这一过程中，一方面这一理论可以使我们深刻认识和解释各国革命的原因、过程和性质，包括导致革命爆发的相关的经济和社会矛盾以及阶级关系等；另一方面通过增加对这些重大案例的考察和研究可以进一步检验马克思的社会革命理论以及欧洲的革命经验，找到它与后发展国家革命的联结点，并根据本国的情况扩展或减少它的某些适用性，进而发展和丰富这种理论。三是为了弄清相关发展中的相似性和差异性，以及从中找出政治现象间的联系，通常至少要考察两个案例，尤其是需要建立一个合理的比较框架，以解释政治现象在相关变化过程中是如何在各自的背景中以不同的或相似的方式发展的，或者说由于受到相同或不同因素的影响而导致它们相似或有所不同的。[1] 例如，我们要弄清中国和新加坡政治发展中的相似性和差异性，甚至要弄清其中一国的特点，都要对这两个案例进行考察，而不能只考察其中的一个，同时建构什么样的分析框架或以什么方式和如何进行考察也是重要的，它决定着考察的质量和结果。[2]

从以上看来，比较政治分析的基本逻辑就在于通过在复杂而多重的关系中探索政治现象之间的关系，使那些在非比较研究中无法排除或认为由于不存在或相互抵消而不起实际作用（通常有一定作用）的变化成为解释的一个有机组成部分。无论是系统地考察各种变项的影响、用相关的理论范式进行分析或通过案例来进行检验，还是建立相似性或差异性的比较框架，都在于它是通过处理复杂关系或建立比较框架来分析政治现象的。从这个意义上讲，比较政治分析不仅是一种对现实问题进行分析的方法，还是一种对理论或概念进行建构的方法，其中所包含的归纳逻辑可以对处于不同国家或文化背景中的同类现象进行归纳，使解释和概念具有普遍性。

当我们在研究中发现了原以为既不是自变项也不是因变项或处于某一因果关系链条之外的相关变项时，就需要通过比较分析来确定或排除它的影响。

---

[1] Skocpol, Theda, and Margaret Somers, "The Uses of Comparative History in Macrosocial Inquiry", in *Comparative Studies in Society and History*, Vol. 22, 1980, pp. 174-197.
[2] 可参见李路曲：《我国与新加坡政治发展模式的比较》，载《理论探索》，2008年第4期。

由于比较政治是将政治或社会系统作为整体来进行分析和归纳，所以它可以顾及到政治现象发生前后各种情境因素的作用和横向的相关性，这包括一个国家的历史经验、地理环境、经济社会和文化结构等。这些因素对具体的变项、变化或体制都可能产生重要的影响，例如不同的经历或所受的任何特定的刺激或挑战都会对人的态度和行为产生影响，致使在不同的国家和处于不同时期的人民对权力有着不同的态度。而比较政治分析就是通过对这种发生在不同情景中的态度或政治现象发生时的情境因素所产生的影响进行分析和归纳，从而解释这种态度的特殊性和普遍性。

迈耶等以某些国家的性别、宗教和政治倾向为变项，通过阐述它们之间的变化关系来说明比较政治分析的作用。他们指出，由于原教旨主义礼仪的复苏，某国的妇女近年来倾向于更为信奉宗教，由此可以得出"妇女比男性更为保守"的结论。这样的因果关系模型是：性别—宗教信仰—政治倾向，到这一步只能说是直接进行政治分析的结果，还不能说是比较性的。但在此基础上，进一步的研究发现，这种因果关系在一些国家存在，在另一些国家里则不存在。例如，英国在宗教信仰上就不存在性别上的差异，自然也就没有由性别差异而导致的政治倾向上的差异。现在我们还不能由此推断在其他国家不存在这种因果关系，也不能由此推论英国是一个例外，得出除英国以外的所有国家的妇女都比男性更为保守的推论，因为作为一个专有名词的英国是一个独一无二的实体，它既不能完全代表其他国家的情况，也不能说明其他国家与它的情况不同。然而，理论是要对各种个案作出解释，使我们能从直接观察中提出假设或结论，从而不再局限于对事物的描述。因此，在这项研究中，我们要进一步研究哪些是导致英国被排除在解释性规则或理论之外的因素，或者归纳出哪些是英国的特殊因素或变项，这些特殊因素或变项导致了它不受"妇女比男性更保守"这一普遍性命题的支配，并可能从这种特殊性中推导出另一个一般性的命题，例如，推导出在高度世俗化的国家中男性和女性的开放或保守性是相等的或其他什么结论，这就是比较研究所要做的工作。由此得出的结论是，上面的因果关系模型只适用于那些宗教信仰程度较高的国家，而不适用于高度世俗化的国家。用普齐沃斯基和托伊恩的话说，就是必须将政治体制的某些专有特性转换成普遍性，在我们的例子里，就是将"英国"这个概念转换为"高度世俗化的国家"这个概念①。这是揭示比较方法精髓的一种方式。

这种情况告诉我们，如果一个假设在某些情境中适用而在另一些情境中并不适用，那么用比较方法来进行进一步的分析是有效的。对多个案例和变项进行比较，能使我们推导出不同情境影响变项的各种因素和规则。同时，如果不在跨国家和跨文化的广度上进行比较分析和归纳，我们就不能发现更多的情境因素是否在归纳过程中起作用，不能确定某个假设是否在特定的情境中真实和适用。由此看来，政治分析最终不可避免地要成为比较性的，而比较分析在本质上与建构政治解释和理论的政治分析也没有什么不同，只是方法上和策略上会有所差异。

尽管比较政治研究主要是以国家为单位进行的，但这并不妨碍在一国范围内的时序和空间上使用比较方法，尤其是在各地存在着明显差异的大国之中。在大多数情况下人们对本国的情况有更深刻和更全面的理解，因而也就更容易进行比较。这种比较可以是对一个国家不同时段上的情况进行比较，也可以是对一个国家内不同地区和制度的情况进行比较，这与跨国比较没有什么本质的不同。在这个意义上，比较方法的应用不在于是从事一国研究还是多国或世界范围的研究，而要看它是否真正是比较性的。当然，如果比较只在一国范围内进行，没有广泛的跨国比较，没有充分包括政治、社会和文化的差异性的影响，那么其比较研究的结论则很难具有科学性和普适性。

任何政治现象都具有独特性和复杂性，然而这并不能否定它们之间也存在着相似性，因而也就不能否定对它们进行归纳的可能性和价值。事实上，

---

① 〔美〕劳伦斯·迈耶、约翰·伯内特、苏珊·奥格登：《比较政治学——变化世界中的国家和理论》，罗飞等译，华夏出版社2001年版，第7—8页。

通过归纳寻找相似性的比较过程是建立在假定被比较的对象在大多数方面都是不同的基础上进行的，这个过程实际是在"不同的"事物中去发现某些"相同的"方面，而对于完全相同或同一现象是没有必要去进行归纳并寻找其相似性的，也就是说没有比较的必要。例如，对英国革命和法国大革命发生原因的比较，是在承认英国革命和法国革命本身是两个相互独立或不同的政治现象的基础上去探求导致它们爆发的共同的和不同的因素或变项，结果发现了资产阶级的发展是革命的主要推动力这一共同的自变项。尽管两国的资产阶级本身也还有诸多的不同，但那多是引发其他相关变化的变项。

由此看来，比较政治分析的逻辑是"间接"的而不是"直接"的，是"群体性"的而不是"单一性"的，它不是直接或单一性地去探寻政治现象的因果关系，而是通过分析政治现象内部和它们之间的多重关系和变项来探寻它们之间和内在的因果关系。实际上，由于政治现象间的关系大多是复杂的，只能通过这种对"群体"的多重因素的"间接"性综合分析与归纳才能得出较为全面和客观的结论。例如，尽管一度统计方法成为比较方法中具有支配性趋势的一种方法，但其研究单位的变项或单一化倾向与我们所讲的典型意义上的比较研究单位的多重性和群体化倾向有明显的差异，这导致了统计分析本身的计算和分析可能是准确的，但它的效用和结果并不可靠，因为它所分析的现象并不全面，也缺乏相关因素的比较，因而没有从根本上解释或解决问题。例如，由对一些国家的社会调查和统计数据所建立的回归线说明了不同年龄、国体以及时代与政治价值观的关系，但这并不能完全说明其中的某个国家之所以处于或偏离这条回归线的所有甚至某些重要的原因，而这只能通过对更多的相关因素进行多维度的充分的比较分析才能阐明。有的学者把这种情况看成是这两种方法对潜在的和伪相关因素或变项的控制能力的不同，他们指出，任何一个政治和社会现象或变项都可能受到多种因素或变化的影响，在这种情况下统计方法很难辨别其中真正发挥影响力的变项，或把所有影响力的变项都挖掘出来，在这种情况下对复杂的政治现象就难以作出有力的解释。而比较政治所要研究和解释的问题也就是关键之处在于要确定哪些相关性在经验上和理论上真正有价值，从而找到真正的因果关系；或者哪些没有价值和不具有真正的相关性。这既是它的价值所在也是困难所在，尽管在理论上它也很难能完全做到这一点，但至少可以在更大程度上做到。

简言之，鉴于社会现象和变化的诸多外部影响之间相互作用的复杂性，比较政治研究的一个完整的过程或任务不仅是要在比较框架中对政治现象的分析和归纳，从这种分析和归纳中提出假设和理论，还要在比较框架中辩明或论证它所提出的假设或因果关系是否具有普适性。

实际上，密尔（John Stuart Mill）很早就提出了寻找因果关系的基本逻辑并从哲学上进行了解释，尽管他没有把其称为比较方法或比较政治学，但这后来作为这个学科的一个基本问题和方法一直持续到今天。[①] 在密尔对因果关系的分析中，他提出了要证明变项之间的因果联系有三种方法：一是求同法。它认为如果发现某些现象中只有一个与自变项有因果关系，那么这个自变项就是这个现象发生的原因。二是求异法。它认为如果一个现象或因变项在一个案例中发生了，而在另一个案例中没有发生，而调查发现两个案例的情况只有一点是不同的，其他均相同，那么这一点就是那个现象发生的原因。三是共变法。它认为如果两个变项有以同一种方式变化的趋向，那么它们就是有一定联系的，这种联系或者直接是因果性的，或者间接（通过某种第三种变项）是因果性的。[②] 这种辨识因果关系或比较的逻辑和方法是比较政治学的基本逻辑和方法，但它并没有完全解决操作的问题，因此，密尔像现在许多学者一样，认为因果关系的复杂性阻碍了找到真正的因果关系的可能。这种

---

① Blalock, H., *Causal Inference in Nonexperimental Research*, Chapel Hill: University of North Carolina Press, 1964; Asher, H. B., *Causal Modeling* (rev. edn), Beverly Hills, CA: Sage, 1983; King, G., R. O. Keohane and S. Verba, *Designing Social Inquiry: Scientific Inference in Qualitative Research*, Princeton University Press, 1994, pp. 75 - 114.
② 〔美〕B. 盖伊·彼得斯（B. Guy Peters）：《比较政治的理论与方法》，陈永芳译，台北：韦伯文化国际出版有限公司 2003 年版，第 30 页。

比较方法的逻辑是在研究过程中要尽可能把因果关系设计成一个孤立的因素，或者尽可能地控制对因变项有重要影响的自变项的数量，即在处理这种变项之间的关系时尽可能排除大量的使人困惑的因素或伪相关因素从而辩明真正的相关性或因果关系。在探讨某一特定的因果关系中辩明各种潜在相关因素的影响，从另一方面来看也是在寻找其他变项及其变项间的因果关系，以构建或检验新的理论或概念。由此看来，比较政治学及对政治现象的理解总是离不开对理论的应用和构建。

三、比较政治研究的逻辑过程

一个相对完整的比较政治研究过程大体包括四个或细分为更多的研究阶段，无论怎样划分，它们之间都有着一以贯之的逻辑关系，尽管有时几个阶段是同时展开的：

一是提出问题和选择研究路径、研究方法和理论范式。与一般的政治分析一样，比较政治分析所面临的第一个问题就是选择和提出旨在通过比较分析来回答的问题，这是根据现实、经验或理论提出的；与此同时就面临着选择研究路径、研究方法和相关理论范式的问题，因为要回答问题必须依靠相关的理论和方法，也要有一定的研究路径，否则比较分析无法进行。所以理论和方法及路径的选择在比较研究的初始就要确定，尽管在研究过程中仍然可以根据新的情况增加或改变研究路径和替换新的理论工具。

二是国家和时间段的选择。一旦提出了问题并选定了解决这一问题的方法和理论，下一步就要选择调查研究的国家以及相关的时间段。一般来说，选择国家与相关的时间段是分不开的，因为任何一个问题或研究对象都有它的时序位置，例如一个国家中政党与政府的关系在不同的时期可能会有很大的差异。这就要求研究者把问题、国家和时间联系起来考虑。具体来说，一个国家在一个时期的政策和路线与另一个时期可能会有所不同，而这仅仅是由于时间发生了变化。例如"中国共产党主张实行社会主义计划经济"这一命题只适用于新中国建立后前 30 多年的情况，在其后的 30 多年中它已经实行社会主义市场经济了。如果以工业革命为主题进行比较研究，那就要把 18 世纪中叶至 19 世纪中叶的英国、18 世纪后期至 19 世纪后期的美国和法国、19 世纪中期以后的德国和意大利放在一个时间框架中进行比较。

三是进行资料的搜集和分析。资料的搜集和分析贯串于比较研究的每一个阶段，无论是提出问题和假设、选择国家或研究对象以及验证理论都离不开搜集和整理相关的可以成为论据的资料并进行分析。例如"东亚模式"这一概念是一些学者根据一定的经验判断提出的，这要求对东亚各国的经济发展数据、文化传统和现代价值观、经济管理模式和政治体制等相关的资料进行搜集和分析，进而进行相关的深入研究和验证，这其中也包括在研究过程中需要根据新的情况进行资料的进一步搜集，包括比较时需要的新的资料，例如在对不同的文化传统、政治体制和管理模式进行比较分析后，需要对各国的相关变项进行相关补充，即当我们说某些国家是政府与市场的二元结构时，可能仅仅需要探讨这些国家的政府调控经济的属性和方式，但如果要对不同国家的政府与市场的二元结构的特性或差异性进一步说明时，就要进行比较，这时就需要进一步搜集资料来量化分析这些国家的政府调控经济的程度和市场化的程度，这样才能更进一步地认识其二元结构的特点。

四是提出和检验理论，即通过分析和归纳提出理论，并进行检验，最终发展成系统的理论。一般来说，一项假设或理论的提出是从少数事实或案例中抽象和演绎出来的，有一定的真实性，但它是否具有普遍性或在多大程度上具有普遍性则需要进一步的检验。由于政治现象是复杂而多变的，只有通过多方位多角度的检验才能发现新的问题，被用于检验的例证通常是在理论构建过程中未曾用过的，否则难以证实理论的适用性和合理性。我们知道，依附理论曾经在 20 世纪 70—80 年代盛行一时，它在构建过程中研究了许多案例和发展中国家与发达国家在世界市场中的关系，从而得出了发展中国家在世界市场中会长期处于依附地位的结论。然而，随着进一步的研究和世界市场关系的变化，这一理论不能解释很多迅速发展的新的发展中国家的情况，用新的案例来检验这一理论就会发展它的不适用性。所以，理论的检验是非常重要和不可或缺的。

应该说，这四个阶段是密切相关有时也是同时展开的，其中的逻辑关系表现在，提出问题或假设既是研究的开始也是理论构建的前提，例如"受教育程度越高的人参与投票的可能性越大"是一个假设，这是根据某一具体事实或经验提出的一个具有一般性的假设，此后，就需要寻找更多的事实证据来支持这一假设；同时，每个阶段都需要有新的资料搜集，否则进一步的研究就无法展开；整个的分析或研究过程以及验证过程都要遵循一定的研究路径、方法和理论范式，否则在政治现象之间就缺乏可比性和陷入混乱，即使是随着研究的进展需要改变研究路径、方法和理论范式，也要在同一项研究中遵循同等使用这些理论和方法的原则。而理论或假设一旦形成，就要在实践中应用或检验，这又会有新的问题需要解决或提出，新的理论或假说也会成为下一轮研究的指导。

小　结

从根本上来说，比较政治分析或比较政治学研究有两个层面，一个层面也就是它的核心是对政治现象进行解释，比较的目的是寻求对政治现象的解释，这一点它与一般的政治分析或政治学研究是一致的，正是因为如此，比较政治学成为政治学的一个组成部分或一个研究领域。另一个层面是比较，即比较的方法，如何进行比较，它是一种对政治现象进行解释的路径和工具。正是在这一点上，比较政治学有自己的研究范围，也是它与一般的因果解释有所不同的方面。

政治现象的复杂性和特性决定了很少能用实验方法而主要是应用经验方法对其进行分析和检测，因而研究对象的客观性与研究过程和结果的主观性一致与否就成了比较政治研究的关键问题，这就要求研究者要选择正确的研究路径和操作方法，但任何一种非实验性方法都有自身的缺陷或存在着效度的局限性，这就要求研究者要尽可能避免这些缺陷而使自己的研究尽可能地做到效用最大化。要做到这一点，就要充分认识到比较政治研究的各种操作方法存在的局限性所可能导致的误差和错误，要尽可能充分而合理地运用和发挥相关技术的优长而避免其缺陷，同时还要认识到它们之间的逻辑关系和互补关系，从而合理地使用它们。

第二节 比较政治分析的基本方法

以个案为取向的研究方法和以变量为取向的研究方法是比较研究中最基本的研究方法。其中个案取向的比较主要是指针对特定分类框架中的个案即特定国家或特定主题所进行的深入细致的比较以及在此基础上所展开的理论思考；变项取向的比较主要是指针对多个个案中的相关变项进行比较，意在辨析变项之间的关系，进而提出假说或理论。在比较政治分析中，从个案比较到变量比较是一脉相承和相互补充的，因为比较研究既需要对个案进行深入而全面的研究和理解，也需要对大量的相关变项进行量化分析，这种深度和广度的关系及其矛盾正是通过个案比较与变量比较相互补充来解决的。

一、个案取向的研究方法及其效用

在比较的范畴中，个案研究的概念和方法大体有两种解释。一类观点认为个案研究是对"独一无二"的现象的研究，因而并不具有真正的可比性，只是可能成为认识其他现象的一种参考。在文化人类学研究及政治文化研究中都有这样一种观点和研究方法，在比较制度研究中一些学者局限于对单一国家及其制度特色的研究也反映了这样一种情况，现在仍有一些人坚持个案的独一无二性和不可复制性。一般来说，这种个案研究的观点及其方法主要强调对事物进行深入而单独的研究和解释。

另一类观点和方法是把个案研究放在比较研究的框架中去进行的,然而其间也不尽完全相同。一种观点认为在严格的意义上来说个案研究并非比较研究,它是独立进行的,其与比较研究的联系表现在个案可以为比较提供必要的原料或基础,但无论如何个案研究与比较研究是两种研究方法。在比较政治中更为主流的观点是把个案研究看成是比较研究的一部分或其中的一种研究方法。它指出:"个案,就是某个更加宽泛的类别中的一个案例。因此,个案研究,就是要研究其意义超出于其边界之外的某个对象。例如,律师研究案例往往是为了确定某个具有更加广泛的适用性的法律原则……一个单一个案问题能够为某种更加宽泛的学术兴趣主题提供极其详尽的分析……由于个案研究须将它的发现在更广阔的场景之中加以定位,因而它就成为比较政治学的工具,即便仅仅涉及一个个案。"[①]

这两种基本的分类及其研究方法的差异之处是,前者把个案研究等同于最一般意义上的个体及个体研究,它是建立在每个现象都是独一无二的判断的基础之上的,尤其是当人们的视野和研究范围还不能超出一个氏族、一个庄园和一个国家时,以及对于像《圣经》中的只发生一次的故事的研究等,因而它们是不可比较的。而后者认为个体或个案之间并没有本质的差别,它们都应该被看作是可以进行比较的分析框架之中的个体或个案研究,这是建立在各国或国内的不同制度之间存在着同一性和可比性的基础之上的定义。

比较意义上的个案研究有助于抽象出社会现象或不同制度的本质特征。在操作上,人们通常首先是通过研究比较或分类框架中的个案来分析不同的研究对象;其次,通过从不同的个案中抽取相同或相异之处以概括其规律;最后,总结出理论。例如,要研究国家构建问题,首先要选取不同类型的国家,根据经验,早期的英国、美国和法国在一定意义上来说可以被看成是一

---

① 〔英〕罗德·黑格、马丁·哈罗德:《比较制度与政治导论》,张小劲、丁韶彬、李姿姿译,中国人民大学出版社 2007 年版,第 113—114 页。

种类型，而20世纪后殖民地国家可以被看成是另一种类型，研究者既可以从同一类型的国家中分析演绎出它们之间共有的构建国家的因素和规律，也可以分析演绎出它们在国家构建过程中的不同之处；而对这两种不同类型国家之间进行比较不但可以在更大范围中提取它们之间在国家构建方面的异同，而且这种相异比较还会有与相似比较不同的功能。这样，最终可以通过比较框架中的个案研究和比较研究归纳出了构建国家的某些基本的规则或理论。

从个案走向一般或理论再从理论到个案是比较政治分析的基本研究路径，因此，比较中最为基础的是个案，而最重要的个案莫过于那些被看作是原创型的个案。因为在比较的视野下个案研究通常会产生特定的类型和代表性，也只有在类型中才能进行比较，而原创型个案是最有典型性和代表意义的，它是产生或构建类型的基础，它可能创建一个概念、一种模式或一种类型，也可能开辟一个时代。以1789年法国大革命为例，对它的研究创建了社会革命和社会形态的转变这个概念，以法国从封建社会向资本主义社会的转型为时代背景并完成这一历史任务的法国大革命为标识，通过对其内涵的研究和界定，人们对社会革命和社会形态的转变有了基本的认识，再以法国大革命为标准衡量其他所有国家的社会革命和社会形态的变化，可以比较出它们的不同特点：1640年英国革命具有保守性、美国革命具有民族性、俄国革命和中国革命的先天条件不足等，以及一系列特征。以英国的内阁制政府制度为例，对它的研究整个改变了人类关于政府制度的概念，开创了近代以来的内阁制政府制度的先例，在此之前的政府是封建王权下的制度，而它开创了资产阶级政府的先河。正是在这个意义上，英国的内阁制政府影响甚至造就了此后所有的现代政府尤其是内阁制政府，也正是由于它本身的这种典型意义和研究者把其作为一个原创型个案来研究，使它作为标识或样本，从而为比较政治学者认识和评价其他资产阶级政府形式提供了便利。

典型个案和变异个案也是在比较政治分析中所要依赖的。所谓典型个案是指成为更加宽泛类型标准例证的、具有广泛代表意义的代表型个案，它的应用最为广泛。美国式民主或制度模式长期被当成典型个案，由于美国在19世纪和20世纪的巨大成功，使其民主模式成为它向世界推销同时也确实成为一些国家效仿的制度模式，成为民主制度的一种典型模式和标准，以至于很多处于民主发展中的国家的人们在批判自己国家制度的某些缺陷时总是以美国的现实作为榜样；进而民主的研究者们对美国式民主诸要素的研究也最为透彻，一些民主制度的规则也是从美国式民主中总结出来的。

所谓变异个案是指个案设计中不同于常规的特殊个案，它关注于例外性和非典型性。"美国例外论"在19世纪就曾被作为一个典型的变异个案，它从发展条件及路径的特殊性中导引出美国政治及外交政策不同于欧洲资本主义常规发展的特殊性。近几十年来关于新加坡模式的某些研究也着重于它的"变异性"，正如亨廷顿所言，在非石油国家中人均产值如此之高而未发生政治转型的国家在世界上仅此一例，这种有违经济发展与政治变迁之关系的常规理论的制度模式不仅让人们关注新加坡模式，也给我们提出了重新认识这一理论的新的问题。其实，近十几年来关于中国模式或中国特色社会主义道路的提出也是把中国作为一个变异个案来进行研究的。通过对变异个案的研究可以加深我们对于例外和异常情况的理解，甚至会在另一个层面上提出一般性的命题。

个案研究的重点在于"个案"，尽管它是在比较框架中的个案，但其比较性毕竟是隐喻和间接的，并没有直接的比较，而无直接的比较就无法充分享受比较的效用，无法为理解社会或经济制度引入多方位的视角，无法进行类型学研究，无法提出一般性的命题和进行理论检测。此外，进入比较的个案存在的一个最常见的重要问题就是它的指标不够精确，这会损害其评估案例是否符合理论预期的能力。而集中比较是直接的比较，它可以在很大程度上解决这些问题。集中比较是选择两个或三个相关案例，在对它们分别进行精细研究的基础上，把它们放在一个比较框架中进行直接比较。

选择进行直接比较的个案也必须是以一定的分类框架为基础的，它在很大程度上是一种类型建构。因此，在这里我们有必要谈一下比较政治研究中的分类或类型学。

分类或类型学是比较分析的前提，也是比较的重要方法。在进行比较分析的过程中，比较学者通常会建立许多概念，并在此基础上进行不同的区分或分类，以将大量的概念例如国家、政治系统、政治事件和政治现象或变量，归类为各种具有共同或不同特征的类别，划分研究范围，以此来降低经验世界的复杂程度和研究难度。它可以将许多可描述的独立分析单元归纳成较为简化的类别，从中提炼出可用的分析性概念，从而构成分析框架的基石并形成理论假设。因此，在政治学中，类型学的定义可以这样来表述：它通常是指对藉由两个或多个变量间的互动而形成的不同的政治系统群组进行划分，包括对其内涵进行界定，并依循这种划分进行演绎推理和归纳总结的一种研究方法。[1] 通常类型学分析会提出一个分析性概念，从而构成实证理论的基础。也就是说，类型学方法其实是把比较研究分析对象的相关描述予以简化，要求精确的分类必须能完整地定义类别，并将所有经验性证据纳入其中加以检测。当然，建立类型学的逻辑可以是先详细观察经验证据，再经由归纳获得；也可以通过演绎的逻辑产生"理念型"（ideal-type）[2] 类型，并依此"理念型"来指导和检验经验世界。

类型学方法一直是比较政治学的主要方法。亚里士多德的《政治学》就是对古希腊城邦政体进行分类和比较研究的。当时，亚里士多德在对收集的城邦国家个案资料分析的基础上，提出了三个变量或划分类型的标准，即最高统治者的数量、统治方式和阶级结构。[3] 在对城邦国家进行类型划分时，则选择了两种归类标准：一种类型是区分出"良善"和"腐败"的政权，另一种分类则是以掌握决策权的统治者的人数多寡作为区分不同政权的依据，区

---

[1] 〔美〕B. 盖伊·彼得斯（B. Guy Peters）：《比较政治的理论与方法》，陈永芳译，台北：韦伯文化国际出版有限公司2003年版，第94页。
[2] 〔美〕雷德曼（Todd Landman）：《比较政治的议题与途径》，周志杰译，台北：韦伯文化国际出版有限公司2003年版，第12页。
[3] 参见张小劲、景跃进：《比较政治学导论》，北京：中国人民大学出版社2008年第2版，第22页。

分出寡头的和民主的两种政体形式,并综合两种标准得出了六种政体类型。在这种类型学的基础上对城邦国家进行了分析,得出了"纯粹的民主制和纯粹的寡头制属于最不稳定的政体,而最为稳定的政体则是混合政体"这一政治学的著名论断。由此看来,分类既可以是简单的二分法,如专制与民主的区分,也可以是多种区分,例如极权政体、威权主义政体、一元民主政体和多元民主政体等,甚至可以是更为详细或更为量性的划分。所以,分类或类型学贯串于比较政治研究的始终,无论是在个案研究、集中比较、真伪对照分析还是统计分析中都是不可或缺的部分。

与个案研究着重于社会或政治现象本身的精细研究、至多具有隐含或间接的比较性相比,集中比较更着重于明确而直接的比较。同时其比较的个案之间须有明确的共同变项和比较框架,要对个案之间的不同点和相似点进行明确的分类。从另一个角度来看,或者说与建立在统计分析基础上的变量相比较,集中比较又具有深厚的个案研究基础或"深度的描述"。集中比较的优长和缺陷是,相对于个案研究来说,它有比较的优长;相对于变量取向的方法来说,它有个案或精细研究的优长;反之,它比个案研究更少一些精细研究,而比变量取向的方法则少一些比较的广泛性;因而它是把个案研究与变量取向的研究联结起来的一座桥梁。

集中比较的前提是案例选择。集中比较是否有效取决于选择什么样的案例或如何进行案例设计,通过案例选择来控制因果链条上的"伪相关因素"的干扰是直接切入主题的有效路径。集中比较的特点是使用较少的案例,但它是有目的的而不是随意的选择案例。在选择过程中,重要的是进行类型学的区分,同时,在这一过程中比较分析中最基本的问题仍然难以回避:使案例具有可比性或选择这些而不是那些案例的原因何在?人们在对比较方法的批评中经常会听到这样一句话:"然而这些案例并不具有真正的可比性。"[1]

---

[1] Lijphart, A., "The Comparable Cases Strategy in Comparative Research", in *Comparative Political Studies*, Vol. 8, 1975, pp. 158-177.

这实际上意味着人们确定各案例或变项之间具有可比性或不可比性的标准有很大差异。从根本上来划分，一些学者坚持自然科学的标准，主张严格意义上的可比性，这种观点实际上否定了应用于比较政治中的各种理论范式和经验方法。尽管比较政治研究中的各种经验理论和方法把某些存在着一定差异的变项或个案放在一起进行比较有时并不准确，但是使用自然科学标准来界定可比性，则会使人们对很多社会和政治现象也无从进行比较。所以，有时用自然科学的方法来实现比较政治的任务不但是过于严格而且与现实相脱节。问题的关键还在于社会政治之间确实存在着特定的经验上的相同或相异，其基本的方面可以通过经验方法来进行分析，可以通过不同的分类来选择不同的案例或变项。例如，区分计划体制与市场体制的具体标准是什么？区分国有企业和民营企业的标准又如何？这些都是很复杂的问题，前者不仅涉及国营企业与民营企业的比例和产值，而且与政府对市场的干预程度有关；后者不仅涉及国企和民企的数量比和产值比，而且与现实中存在的混合体制或与它们之间的相互渗透有关。尽管我们很难对其进行科学实验，尤其是对政府对市场的干预程度很难有一个确定的数值或标准，但以往使用科学与经验相结合的比较方法对它们进行研究和进行基本的确定是有效也有价值的。

普茨沃斯基和土恩把集中比较方法划分为两种基本的研究方法或策略，即相似方法比较或相似比较和相异方法比较或相异比较。[1] 相似性比较是指把相似变量放在一起比较，以控制"伴随变化"[2]（concomitant variation）或"伪相关因素"，在此基础上找出它们变化的原因、路径和结果。它的特点在于可以通过案例选择来排除伪相关因素对认识真正的因果关系的干扰。在它看来，如果发现了某个自变项与因变项之间的相关性，那么通过案例选择而使之保持恒定关系的因素就不会是这种因果关系的伪相关因素。

---

[1] Adam Przeworski and HenryTeune, *The Logic of Comparative Social Inquiry*, New York: Wiley-Interscience, 1970.
[2] Wickham-Crowley, T. P., *Guerillas and Revolution in Latin American: A Comparative Study of Insurgents and Regimes Since 1956*, Priceton: Priceton University Press, 1991.

伪相关因素是指我们用来研究某一概念的指标实际上主要衡量的并不是这一概念，而是这一概念之外的其他因素。所以，这只是一个伪相关的指标或因素。这个被使用的指标，用比较的术语来讲，只与某个被遗漏的因素、个案或变量高度相关。这时，研究者以为自己已经找到了指标所代表的概念与结果之间的关系，但实际上那个被遗漏的因素才是导致相关性成立的原因，而被遗漏的因素却没有被很好地研究。换句话说，在伪相关性的问题上，分析者可能会犯潜在的错误。

下面这项对族裔冲突后果的研究可以说明伪相关问题。分析者假设，族裔问题通常会被高度政治化的国家中的政治组织利用以争夺资源，从而发生特别激烈的斗争，它也会严重制约经济增长。这个论点中的族裔问题主要是指两到三个大型族群之间的政治竞争。对族裔斗争所做的很多定量研究都支持它会严重制约经济发展这个论点，即族裔异质性会延缓经济增长。然而，这里所使用的族裔异质性衡量指标是由20世纪60年代的苏联研究者所创立的，它是根据语言来区分族群的。这一标准已经受到了批评，因为它没有衡量与政治有关的那类族裔差异。研究者发现，如果把一个有关非洲的虚拟变量引入回归，那么族裔异质性制约经济发展的这种影响就会消失。那么，这一指标真正衡量的到底是什么？原来的解释是族裔异质性是非洲经济增长缓慢的根本原因之一，然而，现在的一种解释却是非洲经济增长缓慢与族裔差异无关，其经济增长缓慢来自于其他原因。但是，由于非洲国家所拥有的语言族群平均起来要比其他区域的国家更多，所以族裔异质性看起来像是会迟滞经济增长。为了弄清哪种解释是对的，我们需要对各种有关族裔异质性影响的论点进行检验，包括在不同背景中的检验。只有完成了这些工作，我们才能确定族裔异质性指数是否是伪相关因素，是否存在着被遗漏的因果要素。

当然，并非只有统计分析才会产生伪相关因素，事实上，案例比较或小样本研究中，伪相关因素甚至更难防范。例如，利普赛特与罗坎将欧洲政党的稳定性归因于历史分裂的延续，但是在后来的研究中发展这种稳定性的真正原因有可能是一系列促进稳定的选举制度。如果情况真的如此，那么他们所找到的就是伪相关关系。在这两种研究中，伪相关因素往往是因其他研究者揭示出这一因变量存在着其他自变量而被发现的。在大样本研究中，需要做的是将反映对立论点的变量纳入统计模型；在小样本研究中，在对相异的假设进行评估之前，研究者应该将更多的案例纳入研究设计。

一个简单的例子是，如果我们发现执政党的意识形态与政府干预经济的程度有相关性，那么我们选择英国和美国的左翼的工党和民主党与右翼的保守党和共和党进行比较分析，发现这一假说成立，那么这就说明这种相关性不是伪相关因素，政党意识形态就是真正的自变项。

这种方法有助于揭示相似国家中的制度或社会现象所发生的不同变化的原因，"比较研究的对象越相似，越容易分离出造成对象间差异的那些因素"①，并由此抽象出具有普适性的命题。其操作过程是，首先要确定拥有诸多相似性的现象或制度，然后最大限度地排除没有实际影响的不相关因素，从而找出具有实际影响力的因素或自变项，以对因变项或结论作出解释。例如，如果我们研究为什么有的国家把国有企业民营化而有的国家却没有，那么我们可以选择那些具有相同发展水平和制度的国家，然后关注其执政党在民营化方面的意识形态影响。运用这一方法的前提是在两个相似的国家中找到一个实行了民营化政策而另一个却没有实行的国家。在比较过程中，自变项是执政党的意识形态，因变项是民营化，起干预作用的恒定因素是发展水平和制度。由此可以比较容易地确定意识形态是国有企业民营化的原因或自变项。在一国内也可以进行这种比较研究，例如英国的保守党和工党第二次世界大战后的国有化政策就可以作为这方面的具体案例。在保守党执政时，多实行民营化政策，而工党倾向于保持国有化，

---

① Lipset, S., *Continental Divide: The Values and Institutions of the United States and Canada*, London and N. Y.: Routledge, 1990, p. xiii.

这显然与两党的意识形态有关。①

在实际研究过程中可能会存在一个以上的恒定变项和自变项，我们只是简化了这一过程而已。由此我们可以看出相似比较的特点是：在提出要解释的问题或因变项后，首先要选定具有恒定影响的变项或控制变项，为了证明其相似性，这种控制变项要有一定的数量并确实起到重要作用；其次，自变项要尽可能地少，要尽可能地排除那些没有实际影响的自变项，这样容易证明其产生的结果不是由其他变项所导致的；最后，因变项也是越少越好，最好只有一个，因为这样才能说明它是由哪个自变项引起的。

任何一个造成比较对象差异的变项一定也是相关差异变项变化的原因，但是当我们据此而确定比较对象变化的原因时，并不能排除还有许多可能的原因或变项没有得到验证，因为比较过程中的任何一个变项或变化都可能是由多种因素决定的，这就给比较过程带来了困难，而选择相似比较方法可以在比较之初就减少许多伪相关因素的干扰，尽管它也不能作出完全准确的解释。从理论上来说，辨识所有的"伪相关变化"几乎是不可能的，所以我们也不可能辨明所有造成比较对象间差异的因素，但是如果我们把同类现象放在一起进行比较，就相对容易排除伪相关因素的干扰。例如，如果我们要确定东亚模式的成因，那么把同属于东亚模式的一两个或多个国家放在一起进行比较，要比把日本和美国放在一起比较更容易去除伪相关因素，尽管这两种比较都是不可或缺的。

相异比较是指把相异变量放在一起比较，在此基础上找出它们变化的原因、路径和结果。它是通过选择"一系列相反的环境条件来展现特定联系的有效性，进而说明这一联系的可行程度"②。这是一种将社会现象的差异最大

---

① Kudrle, R. and Marmor, T., "The Development of Welfare States in North America", in *The Development of Welfare States in Europe and America*, (ed.) P. Flora and A. Heidenheimer, New Brunswick, N. J. and London: Transaction, 1981, pp. 187-236.
② 〔英〕罗德·黑格、马丁·哈罗德：《比较制度与政治导论》，张小劲、丁韶彬、李姿姿译，中国人民大学出版社2007年版，第118页。

化后探讨其共变趋势的原因的研究方法，它多是被用来解释在相关方面差异很大的国家却实行了相同政策的原因这类问题的方法。其基本路径一般是从一组相异国家的制度或自变项中确定一组相关但相异的自变项，然后以此来解释因变项的差异性或相同性。其操作步骤是：首先要确定两个或三个相关但相异的比较对象；然后尽可能限定自变项的数量，这样才能找到真正的自变项；最后要尽可能地排减非相关的影响因素和因变项，以保证自变项和因变项的针对性和准确性。

可以美国和中国为例，这是两个制度很不相同的国家，构成这种不同的是它的经济水平、社会结构、政治体制和意识形态等因素，但在20世纪80年代初和2013年这两个国家在不同的范围内都实行了一项重要的金融市场化改革措施，即开放了金融市场，允许较小的民间资金创办银行，从而打破金融寡头的垄断。那么，进行金融市场化的原因是什么？在这项研究中，可以它们不同的国度为自变项，以金融市场化为因变项，在研究过程中，要逐步地排减它的自变项，即把与推动金融改革无关的因素如意识形态和政治制度排除掉，使其成为控制变项，最后或许可以推导出经济发展和市场化的程度是导致它们不得不进行金融体制改革的原因。而进一步的研究是，由于这两个国家的政治制度和意识形态的差异，使它们在推进这项改革时的范围不同，美国因没有意识形态的阻碍而在全国范围内推行，而中国只是在上海设立了自由贸易实验区。再以菲律宾和新加坡为例，这也是两个文化差异很大的国家，一个是以基督教文化为主的国家，一个曾经是以儒家文化为主的国家，然而一个在20世纪80年代后期发生了从威权主义向多元政治的转型，而另一个并没有发生这种转型，那么，原因如何？在这项研究中，可以逐步排除可能的自变项，如政治制度、经济发展水平和领导人的选择等，从而确定它们不同的文化为自变项。当然，这只是一个简单的研究原型，其实导致这种差异的可能有多种自变项，例如政治制度的制度化水平的差异可能也是它们发生转型或未转型的重要原因。

由此看来，相异方法选择案例的逻辑与相似方法相反，它的基本方法是证伪，是通过逐步排减变项间表面上的联系而不是通过在诸多变项中直接寻找它们之间的联系而得出正确结论。在社会科学研究中并不乏直接探索因果联系的方法，而常常缺乏排减似是而非的"伪相关因素"的方法。而相异方法的比较要做的正是通过在不同情景中进行检验来尽可能地排减那些可能但实际并不是的伪相关因素，以找出真正的因果关系。这在最相似系统的研究方法中不是主要的路径，它在开始研究之前已经排减了伪相关因素，而较少是在研究过程中进一步地排减它们。

集中比较方法，无论是相似方法还是相异方法，都有自己的局限性，这是因个案数量的有限性所必然带来的理论概括本身或然率低的问题。例如，由相异个案比较所得出的理论概括，可能会过于宽泛而毫无意义，即如果相反的个案或在相关方面差异很大的制度或政策都具有相同的结果，那么还有什么个案可以有所不同呢？然而实际情况远远不是如此。因此，如果运用不当，那么它除了证明差异的合理性以外并不能说明其他情况。而由相似个案比较所得出的理论发现，特别是其中有关因变项问题的分析，也可能会过于狭隘而毫无意义，只能解释相似现象而无法对相异现象作出解释，而现实政治现象的复杂性使我们很能找到完全相似的事物。为了解决这个问题，我们就不得不考虑因个案数量有限所造成的局限性并由此考虑进行多个个案比较的问题①，即选择进行变项比较或统计分析。

集中比较与统计分析之间的基本差异是，前者是在研究开展之前选择案例，而后者是在研究过程中通过数据操作来分析和控制变项。不过两者在某些情况下也有相似之处，即选择什么样的个案或选择什么样的变项进入比较过程都会对研究的结果产生重要影响。

---

① 张小劲、景跃进：《比较政治学导论》，中国人民大学出版社2008年版，第97页。

二、变项比较研究的方法及其效用

一旦涉及大量的个案，因数量众多而无法对所有个案进行精细的研究，比较研究的技术方法就不得不转为变项取向的，这可以分为真伪对照分析和统计分析两种方法。所谓真伪对照分析是一种从一系列个案中探求变项间因果关系的推理方法。如果说个案研究有更多的定性研究取向而统计研究有更多的定量研究取向的话，那么真伪对照分析则兼具定量与定性两种属性，因而它也是沟通个案研究、集中比较与统计分析的桥梁。它比个案研究和集中比较有更多的定量研究内涵，但也不是严格意义上的定量研究，而是以真与伪或是与否这种二元定性为基础展开的定量分析。例如对制度与政策的判断，一方面，对一个国家是强制度还是弱制度的判断是定性的，但判断的标准和过程是要将繁复具体的数量特征以设定区间的方式转化为简单的二元比值，例如制度在哪些方面和多大程度上实行经济管制和控制社会是属于强制度，在哪些方面和多大程度上的控制属于弱制度等；另一方面，也还要保证一定范围和数量的政治经济制度进入比较过程才能得出较为客观的结论，否则选取的都是强制度或都是弱制度，所得出的结论就是片面的。

真伪对照表的设计和操作过程是，研究者首先要根据一定的理论或经验辨别和区分出自变项和因变项；再以是与否的方式排列出不同的变项组合，将每一种组合填入表格并在其中占据特定的一行；继而分析各种进入研究范围的个案情况，将具有某一变项组合之特征的个案累计计入这一组合所占据的行列；最后的结果就是形成一个带有计量特征的变项组合分布表，依据这一分布表合乎逻辑地推论出有关变项之关系的结论。随着研究个案数量的积累和对不同变项的辨析，带有一定建构理论特色的真伪对照表逐渐形成；利用已经形成的真伪对照表，又可以对更多的个案进行处理，进而得到新的理论发现。[①]

[①] 张小劲、景跃进：《比较政治学导论》，中国人民大学出版社2008年版，第99页。

我们可以后发展中国家的强制度与经济发展的关系为例来说明这个问题。在这个真伪对照分析中，可以强制度、政治体制的制度化水平和实行的政策为自变项，以经济发展速度为因变项，由此可以把一个国家制度的相关变项填入对应栏目中，以得出结果。例如以第二次世界大战后新加坡和菲律宾的相关变项来进行分析，发现战后两国先经历了弱制度时期，此后又转入强制度时期，菲律宾在1986年发生政治转型后又回到弱制度时期，而新加坡一直是强制度，在弱制度时期，两国政治体制的制度化水平都处于低水平状态，这时都奉行政治优先主义，经济发展速度缓慢；在强制度时期，新加坡政治体制的制度化水平高而菲律宾政治体制的制度化水平低，两国都推行发展主义路线，最后经济都有较快的发展，尽管速度也不完全相同。由于政治制度化水平的不同，菲律宾发生了政治转型而新加坡没有转型，这一时期又导致前者的经济发展缓慢而后者的经济发展较快。这三个发展阶段说明在一定的发展层次上国家的强制度和发展主义路线可以促进经济的发展，而制度化水平在特定的阶段上不仅能影响政治转型，而且也对经济发展有相当的影响。用这些标准再衡量更多后发展国家的情况，如果相符，就可形成理论性的假设。

由于真伪对照能够将定性分析与定量分析有效地结合起来因而具有特殊的说服力，因为这种分析可以利用量化的统计分析推导出定性分析的结论。正如上述，多个自变项和每一变项本身的数量特征决定了它是强制度还是弱制度、是有利于经济发展还是不利于经济发展等。真伪对照方法的局限性表现在两个方面，一是它取决于对所应用的各种变项的客观与准确的辨析，取决于对不同变项中必要与充足条件的明确的界定，而我们不是在什么时候都能对制度、政策或相关现象及其关系作出完全明确而准确的量化和界定[①]，因为一切变项都是相对而不是绝对准确的，这不但是说真伪分析的前提是正确的选择进入分析的变项，还在于变项本身的是与否并不能准确地反映其度的

---

① 可参见张小劲、景跃进：《比较政治学导论》，中国人民大学出版社2008年版，第99—100页。

变化，而度或量对不同事物的特征是有不同影响的，简单地定性会造成分析的不准确性。例如，尽管我们把新加坡与菲律宾的上述某些变项都看成"是或否"，但实际上其是与否的程度或数量差距并没有那么绝对，新加坡的强制度中也包含着弱制度，菲律宾的弱制度中也有强的一面，这就可能会影响判断的准确性。二是在变项的数量庞大时，它几乎无法操作，这时只能求助于统计方法了。

统计分析的目的在于揭示不同变项，特别是以数量化方式表现的变项之间的共变趋势。无论是在横向的即不同国家或同一国家中不同地区或部门的政治现象的比较研究中，还是在纵向的即同一国家不同时期的政治现象的比较研究中，它都可以得到广泛的应用。例如无论是对当代各国的国有企业制度和政策的研究还是对一国内国企与民企制度和政策演变的研究等，都可以广泛地应用统计分析的方法。

统计方法本身的准确性和较广泛的适用性是无可挑剔的，它的问题在于统计方法的基础，即作为统计分析要素的变项及其相互间关系是否真实可靠？这表现在两个方面：一是进入统计分析的自变项和因变项是否是真相关的因果关系，是否有"伪相关因素"作为相关变项而进入了分析框架之中？这是由研究者来确定的，而这种确定本身通常很难通过统计分析来进行。例如，有人用统计分析来研究学术论文的数量与其间所包含的学术水平的关系，使用了包括学术引用率，受企业、政府和社会的关注和吸收程度等变量因素，据此得出的结论是论文数量的急速增加与其学术水平的下降有必然的正比关系。然而，虽然统计计算和分析的结果是精确的，但是是否其他真相关因素没有被纳入统计分析？是否进入统计分析中包含着伪相关因素呢？例如另一项相关分析指出因教育的急速扩张而在这方面带来了巨大的需要及教育效益这些因素没有被考虑进去是不对的。尤其是写作手段的电子化和写作人数的增多使作者在每一篇论文中投入的精力并未减少，这样，论文数量的增加并不会减少引用率，这只是由于一些新的研究领域和兴趣的变化还没有更多地引起研究者们的关注。企业和政府的关注度没有增加也可能有类似的情况，由于它们还习惯于关注特定的领域，对于新的研究没有给予足够的关注。如果把这些因素纳入这项统计研究，其结论可能会大大改变。还有，由于社会制度、意识形态和文化的不同，可能致使不同的管理制度和政策的效果是不同的，而这些因素是很难进入统计分析中的，这就在根本上造成了统计分析的局限性。进一步说，统计分析这种方法不包括对变项的选择，进入统计分析的变项是由研究者选择的，而研究者是根据自己的经验或某种理论进行选择的，这都可能使进入分析的变项不能完全反映研究对象的实际情况。说到底，这还是难以认知所有潜在的干预变项的问题。

同时，无论是选择同一时点还是历史回溯性的以时间为变项的统计分析都不能解决变项间的差异问题，即同一变项在同一时点或不同时点的性质和地位可能是很不相同的，例如用当代中日韩企业家价值观的统计来说明价值观对企业制度和经营的状况，显然过于简单，因为这三个国家是处于不同发展阶段并有着不同社会制度和情景的，因而可能会有很多不同的因素对企业家的价值观以及他们的经营发生影响，这都需要考虑进来，但实际上要考虑全面并深刻地认识这些因素是很困难的，所以，尽管我们选择了同一时点进行统计分析，也还是有局限性的。

我们还看到，虽然统计分析中的量化指标能够精确衡量，但它们通常无法反映概念的完整内涵。不过，在统计研究中，我们应该认识到，我们要检验的不是论点本身而是论点的推论，那么只要我们觉得概念内嵌的论点表明指标与特定结果之间存在某种关系，我们就不必再为指标无法反映概念的所有方面而感到苦恼。例如，我们可以由现代化提升了民主治理的可能性这一论点推导出，随着人均 GDP 的增加，民主的可能性也会增加。如果我们对人均 GDP 与衡量民主的指标之间的关系进行统计检验，表明二者之间确实存在着某种关系，那么我们就应该将这个结果视为对论点的适度确证，即使人均 GDP 并不是完整的衡量现代化程度的指标。然而，我们不应该将这一结果视为对论点进行确证的全部。我们应当仅仅将其看作是对论点某一推论的确证，而且我们应当尝试去考虑其他推论——最好是那些与人均 GDP 关系不那么紧密的推论，那样会有助于进一步验证 GDP 与民主水平关系的推论。

三、理论检验的方法

只有经过检验的理论或论点才能获得相对持久的价值。对理论构成挑战的应当是那些在理论提出之后才被发现并构成挑战的证据，当然这包括对已有证据的新的认识，而不应是在提出理论时就已经获得的证据。因此，研究设计的一些基本的特征包括：经常地寻找论点的可观察推论，那样，无论作为整体的论点是否可以被检验，研究者都可以设计出对论点的可观察推论部分进行经验检验的方法；从被检验推论的可能结果中选择案例来检验推论；检验论点时要使用与导出论点时所使用的不同的案例；具体细致地对概念进行操作；开发非定量衡量的具体标准；把运用概念和分类或衡量标准与结论联系起来。

衡量标准会对研究结果造成重要影响。统计分析之所以受到比较政治研究者的批评，一是因为大部分可用数据质量低下，二是因为大部分统计分析都是机械的，赋予变量的值无法充分反映分析者要衡量的概念或问题。在进行这种大样本跨国比较时，这些问题会更为严重，因为这些可获得的数据集是在不同的环境中收集到的，相关性和可比性难以确定，数据的质量或完整性也无法保证，严重影响着研究结论的准确性。前面所提到的苏联族裔异质性指标就是一个佐证。我们注意到，在对不同国家进行衡量的时候，由于各国的族裔情况有很大差异，所以这一指标使用的计算规则要依据情况进行修正，致使很多国家的分值差别很大，因而使应用这一指标和方法进行研究的结论受到质疑。

在个案研究中也面临同样的问题。在每个案例或每次衡量中，研究者都必须要用相同的方式来衡量可能的因果要素，如各国相异的族裔异质性程度。

如果建立一个清晰的编码标准和成文的编码方案，以供所有承担案例衡量任务的研究者使用，那么其指标中就不会出现那么多的问题。苏联方法无法在每一个案例中都使用相同的编码准则，因为他们依靠的是人口普查数据，而在各国的人口普查数据中，判定语言与族裔划分的规则是不同的。个案研究没有使用现成数据集的那份奢侈，所以他们并不会受到诱惑而忽视数据中已知的衡量问题。但是，模糊的案例分类标准，以及衡量规则在不同案例中或不同时间上存在的差异，使衡量难以公平，这是个案或集中比较所面临的问题。

在检验结论时，要指出这项研究所使用的方法包括统计方法或个案方法在运用中出现的一些衡量和赋值问题，指明即使研究者无法对论点直接进行统计检验，但对其推论进行某种检验一般总是可行的。在肯定或否定论点这个关键问题上，与统计检验相比，非统计检验所提供的信息更少、决策规则更为模糊。由于非统计检验并没有统计检验那么精确，所以，如果具备某种先在条件的案例与不具备这种条件的案例在结果上存在差异，在寻找导致这些差异的原因时，非统计检验更难以判断偶然性是否可以被排除出去。它们无法准确评估先在条件影响结果的程度，无法使影响结果的无关因素保持不变，因而也就无法评估某些重要因素的独立影响。尽管如此，它们仍可以用一种大致如此的经验方式来论证理论推测是否与现实相一致。因此，它们可以被用来排除一些预期结果与现实变化不符的理论推测。

尽管非统计检验有时不太精确，但它有两点长处。第一，非统计检验有时可以直接排除那些在统计方法使用之前需要检验的理论推测，而且它有时更易进行或选取的检验案例和视角更为多样。第二，严格的非统计检验需要对每个案例的细节和环境进行大量的挖掘研究，以至于就不太可能出现统计研究中的那种量化指标衡量的概念并不是分析者本意想要衡量的。如果进行这种挖掘、定义和分类，那么只要研究中包含足够多的案例，分析者就可以进行统计检验。然而，由于时间和资源不足，分析者可能会感到无法在集中精力挖掘信息的同时还去使用统计方法。在更难进入的研究领域中，比较政治学家一贯强调的那种利弊权衡确实存在：一方是精确的统计检验，使用不够精确且有可能存在偏差的指标来代替基本概念；另一方则是不够精确的检验，使用的是更为谨慎和经过修正的指标。如果分析者面对的就是这样的权衡，那么采用高质量指标的非统计检验就比较可取。然而，严格的、非统计性的现实验证并不等同于那些针对设定的原因与结果而在特定的案例中进行论证。

对于在比较政治分析中占据支配地位却不时受到质疑的多元回归方程这一解释模型，格迪斯试图提出一种替代性的选择。这种替代性的回归模型，就是将解释理解为发现引发某一结果的所有因素。通常我们是通过实地调查或对档案资料进行搜索和归纳来发现这些因素的，在这一过程中，人们只得到了一些不够严谨的理论预期的引导。这种定性的归纳搜索与对统计数据模式的非理论搜索非常类似。如果分析者从事的是统计研究，那么他可以将所有可能的因素都作为自变量纳入回归分析之中，其中显著性的因素就可以被视为是自变量。①

这种方法创造的替代性理解有两个要点，一个与我们如何处理"大问题"有关，另一个则是一种更为普遍的策略，可以使推测变得更为规范，以形成逻辑上更为连贯的理论。这种方法与传统的分析方法不同之处在于，从着重分析导致结果的因素到着重分析和解释过程中各个环节间的关系。也就是说，它的研究焦点发生了转移。在试图阐明这种研究焦点的转移时，需要以一种新的方式来思考"大问题"。理性主义中的分析性叙事也属于这种方法。罗伯特·贝茨等所著的《分析性叙述》致力于阐明一种对过程的关注甚于对结果的关注的解释模型。安德鲁·阿博特是这样批评传统的理论方法的："'理论'仅仅包含一些对'可能机制'的叙述……行动与偶然性消失在以变量为基础

---

① 〔美〕芭芭拉·格迪斯（Barbara Geddes）：《范式与沙堡：比较政治学中的理论建构与研究设计》，陈子恪、刘骥译，重庆大学出版社2012年版，第142—143页。

的因果关系这顶魔术帽之中，在分析过程中它们被隐藏起来，只有在文章的结尾处才被招摇地重新提及"（Andrew Abbott，2001：98）。尽管奥斯特罗姆1982年就对格迪斯提出的解释的回归模型进行了批判，认为这种仍然是以行为主义和定量研究为主的理论方法已经过时。然而，回归模型现在看起来仍然很有力，小样本方法的拥护者认为大样本研究忽视了过程，而对过程的忽视会干扰研究的结果。

奥斯特罗姆和贝茨等人都强调无法对导致结果的过程进行理论化，格迪斯认为这种看法源自将解释视为对原因的罗列这样一种观念。他们都没有否认检验理论的重要性，但都把详细阐述理论置于绝对优先地位。贝茨等人强调，源自经济学的理论在解释各式各样不平常的主题时是有效的。相比而言，奥斯特罗姆在坚持理性假定的基础上更强调发展新的个人决策理论，这些理论所依赖的假定，包括动机、信息和计算能力，要比核心的理性选择假定更为现实和经验。以上两种观点都表达了这样一种关切，即在社会科学中强调证伪主义会导致分析者拒斥那种无法直接转换为回归方程的理论，这种关切使得这两位学者几乎都不关注理论的检验。[①] 然而事实证明，只有在严格演绎的理论推测与谨慎的现实验证之间反复互动才能创造出可靠的理论。

认为解释类似于多元回归这种看法的问题之一就是，它混淆了论点的检验与论点本身。某些论点可以直接转化为回归并得到检验，但另一些论点则不行。一般而言，要想检验论点就必须尽可能多地发现该论点的可观察的推论，并进而检验现实事件的运动模式是否与这些推论导出的多重结果相一致。论点的某一个可观察的推论可能仅仅是对论点本身的简单重述，但这不可能是唯一的推论。论点的一些推论远比论点本身更容易检验，例如，有人提出了威权主义政权必然垮台的论点，其中的一个推论是军政权持续的时间比其他类型的威权主义政权更短，显然，检验后者比前者更容易些。受过检验并

---

① 〔美〕芭芭拉·格迪斯：《范式与沙堡：比较政治学中的理论建构与研究设计》，陈子恪、刘骥译，重庆大学出版社2012年版，第143—144页。

与现实一致的推论数量越多，论点的说服力就越强。鉴于我们在研究中不得不面对数据和衡量的不严密性，提出若干项有缺陷的检验通常要比寻求一项完美的检验更容易，通常也更有说服力。一旦这种检验方式得到认可，它就会生产出多种检验的方式，并且会在研究设计中产生深远的影响。

在检验前保证所要检验的推测的质量也是很重要的。尽管从根本上来说，理论推测可以来自于任何地方，可以来自于自己的想象，可以来自于非结构化的归纳研究，可以来自于其他理论，但是，总是有某些处理研究计划的方法比其他方法更有利于对理论进行检测和进行理论构建。例如，通过旨在将因果预测转变为更为规范的因果思维的有意识步骤，可以提高对理论的检测和建构的可能性。具体来说，可以有这样的理性选择的思路：当我们对行动和决策进行研究时，研究的基本单位通常是个人，如果不是个人，那么研究者应当明确单位到底是什么；如果单位是集体或个人的集合，那么研究者就需要考虑集团是如何组织起来的，是否有正式或非正式规则来把偏好聚合为集体的选择，并对行动单位的动机和能力作出明确陈述；如果你认为选择并不是以目标为导向的，那就要另找一种逻辑严谨的方式来描述事情的进展；最后，还要想清楚制度这样的背景性因素如何影响选择的逻辑，还要想清楚与行动者互动的其他单位如何影响行动者的选择及其后果。①

小 结

政治现象的复杂性和特性决定了它主要不是靠实验方法而主要是靠经验方法对其进行检测和分析，因而研究对象的客观性与研究过程和结果的主观性一致与否就成了比较政治研究的关键问题，这就要求研究者要选择正确的研究路径和操作方法，但无论是个案比较、集中比较、真伪对照分析还是统计分析都有自身的缺陷，或者说在政治分析中任何一种实验非实验性方法都

---

① 〔美〕芭芭拉·格迪斯：《范式与沙堡：比较政治学中的理论建构与研究设计》，陈子恪、刘骥译，重庆大学出版社2012年版，第143—144页。

有一个有效度的问题,这就要求研究者要尽可能避免相关缺陷而使自己的研究效用最大化。要做到这一点,首先要充分认识到各种操作方法存在的局限性所可能导致的误差和错误,从而尽可能地综合运用相关技术,使它们互为补充;其次要尽可能充分而合理地运用和发挥相关技术的优长而避免其缺陷,在使用个案取向的比较方法时,要尽可能充分发掘个案的内涵,从不同视角和层面来分析和加深对它的认识,同时要充分吸收已经被深入研究的相关因素和相关个案,以增加进入研究过程的可靠个案的数量;在使用变项取向的研究方法时,要尽可能保证进入比较过程的数据的准确性和代表的广泛性,当然更为困难和重要的是要尽可能多而准确地发掘使相关变项进入统计分析的过程,还要尽可能掌握在分析方法过程之外的文化和历史传统及其他相关背景因素的差异和影响,因为这些因素的复杂性、不确定性和难以检测性可能对研究结果有很大的影响。

第三节　从单一国家研究到多国比较研究

在一国研究中引入比较方法为研究提供了新的分析工具和新的分析视角,这为全方位地分析和解释复杂的政治现象提供了可能性和合理性。但如何才能有效地引入或应用比较方法,在学界存在着不同的看法,而案例研究方法由于本身所具有的单一性和比较性,使其成为在一国研究中引入比较方法的重要思考和路径。具体来说,就是在一国研究中,通过适当的案例研究设计,实际上也是在比较的框架中进行案例研究设计,通过尽可能包括所有的类别并在同一类别中有足够的排列,进而寻求单一或竞争性的解释。这种解释的效用取决于它所使用的案例的数量、范围和合理性。

一、研究范式转换的趋势

从比较政治研究的基本发展路径来看,它是从对单个国家和单一政治现象的研究起步、逐步向多国比较研究发展的,而目前这两种研究路径都仍然是比较政治研究的重要组成部分。然而,近几十年来,在比较政治学这个学科内部,关于这两种研究路径或方法的关系和地位一直存在着争论。一端认为对单个国家的研究是比较政治学的主要内容,另一端则认为对单个国家的研究只是对多数国家比较研究中的一个因素,是统计分析中的一个"数据点",而且它并不是比较研究所不可或缺的。实际上,两者的分歧存在于对"比较"的概念和各自功能的不同理解以及两者之间的相互关系之中。简言之,如果某种研究方法只对单一国家或现象进行研究而又不隐含比较的话,那么人们就会质疑它的归纳性效用,而不可归纳的现象是缺乏应用价值的;然而,如果比较分析完全立基于归纳性而又不是立基于单一国家或现象之上的话,人们则会质疑它的真实性或实际效能。

传统的观点把比较政治界定为对单一国家进行充分而深入的描述和研究的理论依据是:由于每个政治现象或国家都是独特和不可复制的,由于现象与情境有着特定的关联性,而同样的现象在不同情境中的相关性是不同的,所以对这些现象进行归纳是毫无意义的。它还认为比较政治的基本任务就是对政治现象进行感性理解和深度的描述,而不是依赖于归纳或应用科学方法进行解释。这一类研究路径主要专注于研究一个国家内部的各种政治现象,通过深入而全面地分析而对政治现象作出"厚重的描述";并通过指出每一种政治现象的独特性,强调任何政治现象都受到该国具体情境的影响,而得出没有完全相同的政治现象的结论。这种观点认为,特定的国家及其情景构成了一个包含许多因素或现象的独一无二的模型,这些因素不可能被复制出来,而这种独特性构成了这些国家或政治现象的核心。因此,决不可能再复制出一个拥有其特定历史、文化、地理和人口的法国,更不可能从中找出与其独特历史相联系的同样的杰出人物。

单一国家研究的优点在于:首先,它聚焦于一国或单一政治现象而对其进行充分而深入的研究,可以对政治现象作出"厚重的描述"或解释。其次,单一国家研究可以详细阐明特定国家所最能展现的概念,并在一定程度上发展这个概念。例如,国内外一些学者通过对中国深入而广泛的研究,提出了"中国模式"这一概念,它深刻而系统地阐明了中国社会的政治经济特色,阐明了其特定内涵,这是比较方法很难达到的。再比如,荷兰过去一直是政治联盟的典型,利普哈特通过对荷兰联盟政治的分析提出了"政治联盟"的概念。① 由于其分析深刻,人们把它推广应用到荷兰以外的欧洲社会分裂深刻的国家,以研究它们的政治构建;还用它来指导研究荷兰历史上其他时期的政治关系,从而使其成为评估荷兰政治变迁程度的一个重要指数。尽管把从一国研究中得出的概念这样进行演绎通常会导致概念的过分延伸或变质,不过它也确实有助于阐明和丰富人们对政治现实的认识。还有,一国研究的成果可以作为比较研究的基础。因为比较研究只有立基于国别研究的成果之上,才可能取得扎实而具有针对性的成果,否则就不会具有解决实际问题的效力。尤其是在特定而合理的比较设计下进行的多个国家的系列的国别研究,写出系列国别研究的专著,甚至用直接比较的理论和方法写出各个国家的著作,那么其效用和影响会大得多。②

但是在主张进行多国比较研究的学者看来,一国或单一政治现象的研究也有其无法克服的局限性。首先,纯粹的一国或单一政治现象的研究路径和方法实际上否定了跨越国界来对政治现象进行归纳的可行性,举例来说,它认为无法对各国工人政党的特性进行归纳,因为每一个政党的特性都是由构成它们所处环境中的历史、地理、文化和科学要素的独特安排而创造出来的,没有完全相同的环境因素,因而也就缺乏可比性。正是由于国家的这种独特

---

① Lijphart, A., *The Politics of Accomodation: Pluralism and Democracy in the Netherlands* (2nd edn), Berley, Ca: University of California Press, 1975.
② 在 1960 年代和 1970 年代面世的由阿尔蒙德(Gabriel Almond)和白鲁恂(Lucien Pye)主编的国家丛书就是在统一设计的架构下通过对一系列单一国家的研究而提供了一种好的比较研究的范例。这些书包括 Rose, R., *Politics in England* (5th edn), London: Faber, 1989; Ehrmann, H. W., *The Political in France* (5th edn), New York: Free Press, 1992; Edinger, L. J., *Politics in Jermany* (2nd edn), Boston: Little, Brown, 1977; Barghoorn, F. C. and T. F. Remington, *Politics in the USSR* (3rd edn), Boston: Little, Brown, 1986; Kothari, R., *Politics in India*, Boston: Little, Brown, 1970。

性，所以我们才应该只对其中的政治现象进行单独的研究，这就使它永远也无法在多国比较的基础上进行归纳，从而否定了各国相互比较、相互借鉴和相互学习的可能性。

其次，局限于这种研究方法也在很大程度上限制了研究的视野，过于把精力聚焦在一个国家或一个政治现象上，而无法对多国政治或变量进行比较研究，从而使政治研究的结论和成果有很大的局限性。实际上在许多国家中现存或曾经存在的自以为是的政治实践或模式在相当意义上就是缺乏以科学的态度进行政治发展比较的结果，阻碍了其选择恰当的发展模式的实践。当然，另一方面，不恰当地比较实践也会带来严重的后果，例如，过去各社会主义国家对于苏联模式的盲目模仿，使得社会主义这个概念被片面化了。

最后，尽管单一国家或政治现象的研究有时也隐含着某种比较，但"描述性的比较仅仅指出其中的不同和相似，分析的或正确的比较就超越了它并告诉我们为什么会是这样"[1]。尽管我们说亚里士多德在《政治学》中对古希腊城邦国家的研究就隐含着比较的方法，所以比较政治学与政治学的诞生一样古老，但是，一方面这种隐含的比较带有很大的随意性和主观性，它无法建立合理的比较框架因而通常也就不能进行合理的比较；另一方面，隐含的比较不能充分地运用比较方法，它只是潜在的而不是直接而充分的比较，不是把比较对象放在平行的地位上进行比较，因而在很多情况下很难说它是真正比较性的。

正因为一国研究有如此缺陷，它难以应对第二次世界大战以来发生的政治变迁，无法解决政治现实中提出的问题，因此，比较政治学不得不进行变革，以应对这些挑战。一方面，这种政治变迁改变了过去把比较政治学狭隘化或只进行一国内的政治制度研究的观点，扩展了政治研究的视野。另一方面，它也促进了研究范式的转换，迫使一国论者与归纳论者或比较论者进行

---

[1] 〔美〕尼考劳斯·扎哈里亚迪斯主编：《比较政治学：理论、案例与方法》，宁骚、欧阳景根等译，北京大学出版社2008年版，第1页。

对话，在初期这是一国论者寻求与那些把制度变迁看成是广泛的政治过程的特定现实的人进行对话，后期则把这一过程融入到了理性、文化和结构的充分的比较过程之中。

这一时期对比较政治学产生深远影响的政治变迁主要是指 20 世纪 50、60 年代发生在亚非拉的民族独立运动和 80 年代以来发生的威权主义政体向多元民主政体的转变。前者使政治发展从欧洲和美国扩展到全世界，极大地扩大了政治发展的范围，同时拓宽了比较政治的视野，使学者们不得不把发生在这些地区的政治变化纳入政治研究的范畴，而传统上政治学只把政治发展看成是欧美政治的变迁。对于欧美的政治学者来说，研究这一新的政治变迁只能通过比较政治来进行。后者是亚洲一些威权主义政府的倒台与前苏联和东欧社会主义国家的解体给比较政治研究提出了新的课题，这也扩大了比较政治的视野。如果说前一时期的政治变迁对比较政治学的影响主要是研究视野的扩展和相应的方法创新的话，后一时期则主要是增加了研究的深度，尤其是拓展了对民主政治诸问题的研究。

同时，对亚非拉后发展国家的研究，以及本国市场力量的扩展和经济体制的自由化等因素的发展又反过来促进了对欧美民主国家进行更为深入的研究，这是比较在新的基础上的需要。其中一些问题尤其受到了重视，例如，经济状况对于选举的影响，中央财政的政治学功效，公开性或开放对于党员和政治制度分裂的影响等，通过与前社会主义国家和发展中国家中这些情况的表现进行比较①，西方学者加深了对自己国家这些问题的理解，例如认识到选举的某些弊端并不再对其盲目崇拜，也扩展了比较政治学的视野和研究范围，例如把公共政策作为比较研究的对象，以及民族国家研究在这一领域中的复兴等都说明了这一点。

我们可以美国政治学界这一时期发生的某些变化为例来具体说明这种情

---

① 金、基欧汉（King, Keohane）和维巴（Verba）的"设计社会调查"对这种趋势的影响进行了评估。King, G., R. O. Keohane and S. Verba, *Designing Social Inquiry: Scientific Inference in Qualitative Research*, Princeton University Press, 1994.

况。在美国，过去一些专攻美国政治的学者把自己看成是比较论者，这是由于在他们看来美国政治或者是美国式民主是普世性的，其他国家都要按照美国的路径来发展。但是随着世界一些国家和地区的崛起以及美国式民主在其他国家实验的失败，使他们逐渐感到美国的价值和民主也有局限性，并不能完全由美国的情况来推导出普遍性的结论，例如在实行市场经济的政体与实行中央计划的政体之间存在着巨大的差异。更为重要的是这种差异并不像过去想象的那样会很快消失掉，而是会长期并存甚至发生竞争。这就使那些长期把国别研究作为比较政治学一部分的人领悟到只研究美国政治是远远不够的，需要积累其他国家的知识。因此，在这些美国论者中产生了进行比较政治研究的要求，他们要在理论上摆脱美国论的局限性，直接进行多国的比较研究，同时还要在单一国家研究中引入比较方法。

二、引入比较方法的必要性与困境

在单一国家研究中如何引入比较方法，以弥合单一国家研究甚至比较研究的不足？要做到这一点首先要认识到这两种研究路径的特点，尽管它们有着某些共同的基础，但也有很大的差异。比较方法的特点是要在研究中尽可能充分地利用案例、变量并尽量保持最广阔的视野，这也是比较方法或比较政治学的核心，这种特点在比较论者所选择的方法论及其研究工具中也得到了充分的反映。

相反，单一国家研究是按照相当不同的原则进行的，这可以从理论和工具性两个方面来看。从理论上来看，单一国家研究是要对既定政治实体复杂环境中的政治现象进行解释，它在很大程度上把这种政治现象看成是独一无二的，同时，它可以并且总是对政治现象进行深入而全面的探讨。从广义上来说，如果单一国家的研究传统也具有某些比较性的话，那么它不是直接进行比较，尤其不是进行横向比较，而是进行某些潜在的历时性或纵向比较，尽管它有时也要在深度与广度、微观与宏观、描述与抽象、归纳与演绎之间进行潜在的平衡。

就工具性而言，许多一国学者不仅要学习特定国家的语言，而且还要使自己融入特定国家的政治文化之中。这些情况还会被推崇单一国家研究路径的观念所强化，致使许多单一国家研究者严重地依赖这一准则和路径，而比较研究者通常没有如此强烈的依赖性。发生这种情况的原因除了研究传统的影响外，通常还有缺乏可选择的方法，缺乏广泛的比较政治的知识，缺乏可供参考的有关国家的成熟的参考文献等原因。

显然，这两种路径或方法各自所依据的方法论和认识论上的差异是明显的，而在这种差异之间架起一座桥梁尤其是一国研究对比较方法的吸取有利于弥补各自的缺陷，这种构建应该围绕着使研究因素、变量和研究过程最大限度地达致概念、方法和成果在精确性和相关性以及可归纳性上的一致性而进行，尽管要使这些因素完美地融合是很困难的。

如果缩小单一国家研究和比较政治分析间的差异的话，就可能缩小各自在方法论上的不足并提高分析的精确性。然而，由于政治科学中各分支学科越来越专门化，因而掌握它们的机会成本已经提高了，这就削弱了各分支学科之间的相互借鉴。尽管如此，我们仍可以看到在比较政治分析和单一国家研究之间有着较大的经验上和方法上的传承和重合性，这可以在相当程度上增加它们相互借鉴的可能性，或增加它们之间的相关性。

单一国家研究吸纳比较方法的必要性在于，把在一国研究中产生的概念应用到其他国家的相关问题上，通常不可避免地会导致概念的延伸和定义的扩展，以及同一模式的不同应用；进而，如果把既定的模式或概念放到多种不同的环境中去应用，那么通常会出现一些逻辑上和经验上的错误，从而使研究成果缺乏精确性。这是单一国家研究所要解决的重要问题，尤其是在数据和案例繁多的情况下更是如此。总之，立基于单一国家认知基础之上的研究可能不倾向于开发和利用归纳性较强的方法和模式，无论这种方法和模式是多么正式、严密或有利于它，而是倾向于开发立基于一国国内政治环境中的模式，尽管这可能只有很小的适用性，其理由是避免比较所带来的概念的滥用和杂交。

这种情况在一国研究中经常出现，很难避免。例如布莱克提出的中间选民的特点和概念是具有独创性的[1]，然而唐斯在《民主的经济理论》一文中对布莱克所阐述的模式进行了延伸，尤其是他的有关政党如何回应中间选民诉求的假设是以两党竞争模式为基础而设定的。唐斯虽然承认非多数决定制度的存在和其分歧的相互作用方式，但是他提出的假设是："政党制定政策以赢得选举，而不是通过赢得选举来制定政策"[2]，这显然是以两党竞争而不是多党竞争中的逻辑为基础得出的结论，并不一定总是符合多党制中的情况。尽管在一些比例代表制中不是没有两党式的竞争，但是这种竞争方式一般是在像美国这样的多数决定的制度之中表现得最为激烈，因而这是唐斯的归纳性假设和理论观所赖以产生的基础和国内环境。由此来说，唐斯发展但也限定了中间选民模式的概念，因而在一定程度上也扭曲了这个概念的原意。

我们还可以审视合作主义概念在英国研究国内政治中的变异情况。这个概念在20世纪60—70年代的英国是一种对经济计划和工业政策协调方式的表述，但是由于此后一些学者在东欧、拉丁美洲和亚洲进行了关于合作主义的比较研究，因而产出了一种自上而下的以政府为中心的合作主义模式，这反过来使人们感到英国一直缺乏维持合作主义的正式而必要的强制性的制度结构[3]，从而使人们认为这个概念在英国的应用缺乏理论上和经验上的支持。它甚至导致很多英国人认为70年代英国经济协调的失败部分地是合作主义方式的失败而不是合作主义实践的失败。这表明，在最广泛的意义上使用这个产生于一国的概念会使其失去严格的定义，从而会产生误导。

---

[1] Black, D., "On the Rationale of Group Decision Making", in *Journal of Political Economy*, Vol. 56, 1948, pp. 23 - 34.
[2] Down, A., *An Economic Theory of Democracy*, New York: Harper and Row, 1957, p. 28.
[3] Lehmbruch, G., and Schmitter, P. (Eds.), *Patterns of Corporative Policy-making*, London: Sage, 1982; Schmitter, P., and Lehmbruch, G. (eds.), *Trends towards Corporatist Interest Intermediation*, London: Sage, 1979.

显然，如果单一国家研究要提高自己的研究能力和效果并被更广泛地接受的话，它必须超越自己的传统思维定式和方法，必须具有广泛的学科联系或应用比较方法。要做到这一点，首先，它不应该过度地坚持"文化例外论"这种在单一国家研究准则中非常固执的思维方式；进而，更多地使用比较方法或多重变量分析方法会使单一国家研究者更多地认识到单纯地把一国概念进行推广或以此为基础构建的解释或理论存在着很大的局限性。

其次，它的研究设计和分类一定要尽可能多地包括各方面的调查研究情况，这样才可能更为全面，而这是比较方法的基本要求。吸收比较方法的单一国家研究可以提高研究效果，例如卡赞斯坦通过对德国国家内部控制力的研究提出了"半自主国家"这个概念。① 在研究过程中，他以对多种类型的国家与社会关系的过程、结构和广义理解为基础而归纳出了各国在自主性方面的共同性和差异性，从而使这个"半自主"的概念可以在多种不同的国家和情景中应用，取得了较好的效果。

再次，无论在什么情况下，它都要构建出可以对假设进行有效检验的研究方法，这是一国研究保持有效性的必要条件，然而这离不开对比较方法的借用。当然，考虑到这要取决于归纳理性和深度描述的有效结合，因而在单一国家研究的特定过程和实践中这种借鉴或结合不可能或许也没有必要渗透到整个研究过程或所有方面，只是在涉及重要的假设和理论构建时才必须做到。

最后，尽管由单一国家或单一政治现象研究作出的假设往往存在着内在的缺陷，但通过吸收比较方法所进行的单一国家的研究也不一定完全经得起检验，然而我们的目的是尽可能地追求合理的结果，或者说在相当意义上我们的评价不是看检验的结果是否完全真实，而在于检验的过程和检验方法的应用是否合理，从而使单一国家研究与比较政治分析更具有相关性，成为比

---

① Katzensxtein, P., *Policy and Politics in West Germany: The Growth of a Semisovereign State*, Philadelphia: Temple University Press, 1987.

较政治学这个学科的一个有机组成部分，从而使我们在研究中不断地接近真实而合理的结果。

在单一国家研究中有三个领域的研究对理论假设进行了大量的实践检测。一是在选举行为的研究领域，其中一种主要的路径是从经济原因中分析和假设选民投票的走向，这种研究路径有着很强的假设演绎的特性，它是立基于复杂而正式的理性范式和尽可能多的案例研究设计的基础之上的，以此对投票或不投票行为的原因进行假设和检测。理性选择理论的这种从单一现象的研究开始进而走向包括假设检验在内的全面的比较分析的研究路径有着很强的论证能力。二是在政党体制研究领域，李普哈特等人关于政党的竞争与合作的联盟理论包括如何维持这种联盟的研究是由博弈论和关于个体理性的抽象解释所支撑的，因而有着较多的演绎、归纳和比较。三是在制度环境研究领域，关于政治结构的制度环境作用的相对抽象的概念确实能够产生一种可以应用于单一国家研究的尽管不是那么严密的假设形式，这使得一国制度与多国制度有了相关性。

由此看来，在一国研究中缺乏比较方法的应用可能使一国研究减少对众多现象的归纳性，致使其成果有很大的局限性，这也说明了它借鉴或吸收比较方法的必要性。而把比较政治分析中的主要方法和检测方式应用到单一国家研究之中，显然会增加单一国家研究的严密性和结论的广泛性与合理性。

要使我们所构建的这种相关性准则能够有较强的生命力和效果，还需要探讨为什么某些相关学术成果有持久的影响、而另一些相关成果的影响却很短暂的原因。显然，研究过程的严密程度和研究过程中所认识到的相关性是保持其持久影响力的主要决定因素，当然这是必要的而不是充分的条件。一些著名的研究项目可以说明这方面的问题。普特南在意大利和美国进行的民主国家所需"社会资本"的研究就是很好的例子。普特南通过研究意大利社会资本的发展，发现那些没有适度的"社会资本"的地区很难生长出民主制度，进而，他用这一理论来研究意大利南部和美国一些地方的社会和政治行为模式，发现在那里存在着损害民主的潜在因素。① 另一些学者在这一理论的指导下对欧洲的其他国家也进行了社会资本与民主的关系的研究，取得了一些成果，并丰富了这一理论。社会资本的概念可能引发了某些经验上和理论上的理解和阐释困难，但是它提出了新的分析视角，为比较和理解民主的发展提供了新的分析工具，对于比较政治分析是有价值的，因而这项比较研究在整个学术界产生了重要的影响。

此外，还有一些类似的把国别研究或单一政治现象的研究与比较研究结合起来的研究也都取得了影响深远的成就，例如达尔关于 New Haven 社区权力的研究②，阿尔蒙德和维巴关于政治参与的研究③，赖克关于联邦主义的研究④，基希海默尔关于政党的研究⑤和普特南关于美国市民社会的研究⑥等都在这方面取得了一定的成就。尽管这些成果并非没有受到批评，但是它们都在分析的严密性和建立一国研究与比较研究的相关性的基础上对研究主题进行了抽象概括，或者说在一国或单个政治现象的研究中在相当程度上运用了比较方法。当然，它们抽象解释的程度是不同的，例如达尔关于政策制定领域中权力的碎片化的抽象程度远不及赖克对集权和非集权的联邦制之间差异性解释的抽象概括程度高。

在这方面另一个重要的例子是希恩等人对意大利政治转型的研究。⑦ 希

---

① Putnam, R. D., With R. V. Nanetti, *Making Democracy Work: Civic Transition in Modern Italy*, Princeton University Press, 1993; Putnam, R. D., *Bowling Along: The Collapse and Revival of American Community*, New York: Simon and Schuster, 2000.

② Dahl, R., *Who Governs? Democracy and Power in an American City*, New Haven, CT: Yale University Press, 1961.

③ 〔美〕加布里埃尔·A. 阿尔蒙德、西德尼·维巴：《公民文化——五个国家的政治态度和民主制》，徐湘林等译，东方出版社 2008 年版，第 440—442 页。

④ Riker, W., *Federalism: Origin, Operation, Significance*, Boston: Little, Brown, 1964.

⑤ Kirchheimer, O., *The Transformation of the Westerwn European Party Systems*, in J. La Palombara and M. Weiner (eds.), *Political Parties and Political Development*, Princeton, NJ: Princeton University Press, 1966, pp. 177 - 200.

⑥ Putnam, R. D., *Bowling Along: The Collapse and Revival of American Community*, New York: Simon and Schuster, 2000.

⑦ Hine, D., *Governing Italy: The Political of Bargained Pluralism*, Oxford: Clarendon, 1993.

恩在 1994 年在由基督教民主党支配的意大利政党体制崩溃之前出版了《治理意大利》一书，尽管他并没有预见到这种变化，但其著作对意大利国家政治中大量的讨价还价的多元性政治现象和思想进行了深刻的分析和概括，因而有很强的说服力并对此后的政治变化有了潜在的解释。与此相反，卡茨等人在 1994 年这个重要的转型时期编辑的《意大利政治：巨头的时代》一书，则缺乏希恩的抽象和概括水平，缺乏对战后这个特定时代的意大利政治"厚重的描述"的抽象。当然这并不是说他们没有抽象的能力，而可能是由于 1994 年意大利经验的特殊性使他们有意避免抽象演绎而专注于事件的描述。这里的关键之处是这些重要的研究是在"厚重的描述"的基础上所进行的抽象概括所达到的程度使这些成果的前提条件更为明确，研究过程更加可以复制，研究成果更加可以检验和得到确证。这就是说，如果要使自己的结论更为可信，就必须具有一定的比较性或抽象概括；如果要进行分类和建立起可以用于不同制度环境中的模式，那么单一国家研究必须吸收比较方法。

三、案例设计的比较性

尽管我们说在一国研究中吸纳比较方法是改善一国研究的良方和趋势，但这并不是说在所有的一国研究中都要运用比较的方法，尤其是在一国研究中只运用比较方法更不现实，而且不是什么样的比较方法都可以运用到一国研究中的所有研究过程中去的，否则一种情况是可能导致方法与对象的错位，另一方面则可能把一国研究完全变成了比较研究，这样则会失去一国研究所具有的"厚重描述"的优长。因此，我们需要思考什么样的比较方法更适用于一国研究，或者说在单一现象研究中如何借鉴和吸纳比较方法？这个问题与研究设计、搜集和分析数据的方法以及认识论密切相关。

在探讨研究设计的框架时，利普哈特提出了五种不同的比较方法：（一）全球统计分析；（二）案例研究；（三）集中比较；（四）历时研究；（五）整合性比较研究。① 但是在实践中我们很难按照这种分类方法对各种研究过程中实际应用的研究方法进行明确的划分，换言之，它们总是在综合地使用这些方法，因而很难确定它们究竟属于哪一种类型。确实，政治现象的复杂性决定了在某项研究中只使用一种方法大多不利于处理研究对象所有方面的问题；同时，使用多种方法可以提高研究的合理性，因为一种方法实际上可以起到对另一种方法进行验证的作用。正因为如此，许多比较研究计划有意利用不同的数据和方法进行分析，以达到三角定位的目的。从单一国家研究的逻辑来看，在大多数情况下通过案例研究设计来进行三角定位是最佳的研究路径，这既可以保持原有的研究方法，以可以借鉴比较方法，同时还不会把一国研究完全变成比较研究。

萨托利指出，案例方法可以是一种独立的方法，也可以是比较方法中的一种方法。他认为如果有一种好的可操作的理论范式进行指导的话，案例研究完全可以成为一种很好的比较方法。② 即便如此，也仍然需要探讨案例研究在比较研究中的应用程度和如何使用案例方法才更为合理的问题。

为此，一些学者设计了案例研究的框架或分类方法。例如利普哈特把案例研究分为六种形式：非理论性的案例研究；用已有理论进行阐释的案例研究；产生假设的案例研究；用于检测理论的案例研究；用于证明理论的案例研究；异常案例研究。③ 埃弗拉提出了一种五分类法：检测理论的案例研究；构建理论的案例研究；阐明前提条件的案例研究；解释案例内涵的案例研究。④ 埃克斯坦提出的五分类法也具有深远的影响：构建特定规律的案例研究；构建知识领域的案例研究；启发性的案例研究；探究可信度的案例研究；

---

① Lijphart, A., "Comparative Politics and Comparative Method", in *American Political Science Review*, Vol. 65, 1971, pp. 652-693.
② Sartori, G., *Comparative Constitutional Engineering: An Inquiry into Structure, Incentive and Outcome*, New York: New York University Press, 1994, p. 23.
③ Lijphart, A., "Comparative Politics and Comparative Method", in *American Political Science Review*, Vol. 65, 1971, pp. 691-693.
④ Van Evera, S., *Guide to Methods for Students of Political Science*, Ithaca, NY: Cornell University Press, 1997, p. 55.

关键性的案例研究。① 尽管对案例研究的分类有所不同，但它们全面地阐明了案例研究的作用，使我们从不同的视角对案例研究有了基本而全面的认识。

就案例研究的作用而言，大多数批评都陷入两极分裂之中。在一极，学者们并没有对案例方法本身进行批评，而是对各种案例方法是否具有真正的比较性提出了质疑。例如，麦奇等批评了利普哈特的类型学，除了对他的第一种非理论性的案例研究没有进行评论外（由于它显然不是比较性的），他们认为第二种类型的案例研究无论如何都不具有严格的比较性，而其他四种类型也不一定是比较性的，如果"它们使用和评估在其他地方所发展起来的概念……检测某些普遍性的理论和假设，或者生产出用于其他地方的概念"，它才能被看作是比较性的。② 在另一极，一些学者对案例研究本身的作用提出了质疑，认为它的比较作用非常有限。坎贝尔早期强调经验性的或半经验性的方法，认为案例研究的一次性或不可复制性使其无法广泛应用，认为其内部或外部的合理性都难以确定，并且这也不具有科学性。与此同时，坎贝尔主张使用科学方法，他认为假设演绎的方法不应在社会科学中起决定性作用，尤其是由于这种路径难以评估和分类。基于这一点，坎贝尔放弃了传统研究从既有现象中追寻单线假设的研究路径，提倡对多种竞争性解释进行检测并应用多种方法进行研究的路径。在这一过程中，他逐渐意识到自己实际上已经开启了接受案例研究作为一种开发和删除假设的手段的大门，并发表了《"自由的度"和案例研究》的论文，表示放弃早期轻视案例研究的观点。③

坎贝尔最终承认埃克斯坦的"可信性探索的案例研究"具有比较的性质，然而考虑到坎贝尔对于方法论的严格要求，他对案例方法的接受实际上提高了案例研究设计的标准，当然这也会提高其效力。他对利普哈特分类方法的

---

① Eckstein, H., "Case Study and Theory in Political Science", in F. I. Greenstein and N. W. Polsby (eds.), *Handbook of Political Science, Strategies of Inquiry*, Vol. 7, 1975, p. 94.
② Mackie, T., and Marsh, D., "The Comparative Method", in D. Marsh and G. Stoker (eds.), *Theory and Methods in Political Science*, Basingstoke, UK: Macmillan, 1995, pp. 173 - 186.
③ Campbell, D. T., "'Degrees of Freedom' and the Case Study", in *Comparative Political Studies*, Vol. 8, 1975, p. 191.

评论是，就进行案例研究本身和与比较研究的相关性或理论构建而言，其中第一至第三种类型是理性而中性的对案例研究方法价值的阐述，而第四种和第五种类型是具有比较性的，可以被用于检验和证明理论，或者说可以在某种程度上替代比较方法的作用。

这样，在他看来，在进行研究设计时，是选择案例研究的方法还是选择比较研究的方法本身就是错误的判断，而正确的选择是考虑理论的特性、证据的可用性、研究者的技巧或可获得的研究资源等，这是"最合逻辑的立场"。尤其是第六种类型在更大程度上延伸了案例方法的作用，他坚持充分而合理地运用案例研究是比比较研究更好的方法，甚至可以把比较研究作为案例研究的非定论性的一个初期的研究阶段，最终再由案例研究作出结论。

案例研究设计在寻找单一或竞争性假设时的效用取决于它所包含的案例的数量及其分布的合理性，它要尽可能包括所有的类别并在同一类别中有足够的数量排列。对于按单一国家准则进行研究的人来说，这就要求他们尽可能在整个研究过程中应用并反身地应用这种方法。一些学者指出在文化人类学和考古学的经典的案例研究中，要对复杂的研究对象作出解释，就要面对"数不清的可供选择的答案"。对这种竞争性解释的筛选通常是一国专家所通晓的，也是案例研究的常规和基本的界限。但是如果要使案例研究承担像利普哈特的"用于检测理论的案例研究"和"用于证明理论的案例研究"的任务，外延案例研究的界限，那么这个过程会变得更加复杂、透明和可以复制，实际上也就是更具有比较性。

探究各种竞争性解释对处理数据和理论间的复杂关系提出了更高的要求，这要求处理大量而分布合理的数据。在处理这些数据时，要避免个体和生态谬误，这要求反身比较单一国家或单一现象的案例研究，要严格遵守"直接测量原则"。这还与一定的理论范式密切相关，因为无论是使用个体层面的数据进行微观政治分析还是使用生态层面的数据进行宏观政治分析，都不仅仅是一个技术问题，而是比较政治中的一个核心问题。这样，通过确定研究设计和数据搜集以及分析的范围或内容，我们明确了认识论的地位。因为尽管直接测评的原则最初是一个方法的问题，但是这种经验研究的基本技术实际是由认识论支撑的，有认识论的作用。大致说来，聚焦微观层面的研究在解释政治现象时可以提出微观制度的作用的假设，而那些宏观层面上的数据通常被用于关注宏观结构的作用。这样，如果上面论述的案例研究的演绎力是真实的话，其中所包含的认识论也就明确了。

需要补充的是，这种研究形式不应限制对单一国家或政治现象的研究，因为如果个体研究是以失去广泛性而换取深度的话，那么我们可以通过集中比较来实现一定程度的普适性，即通过组建国别专家团队来增加研究的普适性。这种在一定程度上是通过增加劳动强度来实现广泛性的路径可以称为"多个研究者、多个案例、多个地点"的研究方法。① 这种路径设计要求对由来自于不同知识语境中的研究人员所组成的团队的研究工作进行协调，以在适当的和可求的深度和宽度之间构建一种良性平衡。尽管这种研究路径有相当的难度，但是如果能达到一个相当严密的研究程度的话，那么这种团队努力会使研究有很大的改观。

小　结

横向和纵向数据都证明了单一国家研究在政治科学的各专业中的相对孤立和衰落，因此研究者应该把比较方法融入进来。我们应避免把解决这个问题的方法局限于直接应用比较方法，实际上，政治科学给方法的多样性留下了很大的空间。这也包括单一国家学者要意识到他们原来以为不适用于自己研究的方法实际上对自己来说是不可或缺的。对此，一种重要的思考和方法是单一国家研究者通过进行案例设计而把比较方法吸收进对单一国家的研究，这会使单一国家研究从比较方法的经验和理论中受益。谨慎地进行案例设计

---

① http：//www.sussex.ac.uk/soccul/1-3-1-6.html.

不仅可以使单一国家研究更具有相关性,而且它也给比较学者提供了比较方法所不具有的洞察和深度的描述,"在跨单位的研究占支配的领域中,或许极为需要对单一单位进行聚焦研究"[1]。显然,达到这种严格的案例研究设计标准需要付出更多的努力,但是这也会大大提高研究效果。

---

[1] Gerring, J., "What Is a Case Study and What Is It Good For?", in *American Political Science Review*, Vol. 98, 2004, p. 353.

第二章 理性选择理论及其分析方法的演进

第一节 理性选择理论的方法论特征

学界关于理性选择理论的特征有诸多的论述，概括起来，它有两个基本特征，即理性人假设和方法论个体主义。此处还有一些非基本的但不可忽视的特征。

理性人假设是关于人的行为的研究模型，是指人的本性是理性的，每个人都是按照理性的思维方式来行事。在理性主义者看来，理性选择是人的基本选择，由此，它把人的行为取向进行了设定和统一，从而使研究者能够以理性而统一的人性观分析个体在不同时空情境中可能采取的行动。

理性人假设的一项重要内容就是它明确界定了行动者的目标或偏好。理性是指在给定目标和可供选择的替代性策略的情况下，人们会选择最可能实现其目标的策略。在理性选择理论中，制度、其他结构性特征以及政治形势都属于塑造"二阶偏好"（second-order preferences）即用来实现目标的策略的要素。这些背景性要素决定了可供个人选择的替代性策略以及不同策略的成本和收益。那些塑造了"一阶偏好"或目标的要素处在理性选择模型的演绎结构之外,也就是说,理性选择分析并不试图解释目标的源起。但是,目标在理性选择理论中仍然起着至关重要的作用。这种路径创造性地把理性行为者假定与以下两点结合了起来:一是将原因可信地归结于目标;二是阐释制度和其他要素对策略的影响。

在理性主义者看来,理性人假设的这种"逻辑一致性"是现实存在的,因而它在解释很多政治情况时具有相当高的可信性,很多被看成非理性的行为实际上包含着理性;它的统一性或一致性可以对纷繁复杂的现实进行有效的简化,从而方便了政治比较,以至于它有着很强的解释行为方式及其后果的能力。

当然,作为一种政治学理论,即使是早期的理性选择理论也与经济学有所不同,这表现在它注意到复杂环境的影响,承认制度的作用以及注意到冲突和权力问题,并在此后为应对这些问题修正了相关原则,例如,明确界定了制度和其他背景性的特征,这些制度与特征决定了行动者可能的选项以及不同选项的成本和收益。从方法论上来看,尽管它比以往的政治学理论更加规范和可以检验,但并不像经济学方法那样主要是规范性和描述性的[1],因此,它既追求规范和简约性,又具有经验性特征和解释性功能。

理性选择理论的方法论个体主义是指理性选择理论以个体为分析单位,在研究中将研究对象化约到个人和个体,通常是单独的个体,假定包括政治家在内的任何人都是理性个体。它认为政治行动的主体只能是具体的个人,而非想象中的集体。方法论个体主义主要是指个人具有独立选择能力情境条件下的个体,如果个体的从属性或人身依附性较强,则不是理性选择理论完整意义上的个体。

这种方法论个体主义有时也在特定条件下把某些群体视为统一的个体。

---

[1] Robert H. Bates, "Contra Contratarianism: Some Reflections on the New Institutionalism", in *Politics and Society*, Vol. 16, No. 2/3, 1988, p. 16.

一些组织有时可以被看作是一个整体,例如实行等级制且组织严密的团体,它们如同单一理性行动者一样行事,方法论个体主义就适用于这种组织。也就是说,对理性选择理论恰当的适用范围在分析单位是个体时才会有效,尽管这种个体有时是以集体的形式表现出来的。[1] 民主国家团体内的制度安排可以避免循环并导出稳定的偏好和结果,因而在某些情况下将民主国家视为单一行动者是合理的。将某些环境中的政党或国际竞技场中的联盟和国家视为理性的单一行动者也有合理性,因为在这里通常有使偏好稳定的制度。然而,一般情况下,未经组织的团体,如阶级或利益群体,不是理性的单一行动者。理性选择理论可以被用来解释这些团体中成员的行为,也可以被用来解释由这些人聚合而成的团体的行为,但不能把这些集团当成完全一致的单位来解释。

方法论个体主义与方法论集体主义相比,前者认为客观认识源于对个体现象的研究,后者则认为客观认识源于对群体现象的研究。方法论个体主义认为"如果我们仔细探究各种个人行动的意义,就一定能从中获得整个集体行动的知识"[2]。方法论个体主义者并不否定政治集体的现实存在,承认它们对社会发展的主导作用,但它指出集体本身既不能思考也不会行动,没有人能够描述出一种集体能有像个人一样作出决策的机制,因此任何个体以外的分析单位都存在着很大的缺陷。所有的行动都是由人实施的,集体的行动最终只能表现为个人的行动。如果一个论点在个人层面被证明没有意义,那么无论它在其他方面如何可信,都经不起时间的检验与更为仔细的甄别。而方法论集体主义则认为,人的社会属性决定了他必须生活于共同体中,社会关系是人的本质,只有从社群、民族、国家、阶级、政党等集体单位出发,才能准确地说明个人行为。

理性选择学派坚持方法论个体主义,是源于对理论科学性的追求,它企

---

[1] Elster, Jon (ed.), *Readings in Social and Political Theory*, New York: New York University Press, 1986, pp. 3-4.
[2] 〔奥〕路德维希·冯·米塞斯:《人的行动》(上册),余晖译,上海人民出版社 2013 年版,第 52 页。

图进行明确的和可量化的分析。因为不但个人行动在一定程度上是明确和可量化的,而且它通过将集体行动看作个体行动的集合,实现化繁为简,以适应量化的需要。理性选择理论认为,如果将国家、民族等集体概念作为基本的分析单位,将其视为单独决策的有机体,会削弱对国家内部的探讨,使政治过程在"黑箱"中进行,缺乏实际存在的动态的微观行为分析,也就无法做到明确而量化。同时,以个人行动为基础解构集体行动,使国家或政府机构以公共代理人身份或以集体利益为借口限制市场交易和个人利益的合理性被大大削弱了。

从理性演绎的角度来看,在比较政治学的诸理论中,理性选择理论更具有简约性、广泛性和相关层次上的可检验性,这是它的效用所在。按照这一原则,对政治现象的研究要强调其理性化、因果性、逻辑性和广泛性,尽管它也考虑政治现象的非理性和复杂性,但它从不以过多地牺牲分析的逻辑性和严谨性为代价,并且企图通过引入数理分析方法来增强解释的效力。它强有力的抽象和演绎逻辑有助于人们在一定层次上共享同一种理解,而这是认知同一性和进行交流所不可或缺的;它还试图在理论和数据间建立一种系统化的联系,期望在逻辑和经验两个层次上都能提供有说服力的解释。

从方法论个体主义的视角来看,理性选择理论在一定程度上解决了研究对象复杂性的问题。在现实情形中,个人可能归属于多个社会组织或利益集团,这样,如何确定具体的分析对象就成了问题,也就是说方法论集体主义容易陷入路径选择的困境。而个体主义则在一定范围内解决了这个问题,它可以根据不同群体内部个体成员之间的不同关系及所产生的程度不同的冲突,以及这种差异所导致的完全不同的结果来进行分析,因为它总是以无差异的个体为基础进行分析的。

理性选择理论是一种推导结果的系统激励模式。相比之下,更具权变性的政治理论关注一组特定的关键环境如何影响特定的决策。这些情境性政治解释的优点在于它为事件提供了一个非常完整的描述,缺点则在于它很难构建具有一般适用性的理论,因为它并不区分系统性原因和特殊性原因。理性选择理论具有相反的优点和缺陷,它总是将那些有特点且引人注目的细节从分析中剔除出去,通过对案例中的细节进行抽象,它促进了理论的建构,并为比较那些之前难以比较的案例提供了便利。理性选择方法是在考虑社会和制度背景的基础上,从经过考察的案例中得出经验证据并对案例进行抽象和逻辑演绎,从而得出结论。

从本性上来看,理性选择是为宏观过程提供微观基础的一种理论,因此,尽管它开始于"行为者最大化自己的利益"这样的个体层次的假定,却终结于集体行动的选择和制度层次。

理性选择的演绎逻辑可以对大多数最先在其他理论中提出的论点进行充实。例如,结构主义认为,像贸易条件或收入分配这样的结构性条件导致了结果,但它没有也认为没有必要明确说明结构性条件是如何履行这一过程的。具体来说,就是要阐明结构是如何决定特定个体所面对的激励的,并由此决定他们的选择,再通过他们的选择导致社会结果。然而,通过理性选择路径把这些中间步骤纳入结构主义是可以做到的。

在理性选择理论看来,民主社会的政治领域像经济领域一样,存在着一种市场关系,存在着一个提供公共物品的政治市场。经济市场和私人选择相关,个人为了获取私人物品与他人进行经济交换;政治市场和公共选择相关,它将分散的个人偏好整合为公共决策。在政治市场中,选民、利益集团同政治家和官僚进行政治交换,其行动者也是在追求自己的最优利益。但政治市场与经济市场也有程度上的差异,或者说,如果经济市场是一个纯粹的市场的话,那么政治市场则是一个不完全的市场。就行动主体及其特性而言,经济市场中主要是完全自利的个体行动者参与私人物品的交易,而政治市场的行动主体并不完全是个体选民,此外还有利益集团和政党组织等,尤其是这些介入公共物品供给过程的主体是集体行动者有时并不是自利的。在行动过程方面,尽管经济市场中也存在着政府干预和不公平性,但是在交易过程中它基本遵循着自愿和一致同意的原则；而政治市场中的政治家与选民之间的权力的非对称性要大得多，政府能够利用从选民投票到政治家制定具体政策之间存在的时滞而强制推行部分选民反对的公共政策，并将政治成本转移给社会中的分散选民；在行动原则方面，经济市场奉行明确的效率标准，它在考虑竞争者利益的条件下追求效益的最大化；而在政治市场中，公平正义是首要的价值规范，政府行为并无明确的成本—收益约束。

概括来说，理性选择理论至少有三个重要的优点：第一，它通过提供一种将自变量和因变量联结起来的因果机制而在政治现象之间建立起了真实的相关性，这种相关性可以应用于本身所赖以建立的案例之外的案例，从而揭示出政治现象变化的一般规则。它有能力在理性和经验的基础上孕育出具有一定广泛性的理论，尽管在政治世界中没有适用边界的理论的解释力一定是有限的。虽然在这个理论内部关于因果性或广泛的适用性的观点还存在着分歧，但是它们关于某种形式的因果推导、一定程度上的普遍主义和生产可证伪之假定方面都有很大的一致性与合理性。

第二，它提出了具有广泛性和可以检验的理论，通过阐明因果机理和普遍原则使人们能够理解相关现象间的联系，从而增强了解释力。不过，在多大程度和范围上可以对其理论和结果进行检验，或者说它的广泛性程度如何，在这个理论的不同流派间存在着分歧，在解释形式上也有所不同：有的人寻求较多的叙事性解释，另一些人则寻求因果性解释，尽管他们都会在这两者之间进行一定的妥协。

第三，它说明了个人利益与公共利益之间、个体行为与集体行为之间的潜在距离。① 理性选择理论既要阐明个体的理性行为，也要揭示理性行动者如何聚合行为和产生集体后果。它认为，尽管每个行动者的选择是有意向的和理性的，但其集体行动的结果也许是无意向和非理性的。因此，理性选择理

---

① 〔英〕休·沃德：《理性选择》，见〔英〕大卫·马什、格里·斯托克：《政治科学的理论与方法》，景跃进、张小劲、欧阳景根译，中国人民大学出版社2006年版，第66—67页。

论在终结个体利益完全决定和等同于集体行动或集体行动必然反映个体和集体利益的神话方面作出了重要贡献。

第二节　关于理性选择理论的争论

关于理性选择理论的争论，涉及诸多问题，这里主要是对关于基本问题的一些争论进行阐述。

一、关于物质利益动机的争论

关于理性选择理论的理性人假定，尤其是关于所有人在所有问题上都要受物质利益驱动的观点的争论。批评者指出，理性选择理论假定物质利益驱动人的行动是错误的，可以有很多证据表明人们不总是受到物质利益的驱动，并不总是按照"理性"原则思考的。并且，由于理性选择路径没有对目标作任何假定，所以那些试图将理性选择应用于特定问题的分析者必须确定相关行动者的目标。分析者们通常无法提供直接的证据指出行动者真的怀有自己赋予行动者的目标，因为这样的证据可能无从得到，甚至即便可以得到，行动者也可能因各种原因不愿说出自己的真正目标。这种分析性想象（analytic imagination）的结果是，如果分析者没能把握住行动者的目标，那么行动者的行为将与预测的不同，不利的事实会对理性论点构成质疑。

他们进一步指出，理性主义的偏好是无法检验和证伪的，因而缺乏可信性。理性主义者为了建构一个普遍适用的分析模型而有意回避了有悖于理性主义的事实证据，尤其是偏好这一变量，由于不能对其直接进行度量和证伪，给理性主义者提供了随意改变个体动机或偏好的机会[①]，从而使其具有广泛适用性。实际上，当偏好偏离自利性时，就是不可检验的，也就不受重视，因

[①] D. Green and I. Shapiro, *Pathologies of Rational Choice Theory: A Critique of Applications in Political Science*, New Haven, Conn: Yale University Press, 1994.

此，人们只有一种利益偏好：个体以他们的方式行事是因为他们得到了某种收益；而自利与利他主义（可以解释成另一种自利）的结合永远是正确的动机，这就成了没有差异的重复。它的缺陷是没有在相关的特定经验环境中对这两种动机的适用性作出确切的假定，以使这一模型可以被检验，因而这就使其可能无法对"反常"现象作出解释。[①]

理性选择理论的说服力依赖于分析者们先验地确定行动者的目标的能力，从而使目标是可信的。所谓先验是指经验上已经确认和公认而无需再进行特定的解释。例如，当分析者假定行动者欲得到更多而非更少的物品，或是假定从政者更愿意延续政治生涯时，大多数时候其依据是充分和可信的。由此，假定该目标就可以解释一般的行为。行动者的真实目标越是独特，理性选择理论的说服力和实用性就越弱，反之则越强。因此，理性选择理论可以很好地解释为什么在民主国家中国会议员会迎合各自选民的利益，但是，它可能无法很好地解释一些独特的目标，例如一些人为何愿意承担很大的风险而并不能据此获利。

理性选择理论的支持者则指出，分析者们通常会对行动者的目标作出可信的假定，研究表明，对于经济学中的大多数论点和政治科学中的部分论点而言，将物质自利的目标赋予行动者是完全可信的。如果研究者想要解释厂商如何定价或哪个行业要就税额问题对议员进行游说，那么假定物质利益决定了他们的目标是非常合理的。物质利益驱动大多数人类行为这一观念并不是理性选择所特有的，马克思主义关于物质和经济基础决定人们的追求和政治行为及上层建筑的论述都支持这一观念，对政治行为动机的描述通常也是如此。

理性选择理论所假定的"理性"是属于最狭隘的"手段—目的"类型的理性。并且，对个体所持目标的假定多是由分析者而不是理性选择理论所提

[①] H. Ward, "The Fetishisation of Falsification: The Debate on Rational Choice", in *New Political Economy*, Vol. 1, Iss. 2, 1996, pp. 283-296.

供的，理性选择理论仅仅假定人们会选择在他们看来最有可能实现其目的的手段；能够对他们的目标进行弱排序（weakly order），即在给定一系列的替代性选择的情况下，他们将喜欢一个胜于另一个，或者认为二者相等；持有一致性的偏好，如果偏好A胜于B，B胜于C，那么A也就胜于C。

很多探讨民主政治的理性选择理论都没有将最重要的行动者概念化为经济人，而是赋予这些政治家以选举连任、政治生存和职业晋升等目标。在一些国家，政治地位的晋升可能是获取更多财富最为可靠的途径，但是，更为常见的情况是，官员们可以用其他方式获得更多的钱财，例如辞去官职到公司里去任职，甚至不辞职而去兼职，而不是只有升职这一种方式。理性选择理论可能无法提供一个令人满意的解释，说明为何特定的个人选择了政治，而其他人选择了商业或者是专业生涯。然而，一旦行动者作出了选择从政的决定，将官场生存的目标赋予那些对担任公职表现出偏好的人就是合理的，根据这一假定，理性选择理论可以有效地解释政治家的行为。

如果研究者一开始就赋予一些人具有非常独特的目标，那么研究者依然有可能为这个行为建构一个理性选择的解释，然而，这样的解释并不能令人满意，这是因为在解释这种行为时，这种解释没有探究一个必需且最让人疑惑的要素，即他们的不寻常目标是如何产生的？

因此，分析者先验地赋予行动者可信目标的能力限制了理性选择的适用范围。由于理性选择对于目标本身的特性没有加以限制，所以为了证明行动者们是在理性地追求自己的目标，有人不得不把那些明显是非理性的行为解释为理性的选择，例如，他们可以把那些将自己所有的财产都交给某个宗教教派的人的行为解释为是在理性地追求自我牺牲的目标，这显然与理性选择的本意不符。同样，在解释那些不同寻常的革命英雄主义、集权国家中的民主斗士和舍己救人的牺牲精神时，理性选择理论通常没有什么用处，这些行为要么是受非常独特的目标驱动，要么是由"手段—目的"理性的失效所引发，尽管理性选择理论可以把这些非理性的行为解释为特殊的"理性"。也就是说，如果目标必须从待解释行为的特殊性质中推导出来，那么理性选择理论的解释就没有意义。

　　一些学者还探讨了一些问题来说明只要能够先验而正确地确定行动者的目标，理性选择理论就适用，否则就不适用。例如，理性选择理论有关革命研究的一些例子说明了这一问题，这一理论的研究者提出了强有力的证据确定了农民希望自身的财产最大化。但为什么农民有时却会投身革命运动？解释是因为激进组织成员努力使其掌权的可能性最大化。但为什么他们却会选择异乎寻常的政治策略，而这些策略并不利于经济的发展？[1] 解释是因为后革命政权会努力使其持续掌权的可能性最大化。但他们为什么会选择不合常理的经济政策[2]，例如极度的国有化，这些政策并不利于经济的发展，也不能使人们的财富最大化？解释可能是这有利于保持政权因而有利于长远的发展。在这些实例中，有时这些解释或目标有些勉强，但多数情况下则是可信的。同时，这些目标不仅可以用来解释这些行为，而且还可以用这些目标解释其他许多行为。

　　有人认为没有哪种理性选择理论可以令人信服地解释这样的问题：为什么少数受过教育、生活安逸的中产阶级会忽视家庭责任，放弃更有保障和更为赚钱的职业机会，投入到早期的革命运动之中？因为在这种革命运动中，他们掌权的可能性要远远低于最后死亡或被囚禁的可能性。我们知道，不管革命运动成功的概率是多少，这些个体在运动的早期都起到了重要作用。在运用理性选择的框架解释其行为时，有人用此种行为解释为他们对革命成功持非常乐观的态度，因而是掌权的可能性使他们投入到革命运动中去。但这可能与很多人的情况并不相符。因而更有力的解释是将他们当作持有不同寻常目标的人，是持有"非"理性目标的人。不过，理性选择理论仍可以解释一般人为何参与革命运动，因为在它看来人们是在理性地追求财富或权利的

---

[1] DeNardo, James, *Power in Numbers*, Princeton: Princeton University Press, 1985.
[2] Coibum, Forrest, *Post-revolutionary Nicaragua: State, Class, and the Dilemmas of Agrarian Policy* (California Series on Social Choice and Political Economy), Berkeley: University of California Press, 1986.

最大化。① 由此看来,只有在给定目标的情况下对策略进行解释才是理性选择理论所要解释的问题。

二、关于偏好和决定论的争论

有人批评理性选择理论假定偏好是一成不变的,同时,理性选择理论将手段与目标联系起来的演绎逻辑也是决定论的,这些都容易导致同义重复,对复杂和差异化的行为难以作出区分,难以解释或解决不同环境中的具体问题。

然而理性选择理论的支持者指出这可能是一个误解,出现这一误解的原因在于批评者没有区分日常用语和专业用语对这一概念的不同解释。理性选择理论仅仅要求偏好或目标在行动者选择策略时保持稳定,稳定的时期既可以是行动者在议会中决定如何投票的那一两分钟,也可以是许多年,后者是指如果行动者在很长的一段时期内反复面临相同处境的情况。偏好稳定的时间长短取决于如何诠释行动者面临的处境。如果研究者对历史的理解使得他认为目标会随着时间的流逝以及外部冲击而变化,他就会将这种变化通过行动者收益的变化纳入理性选择理论。然而,由于研究者所假定的偏好是如此基本,例如对物质商品多胜于少的偏好,对保持权力而非丢掉职务的偏好,而不是具体数量或具体职务的变化这种非基本性的变化,所以这种偏好是趋于稳定的。

理性选择理论中的偏好(preference)实际主要指"目标"(goal),而日常生活中偏好的含义则宽泛的多。偏好的日常含义既包含理性选择术语中被称为偏好的目标,也包含对那些有助于实现目标的选择或行动所采取的态度。而理性选择理论则严格区分目标或偏好与这种态度,它把目标看作是偏好或"一阶偏好",而把这种态度称为策略、策略选择或"二阶偏好",它包括政

---

① Lohmann, Susanne, "A Signaling Model of Informative and Manipulative Political Action", in *American Political Science Review*, Vol. 87, 1993, pp. 319 - 333.

策偏好、制度偏好和有关现实生活选择的大部分偏好。"二阶偏好"是为了实现"一阶偏好"而作出的策略选择。在理性选择理论中，政治家的政策和制度偏好是为了实现他们掌权目标的策略行为。政策偏好可能会随着环境变化而变化，但这不意味着理性选择意义上的偏好（"一阶偏好"或目标）也会改变。例如，政治家想留任的"一阶偏好"保持不变，但是他可能理性地改变或选择了他认为在他所面临的变化的环境中最有助于实现目标的政策或制度策略。实际上，政策和制度偏好从来都是内生于理性选择理论的，但是在理性选择中，它们叫策略，不叫偏好。在大多数情况下，理性选择理论实际所必需的、对偏好稳定性的假定只是最低限度的，"二阶偏好"是经常变化的。

关于演绎逻辑的争论，理性选择的支持者认为，理性选择的决定论不是绝对的，它不意味着理性选择理论可以对行为作出一成不变的确定性预测。思考理性选择理论最有用的方式就是"如果—那么"的条件陈述：如果行动者的目标明确，如果信息和计算得到满足，如果行动者处于明确的规则与回报之中，那么特定的行为就会发生。然而，每个"如果"陈述都不可能得到完全满足，都有可能出现一些缺失，这时理性选择就不是一成不变的确定性的，它的策略和行动都会因条件的不同或缺失而发生变化。

三、关于信息不完全与人的计算能力的争论

批评者指出，理性选择是建立在对人们有着极高的获取信息及其计算能力的基础上的，也就是说，它对信息的要求程度很难在现实中实现；人们无法获得充分的信息，理性选择也就不存在，至少也是不准确的。因而现实的情况是，尽管人们试图去有效地追求他们的目标，但在大多数情况中他们都缺乏充分的信息和计算能力。尽管这一判断是客观的，但它对理性选择的影响是有限的，这是因为：第一，完全的信息要求在某些情况下或某些领域中既不可信也不可取，例如，当一个政治家在某一地方推行一项经济体制改革政策时，他不可能完全了解本地的情况，而在很大程度上他是根据已有的经

验和理性选择作出这一决策的，这时理性选择可能是最有效的。第二，在大多数情况下，人们通常是仅仅具备了完成某一任务的基本的信息和计算能力，并不完全，但仍可以作出正确的理性选择，可以完成这一任务。也就是说，如果具备了充分的信息和无限的智力，他们也会作出相同的选择。第三，尽管理性选择理论通常假定需要完全的信息，但某些技术可以将不完全的信息纳入理性选择模型进行计算，包括不断地试错，尽管这增加了计算模型的计算难度，但一般而言它的结果是基本正确的。

理性选择理论应用的基本条件是：理性行动者可以辨认其他行动者，知道他们的目标；支配行动者之间互动的规则是明确的，并被所有人所了解。[①]在现实中，民主政治基本具备了上述条件，因此理性选择理论可以成功地解释许多民主过程。在成熟的民主体制中，统治机构具有能见度高和结构合理两个特征，同时，作出正确决策对民选官员的职业生涯非常重要，所以，理性选择理论被证明在解释这种机构中的行为时特别有用。[②]理性主义者已经就立法机关内部的运作、立法机关与政府机构之间的运作、政党领导层内部的运作、统治联盟中的运作以及在民主背景下建立起来的其他政治团体的运作进行了分析，确定了参与其中的行动者的目标，可以清楚地看到行动者之间的理性互动及其受到明确的、广为人知的程序性规则的支配。

当待解释的结果对牵涉其中的个人非常重要时，当人们的决策结果会产生重要影响时，理性选择理论就会更为有效，因为这时行动者会用更多的时间和精力去获取信息和进行思考。普通公民对于政治通常是"理性的无知"，因为其选票对政治结果的影响很小，所以花费时间去了解议题和候选人是不理性的。相反，对于候选人而言，他们的职业生涯有赖于选举，因此，他们

[①] Tsebelis, George, *Nested Games: Rational Choice in Comparative Politics*, Berkeley: University of Caiifomia Press, 1990, p. 32.

[②] Hammond, Thomas, and Gary Miller, "The Core of the Constitution", in *American Political Science Review*, Vol. 81, 1987, pp. 1155 - 1174; Shepsle, Kenneth, and Barry Weingast, "Structure-Induced Equilibrium and Legislative Choice", in *Public Choice*, Vol. 37, 1981b, pp. 503 - 519.

有必要花费时间和精力获取信息和进行理性思考。

即便在那些与理想形态有较大差异的发展中国家的民主政体中,理性选择理论也可以得到成功应用。只要体系中还存在着一些竞争,只要政治行动者之间的互动可以根据经验和规则在相当程度上可以预测,且对所有参与其中的人都是基本透明的,那么,理性选择理论在分析该体系的有限政治参与、政治表达和政党竞争方面仍是可用的。

理性选择理论是否可以成功地解释威权政权作出的决策?这取决于该政权透明、是否按照一定规则运作以及可预测的程度,也即信息的可信性。当研究者将国家本身视为一个理性的行动者时,威权主义几乎不会影响信息要求的可信性。如果政权中支配政治生存和职务晋升的规则相对不变,并且对参与者和观察者都非常明确,那么理性行为者假定就完全可信;如果政权的很多决定都是由一小群人秘密作出的,并且规则和统治者的变动频繁且不可预测,那么理性行为者假定就不那么可信。例如,有人用理性选择解释了威权主义的墨西哥革命制度党政府的行为,指出在一定时期中其某些明确而稳定的规则使研究者可以应用理性选择理论的动机假定对其进行有效的分析,而在另一些时期则不行。[1]

即使缺乏至关重要的信息,理性选择理论在某些情况下也并非完全不可用。有时行动者可以通过试错法来试行和学习,在不断地修正中达到与拥有基本信息和有效计算能力时相同的策略选择或水平。如果情况不断地重复,久而久之,人们就可能通过学习来理解现实情况并作出有效的选择。有人认为,理性选择理论不适用于新兴或处于过渡期的民主国家,因为规则和局中人都没有形成,行动者也没有时间学习新的体制。但相关研究表明,这样的担心是多余的。民主制所营造的选举激励非常明确有力,以至于从民主制诞生开始,决策的结果就对满怀希望的政治家们非常重要,因此他们会作出必

---

[1] Smith, Peter, *Labyrinths of Power: Political Recruitment in Twentieth Century Mexico*, Princeton: Princeton University Press, 1979.

要的努力去获取信息并对其不断进行修正，以便跟上不断变化的政治形势。这些民主化早期的政治家几乎与更为制度化的民主政体中的政治家们一样消息灵通，并且能作出几乎同样好的计算和决策。[①]

然而，对于新兴民主国家来说，选民所面对的激励要比那些想成为政治家的人更少，因而对新体系的学习也更慢。因此，在民主化早期的选举中，新选民可能无法选择出最能代表他们利益的政党。东欧转型后早期的选举情况支持了这个论点。在匈牙利第一次民主选举之前，选民告诉调查者他们更喜欢社会民主政策，但最终很多人并没有把选票投给持这种政策的政党。1993年俄罗斯议会选举之前的民意测验表明，大多数选民更喜欢中间派的政策，但是选举的结果是中间派政党输给了左翼和右翼政党。[②] 在保加利亚、罗马尼亚和波兰，尽管共产党按照自己的党纲尽最大的努力去吸引蓝领选民，但结果表明共产党的最稳定而坚定的支持者来自最落后的山区，而非蓝领选民集中的地区。这一时期东欧的社会经济状况与党派选举之间的关联度要比西欧低很多。尽管并没有足够有力的证据证明这种情况主要是由信息不完全导致的，但是，其他各种解释表明，信息不完全是可信的解释之一。如果是这样，那么在政治转型的条件下，理性选择更适用于预测精英而非大众行为，因为精英更愿意追求信息的完全性而满足理性选择理论的要求。

有些研究者认为，转型期的东欧选民并不像西欧选民那样急于得到选票所带来的眼前收益，而是看重候选人是否能为他们带来长期收益，因此，他们会选择那些进行激进改革而不顾短期代价的候选人，因为他们预期这会使自己或者国家最终受益。这一点似乎保持了威权国家时代民众的特征，因为那时他们的选举权利没有实际意义，所以更偏重于支持威权主义统治者的长

[①] Frye, Timothy, "The Politics of Institutional Choice: Post-Communist Presidencies.", in *Comparative Political Studies*, Vol. 30, 1997, pp. 523 - 553.

[②] Treisman, Daniel, "Between the Extremes: Moderate Reforms and Centrist Biocs in the 1993 Election", in *Growing Pains: Russian Democracy and the Election of 1993*, edited by Timtrthy Coilon, Washington, D. C. : Brookings Institution Press, 1998.

期政策。显然,东欧这些刚刚转型的新兴民主国家公民的偏好与成熟民主国家选民那些本质上实利主义的偏好有所不同。① 这也说明这一时期东欧的选民不是因为缺乏关于新体制足够的信息才无效率地追求自以为可以改善自己的物质状况的目标的,而是正在追求其他目标,这种追求或许是十分有效率的。把东欧选民在这一发展阶段的表现和西欧选民放在一起来比较不可忽视的一个重要问题是,这两个地区的民主发展水平或选举环境不同,因此选民的民主或选举意识还有相当差距,但这会随着东欧民主的发展而逐步接近西欧选民的选举认知。我们看到,在民主化完成后,人们的选举权有效了,民主环境发生了很大变化,因而"在更近的选举中,某些政党的支持率已经跌落了下来,因为其推出的候选人在竞选期间支持激进的经济改革"。

即使行动者不是有意识地去学习,非理性行为也可能在实践中被不断地淘汰,行动者同样可以表现得好像很理性。就像进化论中有差别的生存率淘汰了低效率的变种一样,试错机制可以在竞技场中淘汰掉某些行动者,因为这些行动者采用的策略无法与理性也就是有效的选择的结果一致。例如,一些研究者指出,在作出很多决策的时候,公司管理者好像并没有考虑利润,但按照理性主义他们又是追求利润最大化的,对此的解释是因为竞争已经使那些背离利润最大化行为太远的公司出局了。② 同样,政治家可能坚信自己不会受到选民和利益集团所要求的眼前利益的"绑架",完全凭良心参选和执政,但是,如果与选举连任机会最大化的行为即选民的利益诉求背离太远的话,他们就有可能在选举中失利。与学习一样,自然选择要求重复。不管是学习还是进化都不支持这样的论断,即在非重复的情况下,行动者也可以表现得很理性。

我们应该承认的是,理性选择模型对信息和计算的要求是非常严格的,

---

① Jowitt, Kenneth, *The New World Disorder: The Leninist Extinction.*, Berkeley: University of California Press, 1992.
② Neison, Richard R., and Sidney G. Winter, *An Evoluiionary Theory of Economic Change*, Cambridge: Harvard University Press, 1982.

也就是要有充分性,我们所要阐明的是由于在很多情况下人们获取信息和进行计算是在决策的不同时段上完成的,并且是用不同的方式完成的,因而有时尽管行动者并没有掌握足够的信息和计算能力,但试错、学习、淘汰及重复导致行动者进行了准确而理性的选择。当行动者非常接近信息和计算的基本要求的时候,行动者就有可能应用理性选择理论成功地解释行为。因而,理性选择理论的应用要在目标明确的情况下去收集信息,在支配互动规则明确的情况下进行合理的计算,或者行为可以"重复"发生,使行动者可以学习,进而汰选出有效的策略。① 如果行动者的选择得不到短期或长期的回报,他就不会去努力地收集信息,理性选择理论也就无法很好地预测行动者的行为。在信息对行动者保密、互动规则频繁变换且不可预知的情况下,例如在某些专制政权中,理性选择理论就缺乏效力。当行动者在现实中并不能得出自己的最优策略时,当情况不会重复出现时,当没有可信的选择机制时,理性选择理论的解释就难以奏效。

有时候缺失和不足的信息或条件不一定会危及理性选择的核心论点。例如,尽管大多数官员都关心连任,理性选择理论可以解释他们的行动目标,但有些行动者可能会缺乏信息和计算能力,如立法者中的新手可能并没有弄清内幕,这时他谋求连任的决策可能是非理性的,或者说理性选择难以适用。但是如果大多数立法者不是新手,那么理性选择理论的计算就依然是有效的,它可以解释立法机构的决策结果。或者,尽管大多数行动者所面临的情况都得到了准确的解释,但观察者可能误解了某些行动者所面临的情境,例如,观察者可能会错误地假定小党成员的回报与大党成员的回报是一样的,但即便如此,该理论仍然可以解释大党成员的行为。对论点的经验检验表明,虽然理性选择理论不能解释所有个体的行动,但它解释了结果中的基本部分。换句话说,就像其他社会科学理论一样,理性选择理论得出的也是概率性的

---

① Tsebelis, George, *Nested Games: Rational Choice in Comparative Politics*, Berkeley: University of Caiifomia Press, 1990.

预测和解释。①

四、关于历史与背景的作用的争论

有人批评理性选择理论忽视了历史和背景的影响,他们指出,有时导致最优结果的并不是"理性的选择",而是另外一些因素,例如,有时取决于相关制度提供的约束或激励因素,或取决于增加或降低交易成本的状况,而这些并不总是可以理性演绎的,而是与文化和历史有关。然而在理性主义者看来这显然是用其他理论范式对历史和背景的应用来评价理性选择理论,理性选择理论并非完全忽视和背景的作用,其实更准确地说是理性选择理论对历史和背景的应用有自己的特点,而且所有理论对历史和背景的应用都不相同。所有理论都认为原因可以在某种概率下,在特定的范围内,产生相同的后果。历史与背景可以决定理论的适用范围,或者,它们可以决定参与理论的变量的值,而这些变量在理论中被当做潜在的原因。或者,它们可以提供相关的新变量,由此影响在实际情况中通过原因预测后果的概率,由此来说,历史与背景进入理性选择理论的方式以及所起的作用的重要性与进入其他理论的方式及其所起的作用并无根本性的不同。其不同之处表现在理性选择理论为了便于在立论中使用特定的要素,提供了从繁杂的现实中选取这些要素的准则,而不是将选择完全留给观察者的直觉。

理性选择理论在分析政治行为时将制度和文化背景视为重要的影响因素。"理性选择的研究路径将注意力集中于那些限定理性行为者的因素即社会制度。""个体行动者被假定为最优适应于制度环境,个体之间的互动被假定为对对方的最优回应。因此,主要制度……决定了行动者的行为,行动者的行为反过来引发了政治和社会后果。"② 此外,一种叙事理性的方法则是把文化

---

① 〔美〕芭芭拉·格迪斯:《范式与沙堡:比较政治学中的理论建构与研究设计》,陈子恪、刘冀译,重庆大学出版社2012年版,第125页。
② Tsebelis, George. 1990. Nested Games: Rational Choice in Comparative Politics. Berkeley: University of Caiifomia Press.

作为影响理性行动者的重要因素。①

以下两个例子可以说明背景与理性选择理论的关系。吉尔在一项研究中将天主教领导层视为意欲使信徒数量最大化的理性选择行动者,他分析了新教传道者与之竞争的程度,连同每个国家历史上政教关系的一些特征,然后据此预测了天主教会是否会反对威权主义。② 换言之,他在考量新教与之竞争的程度和约束政教关系的制度所形成的环境因素影响教会领导层理性追求最大化信徒数量这一目标的基础上解释了行动者反对威权主义的行为。所有国家的天主教会领袖都企图使教徒的数量最大化,共享这一目标,然而,他们实现该目标的策略即支持还是反对军人政府却取决于各国不同的环境与制度,正是环境和制度影响了不同策略的成本、收益以及可行性。因此,在这里,正是由于不同的环境与制度作用于不同国家的天主教领导层,使他们在理性实现自己的目标时选择了支持或反对威权主义的不同策略和行为。

另一个例子解释了制度对理性选择的影响。拉普在一项研究中对理性行动者选择推动或抑制土地改革的策略行为的相关制度进行了分析。③ 他将拉丁美洲的立法者视为希望选举连任的理性行为者。这些立法者发现那些可以提高农村选民地位的制度变化,例如给文盲以选举权,实行无记名投票,或简化登记等,会增加实现土地改革的可能性,而土地改革是农民追求利益最大化的目标。因而这些立法者就通过选择在议会中投票支持提高农民选举权地位的这些政策来推动土地改革,这样从土地改革中受益的选民会在选举期间投票回报他们。但是在要求选民具有读写能力的法规还没有被改变的可能性即大多数农民不可能获得投票权时,理性的立法者就没有动力支持这些对农

---

① 〔美〕马格丽特·利瓦伊:《一个模型、一种方法和一幅图画:比较和历史分析中的理性选择》,见〔美〕马克·I.利希巴赫(Mark I. Lichbach)、阿兰·S.朱克曼(Alan S. Zuckerman)主编:《比较政治:理性、文化和结构》,储建国等译,中国人民大学出版社2008年版,第36—40页。
② Gill, Anthony, "Rendering unto Caesar? Religious Competition and Catholic Political Strategy", in American Journal of Political Science, Vol. 38, 1994, pp. 403-425.
③ Lapp, Nancy, Landing Votes: Expansion of Suffrage and Land Reform in Latin America", Ph. D. diss., Los Angeles, University of California, 1997, p. 44.

民有利的政策。就这样,一项制度的改变会导致立法者在追求自己连任这一不变的目标时变换策略选择。① 由此看来,在理性选择对政治现象所作的这样那样的解释中,制度变化和其他背景环境的变化会对理性行为者施加重要的影响,使他们所面对的激励发生变化,而他们正是根据这种激励作出决策的。所以,有关政治的理性选择理论绝非是罔顾历史和背景的,而是非常倚重背景。

五、关于路径依赖的争论

有人批评理性选择理论不适用于路径依赖,但理性选择理论的支持者认为,它并非不适用于路径依赖。路径依赖这个概念是由经济学创造出来的,目的是为了解释如下情况:在时间点 1 作出的选择影响到时间点 2 上选项的成本、收益和可获性。可以这样来表述路径依赖:一旦一个个体或集体步入了一条轨道,就会形成一种惯性,转向不同轨道的成本就会增高。由此,路径依赖可以为时间点 2 上那些初看起来非理性的行为提供了一个理性的解释。因而认为理性选择不适用于路径依赖的看法是因为它认为理性选择忽视了历史和背景并误解了偏好这个词在理性选择术语中的涵义而产生的。一旦正确地认识了这两个问题,我们就可以看到理性选择理论的解释经常是从路径依赖提供的手段得来的。

理性选择理论强调路径依赖,这既来自于它的理性演绎,也来自于它对社会现实的经验分析。正如上述,路径依赖是指一定时空中发生的一定行动不仅是由现时的各种相关因素决定的,而且也是过去的因素施加影响的结果,而且现时的考虑总要受过去因素的影响。理性选择理论认为,政治现象的发生和变化是有因果联系的,发生在过去的某些事情可能是当前变化的来源和动力,从而制约着当前变化的路径。然而,路径依赖并不简单地是指历史的

---

① 〔美〕芭芭拉·格迪斯:《范式与沙堡:比较政治学中的理论建构与研究设计》,陈子恪、刘冀译,重庆大学出版社 2012 年版,第 124—125 页。

决定作用，历史的作用是真实但不是唯一的，无论是依照或转移原来的路径都要受现实因素的影响。尽管并非不存在着其他的选择，也并非不存在改变路径的可能性，但既有的路径安排在一定程度上阻碍着人们其他的路径选择。例如，每个民族或国家都有自己的历史、制度和文化传统，尽管它们同时被卷入了现代化进程，但其传统仍然会有很大的约束力，使它们所选择的现代化路径会受自己传统的影响，它们的发展路径只有在这两种合力的基础上才能形成。当然，实际影响发展路径的因素会更为复杂。要改变这种路径，尽管不是不可能，但要付出巨大的代价。因此，尽管它是实际的选择但可能不是最优的选择或路径。

我们还可以通过政治变革来观察路径依赖。当某国政治变革的条件日渐成熟时，人们就会产生各种预期，这些预期引导着人们协调自己的行动，进而建立组织来影响发展。这种预期不仅源自社会中的技术因素，例如改变传统政权的具体措施及其可行性，而且还会受经济、社会、政治和文化因素的多种影响，例如经济危机、腐败、民主观念的普及程度和文化传统中的思维定式强弱程度等。正是在多重相关因素的影响下，人们的预期及其相关行动最终可能会通过协调而达到一种必要的平衡，这种平衡点或协调点的生成会引发政治变革并决定变革的路径。① 换言之，这些相关条件会对政治变革的发生、过程和巩固产生强大的约束力，使其按照特定的路径发展，而使背离这种路径的变化难以发生，因为这要有很不相同的条件并付出相当大的努力才能达到另一个不同的协调点。例如，只有将足够的行动者引向那里才能实现转变，而意识形态的导师和既得利益者以及多数行动者的习惯通常会竭力维护既定的路径。当有组织保障时，路径就会更加稳固，因为组织有更大约束作用，会拖着人们按照已有的方向走下去。实际上，在一定意义上说，变革本身就是一种改变原有路径的努力和结果。

---

① 〔美〕塞缪尔·P. 亨廷顿：《第三波——20世纪后期民主化浪潮》，刘军宁译，上海三联书店1998年版，第202—260页。

第三节　经验理性及其分析方法的发展

一、经验理性及其分析方法的渊源

在政治学中，从亚里士多德开始，政治生活中的个体就被视为是具有开明的公益心的"政治人"，能够采取适当的利他行为，因而具有经验理性。亚当·斯密虽然无论在经济学还是伦理学领域，都不曾放弃对人类自利天性的声明，但他从来都是根据社会关系的特征分析人的行为激励的。正像阿玛蒂亚·森指出的那样，"斯密的理性人概念把一个人牢固地放在周边人群之中——放在他所属的社会之中"①。斯密极为重视正义感对自利动机的节制，认为人类在拥有自爱的基本冲动时，还具有怜悯和同情的"天性"，采取"适宜"的正当行为。② 在经济学中，经济生活中的个体被视为"经济人"，他追逐物质利益，能够通过自我利益的满足促进社会利益的实现。而变换于经济领域和政治领域的参与者，似乎在不停地调整自己的行为取向。理性选择理论对此指出，政治家和官僚本质上也是理性人，"现代公共选择理论始终强调，作为'统治者'以代理人身份采取行动的个人，与普通公民并无根本不同，方法论上的一致性也提醒我们，个人在公共选择和私人选择中具有相同的动机"③。理性选择理论通过将经济人假设运用于政治领域，试图改变人性二分法的不合理现象，为社会科学研究提供统一的人性论基础。

理性选择方法企图以经济学方法统一社会科学研究的倾向遭到诸多学者的批判，他们指出，理性人是从市场交易中提炼出来的理念类型，在社会政治领域推广将忽视网络关系的复杂影响。交往关系中的决策并非得失计算的

---

① 〔印〕阿玛蒂亚·森：《以自由看待发展》，刘赜等译，中国人民大学出版社 2002 年版，第 268 页。
② 〔英〕亚当·斯密：《道德情操论》，蒋自强等译，商务印书馆 1997 年版，第 5 页。
③ 〔澳〕杰佛瑞·布伦南、〔美〕詹姆斯·布坎南：《宪政经济学》，冯克利等译，中国社会科学出版社 2004 年版，第 5 页。

经济过程，而是受非经济激励渗透的社会过程。① 在将所有社会行动都纳入理性分析的框架后，行为动机的复杂性问题是必须面对和难以解决的，这促使理性选择理论不得不放宽理性人假设的含义："不管人们的目标是自私的还是无私的，他们都以有效的方式实现这些目标。"② 西蒙曾经批判理性人寻求利益最大化的判断，认为理性能力受到身心结构的内部约束和信息不足的外部约束，人们倾向于获得"满意"而非"最优"的结果。③ 面对有限理性（bounded rationality）观点提出的疑义，奥尔森认为行动者决策可能受到意识形态或传统规则的限制，理性人并不是"最大化者"而是"满意者"。④

由此看来，在理性主义研究中，甚至在比较政治学中，为把政治现象变化的复杂性与具有一定广泛适用性的理论联系起来，研究者一直进行着不懈的努力，尤其是在理性选择理论中各流派和各种分析模型的发展中。

早期理性分析的局限性表现在，它的主要发展是通过增加数理分析来增强自己的演绎能力，但是这种过于依赖程式化的逻辑忽视了观察细节的方法，因而无法解释政治世界中的很多复杂问题。有时它虽然提供了合乎逻辑的解释，却并没有增强解释某些事实的效力，因为与此一事实相符合的逻辑并不一定与彼一事实相符合，而在政治领域中只有对细节的丰富而深刻地认知才能增加理性解释的合理性和解释力。所以，理性选择模型的发展所要解决的问题和主要动力就是如何在理性主义和普遍主义的基础上对社会政治现象的差异性作出更深刻而合理的解释。同一性和差异性是事物间互为关联的两个方面，没有同一性就没有差异性，反之亦然。理性选择理论在解释事物的同一性方面作出了重要的贡献，而在解释差异性方面还有很大的局限。

---

① 高春芽：《理性的人与非理性的社会》，中国社会科学出版社2009年版，第56—59页。
② Mancur Olson, *The Logic of Collective Action*, Cambridge: Harvard University Press, 1971, p. 23.
③ 〔美〕赫伯特·西蒙：《现代决策理论的基石》，杨砾等译，北京经济学院出版社1989年版，第30页。
④ Mancur Olson, "Economics, Sociology and the Best of All Possible Worlds", in *Public Interest*, Vol. 12, No. 2, 1968, p. 99.

二、经验理性及其分析方法的发展

为了对现实世界中的特殊性和差异性作出解释，一些早期的理性模型在理性的基础上发展出了某种策略性，提出个体行为不但是理性的而且还是策略性的，行动者是在一定的约束条件下作出决策的，这种决策依赖于对他人可能采取的行动的评估。这种研究模型的理路仍是理性和个体主义为主导的，其间所包含的理性的强弱取决于它在多大程度上接受个体选择聚合的非理性内涵。

一些理性选择的分析模型对均衡理论也有所修正。早期的理性分析模型指出行动者要对别人的潜在决策作出反应，并反过来影响别人，直到他们处于一种平衡状态为止。一般来说，均衡分析就是要模型化和解释这种结果，即分析在静止状态下可能发生的后果。然而经验理性在发展过程中除了假设政治行为互动的"最终"均衡外，越来越多地考虑形成或打破一个特定均衡的更多的背景因素，即关注文化等非理性因素对形成或打破均衡的影响。

早期的理性选择理论认为在各种政治行为互动的某个均衡中，没有人有动力去改变自己的选择，因为这种均衡本身就是各种行动者选择和博弈的结果。然而在现实政治世界中，选择以致平衡经常会有规律地改变。为了解释这种变化，就要考虑政治现象在受到什么样的外部冲击或自身变化时会对行动者的选择产生影响。例如，我们可以看到现代化因素的输入会逐渐改变一个社会的传统的制度安排或均衡，人口压力或国家干预的变化也会改变相关公共资源的传统安排或均衡。还有，如果要在一个领域中进行人事制度改革，那么领导者不仅要理性化地计算改革的效果，评估改革的成本和代价，这既包括那些在改革中丧失权力或利益的人的反抗能力和制约他们的能力，以及如何才能使他们的反抗或不满被化解到最低限度等，还要计算所要付出的成本和补偿等，只有当预期改革有利于提高效率并且不至于因反对而夭折时，领导者才可能推行这项改革。而在这一过程中，无不存在着不确定因素、文化因素或非理性因素的影响，一个不确定因素可能会引发一系列的变化并打破原有的均衡；同时在不同的文化、历史传统和宗教的影响下，人们的利益观和权力观是有所不同的，因而采取的行动也会有很大的不同。只有对这些问题进行深入而有针对性的研究，把这些"非理性"因素融入理性模型，才可能发展出有说服力的解释或分析模型。

当然，经验理性的诸分析模型仍然是以理性选择理论的基本原理和框架为基础的，它仍然要通过理性假定、约束形式、策略互动和均衡关系来进行阐述，当然它在各个方面也有了较大的延伸。对此可以概括如下：

在把个体理性作为理论起点的基础上，经验理性更多地强调个人动机和偏好的多元性或"非理性"的一面。在早期的理性分析模型中，尽管也看到了个体选择会受到"非理性"利益因素的影响，但是这并没有成为研究设计的重要内容，它们在假定理性与行动相一致这一点上有着基本的共识。这实际是在特定的应用之前一般性地确定行动者的偏好，例如，对于商人或企业主来说，合理的假定是他们共同的偏好和行为方式是利润最大化；对于处于风险之中的人来说，最大化安全就是他们的基本偏好和行为选择；对于政治家来说，假定他们都想保持权力。然而实际情况并非那么简单，例如在不同的宗教背景下或不同的环境中人们对财富和风险的看法会有很大的差别，而且无论是对于利润还是权力，人们已经越来越考虑到伦理和人权因素的影响。研究表明，由于历史传统和文化的不同，人们的权力观、财富观和福利观以及各种观念存在着不小的差异，由此对人的动机和行为产生的影响有很大不同。此外，由于一个人可能有不同的身份，所以他的选择可能是几种身份聚合的结果，而不仅是简单的理性人，例如，一个人作为一个公民，最大化自己的公民权利是其偏好；同时他又是一个工人，因而最大化自己的工作权利和工资也会是他的偏好等。那么，在特定的情况下哪种选择更为理性？尽管我们说哪种挑战更大会导致哪种偏好更起作用，但是次要的挑战并非不起作用，尤其是在不同的文化背景下哪种挑战更大，并不相同。

经验理性就是要对这种复杂的或差异性的理性或"非理性"因素进行研究，因此，它在相当程度上不受经济学的效用和财富最大化假定的约束，甚至假设个人不一定是自私的，这样可能更适于对某些政治现象进行解释。然而，非利己主义考虑或其他动机标准的增加，例如不同的文化观、权力观和财富观标准的增加，也增加了分析的复杂性和难度。假定效用最大化的优点在于它是简约的，可以进行明确的推理，具有更广泛的适用性，缺点在于可能产生同义重复，把人的动机看得过于简单，而一种让行动者既考虑物质因素又考虑文化因素收益的假定可能更接近现实，因而也更具有合理性。不过这也不能以过多地削弱广泛适用性为代价，因为这样会无法进行直接的比较，而缺乏直接比较的解释同样会过于狭隘而失之偏颇。

经验理性在内部和外部约束机制方面都更加关注"非理性"因素的影响。狭义的理性主义的外部约束主要有两种来源，经验理性对此都有所发展。一是对来自新古典经济学的稀缺性理论的发展，这一理论认为个体只能在其可获得的资源范围内进行最大化追求，没有资本的个体不可能通过投资来追求财富，没有选举权的个体不可能通过投票来选择执政者，而不论选择某个执政者是多么符合他的利益。而经验理性在基本承认这一假设的前提下，还认为在不同的文化、历史传统和制度背景下对人的行为约束的实际涵义是有差异的，就资本和选举权来说，在一些社会中，血缘、传统关系、社会和政治地位、宗教甚至社会资本都可能成为广义资本的一部分，可以由此获得财富或地位；而选举权也不是人们选择执政者的唯一渠道，人们可以通过其他的遴选方式如自上而下的精英挑选和举荐来选择合适的领导人，实际上，在不同的社会背景中，公民对执政者的"理性选择"或遴选制度对公民的"约束"作用是不同的，因而由此方法选出的领导人并不一定是最理性的或最合适的。此外，即使在现代国家中，选举权也不是公民对选择领导人施加影响的唯一方式。如果说媒体有着重要作用的话，那么不同媒体所具有的价值观或偏好也会对选择领导人起重要的作用。

二是对制度性和组织性约束的发展。制度是用来建构和控制社会互动的各种规则的,它制约着行动者的策略或选择,进而产生均衡结果,以致行动者不再或难以改变这个结果。在博弈论中,它们是弈者间互动过程的博弈规则,例如,在立法机构中,它们是建构投票者秩序的规则,是选票聚合的方式。① 所有行为都在制度的制约之下,依靠政治制度制约人的行为,就体现着政治制度的制约作用;依靠社会规则进行活动,就体现着社会制度对人的制约;经济制度则制约着人们的经济动机和行为。但与早期的理性分析模型不同的是,经验理性更为重视制度和组织作用的差异性,因为在不同的制度之间,在不同的国家和地区之间,在不同的文化和历史传统之间,同类政治制度和组织的作用是有很大差异的,换言之,在相同的制度设计中可能会由于国情或文化传统和治理方式的不同而使制度的作用有很大的不同,例如,同为国家行政制度,美国的制度与中国的制度可能会因文化、社会和经济因素的不同而使其运作的过程和效果有很大的差异,因而各具特色。所以,只有一般性的演绎而没有丰富的针对性研究是无法阐明这种制约性作用的。

经验理性还更为强调行动者选择和行动的策略性。在新古典经济学的价格理论中,市场将他人选择转换成价格并形成其选择基础的产品范围以影响消费者,理性选择模型吸收了这一理论并把它转化为政治行动的策略思考。它认为,尽管政治关系不像经济关系那样具有数理逻辑性,但行为的理性逻辑仍然存在,只不过对其他相关行动者行为的评估要先于自己的理性选择。立法者的表决、公民对政府的服从、集体活动的参与甚至反叛行动,在进行这些选择之前行动者都要评估相关行动者的可能反映或行动,在此基础上自己再采取相对有利的行动。也就是说,为了在一种策略互动背景下作出有利于自己的选择,每个行动者不得不对其他弈者有某种预期,假定会出现理性的相同认知,换言之,就是要假定其他行动者也是工具理性的,而且会从相

---

① 〔美〕马克·I. 利希巴赫、阿兰·S. 朱克曼主编:《比较政治:理性、文化和结构》,储建国等译,中国人民大学出版社2008年版,第31—32页。

同的信息中作出相同的推断。而在经验理性的设计中，尽管仍遵循着这一基本假定，但是它认为他人的潜在行为和自己的决策都会受"非理性"因素的影响，例如，立法者的投票不仅要考虑到党派关系和选民利益等理性因素的作用，而且还会受不同文化背景和意识形态、个人经历和特殊的主观意愿的影响。为了探讨和解释这种复杂性，经验理性在相当程度上不再遵循单一理性的推演，而是要对影响行动的文化传统、现实条件和个性以及偏好进行专门的研究，并寻找它们与理性之间的关系。

经验理性更多地强调形成均衡状态的多元性和非理性条件或因素。由于个体或集体的选择和行动要受多种因素的影响，所以形成或不形成均衡状态的条件和结果也具有这种特点。狭义的理性选择模型假定理性个体或集体行为的互动会产生均衡状态，具体来说，就是个体博弈而产生的"最优"均衡状态就是集体的理性行动及其结果。在经验理性看来，均衡状态的形成或被打破不仅是理性个体选择的结果，而且也经常受到非理性因素的影响。纯理性的选择和由此所导致的均衡在多数情况下只是相对的存在或者特殊性的存在，其原因就是行动者的动机和选择受文化、历史传统和社会制度等非理性因素的影响。例如，文明的冲突或战争之所以发生，在某种意义上或许就是根据理性行为所假定的均衡没有出现；而文明的和谐或均衡之所以在某些地方在某种程度上能够形成，也并非完全出于各国政治家和民众的理性选择，还可能有宗教或文化等非理性因素的考量和选择。某些政治联盟或联合政府的出现也有很多偶然和特殊因素的作用，尽管也有理性因素的驱动。从另一方面看，我们说有时行动者的行为和博弈并不一定会产生一种均衡，而且并不是所有的均衡都是有效率的，有时会产生循环、混乱和无效，在一定程度上这也是根据一般的理性原则作出的判断，而如果把非理性因素考量进去，或许会看到另一种均衡点是存在的和有效率的。

三、两种经验理性路径及其分析模型

理性选择在一定程度上是一种制度性的分析方法，制度在该理论中有两

方面的作用，一是它的约束性，即对人的行动有制约和规范作用。人们总是在制度规定的范围内考虑和实施自己的行动，即使想突破原有制度的限制，也要从原有的制度出发来考虑可能采取的行动；还要考虑如何建立新的制度以规制人的行动。正是由于制度的这种规制作用，使行动者的信息成本大为降低，使其策略有较明确的预期，从而帮助行动者作出"合理"的策略选择。例如，对某项权力的制度规定可以让有关官员知道该项权力的适用范围、效益以及违规可能受到的惩罚程度等，同时也可以让被执行者知道自己的活动范围和所受到的保护，这就规范或限定了执行人和被执行人的行动，提高了效率，减少了成本，从而促进了该项权力的行使。

二是将博弈论引入理性选择理论并没有增加对非理性现象的解释力，反而是进一步巩固了它的制度性。博弈论提出了两个重要的问题：一是博弈论假定决策者拥有高超的计算或决策能力；二是存在着一个民间定理（folk theorem），认为在大多数的多人互动中，结果是不确定的；而制度有助于解决它们。[1] 一些理性主义的研究者指出，民间定理认为博弈中常常存在多个均衡点，这通常很难达到有效的均衡，然而，制度可以通过提供平衡点和协调行动的手段来改变这种状况，例如一些自然形成的社会规则或制度可以在行动者之间作出可信的承诺，从而增强了交易和交流并减少了行动者之间的冲突，这就是一种均衡。当然他们并没有进一步说明导致这种均衡的原因。

奥斯特洛姆企图在有限理性的基础上建立第二代集体行动模型的努力[2]，在某种意义上是在早期的理性模型中加入了经验因素的考量。她的"有限理性"认为，面对有限的信息、有限的时间和处理信息的有限的认识和能力，个体通常会从经验出发设计一个虽不完整但简单快捷的试探性的操作程序来

---

[1] Hechter Michael, "The Insufficiency of Game Theory for the Resolution of Real-World Collective Action Problems", in *Rationality and Society*, Vol. 4, January 1992, pp. 33 - 40.

[2] E. Ostrom, "A Behavioural Approach to the Rational Choice Theory of Collective Action", in *American Political Science Review*, Vol. 92, 1997, pp. 1 - 22.

解决问题。① 考虑到环境的有限性，如果其设计和行为是以"合理"的看法为基础的，那么其程序也具有合理性。在这种情况下，只要是赢利或有效的，个体的行动会一直持续下去，直到不再赢利为止，这时会转而寻找新的路径。由于这种决策模式只会引起政策的量的变化，因此当存在着很大的不确定性时，它具有很大的合理性，不会使理性行动者出现重大的失误。

有限理性中的自然选择模型试图阐明人们在复杂的多元文化环境中可以学到解决集体行动的办法。② 它认为，个体可以通过试探程序学到和建立何时需要回报、何时不要回报的方法和路径。人们在交流和树立信誉的过程中会建立起相对合理的行为规范，这又促使人们内化并遵循这种规范；同时也会体验到，如果违反了这一规范，就会付出代价。这里显然仍存在着路径依赖。那么，这种试探程序和行为规范是如何发生和进行的呢？一种方法是，博弈者模仿那些由于发现了一个好的试探程序而取得成功的人的方法，在重复的博弈互动中，弈者把"好的试探程序"像一种文化基因那样习得和内化，使其进化并形成惯例，从而达到一种均衡。如果弈者的规范不是对他人的最佳回应，那么他人就会模仿更为成功的人。这种进化论不仅更为现实可用，而且还可以对存在多种均衡博弈中的均衡协调作出解释，从而在一定程度上解决了博弈论中这一难以克服的困境。这种"试探程序"演进的过程，同时也是经验因素不断融入理性主义的过程。

此外，一种叙事性分析方法也企图发展经验或文化理性。③ 利瓦伊指出，由于比较政治中的理性主义者面临的主要任务是作出逻辑上和文化上有说服力的解释，因而仅仅在逻辑上或仅仅在文化上作出解释都是不够的，而是要在这两方面尽可能地达到一种平衡。由此，她企图通过建立和发展一种叙事

---

① Herbert Simon, *Models of Bounded Rationality*, Vol 2, Cambridge: Mass MIT Press, 1982.
② Ginitis H., *Game Theory Evolving*, Princeton, NJ: Princeton University Press, 2000, pp. 237-283.
③ 〔美〕马格丽特·利瓦伊：《一个模型、一种方法和一幅图画：比较和历史分析中的理性选择》，见〔美〕马克·I. 利希巴赫、阿兰·S. 朱克曼主编：《比较政治：理性、文化和结构》，储建国等译，中国人民大学出版社2008年版，第36—40页。

性分析方法及模型来达到这种平衡。

叙事性分析遵循理性主义的行为假定，认为个体是理性的决策者，他们的行动与偏好有着根本上的一致性，因而他们总是追随自己的偏好和目标；同时，他们总是策略性的，因为每个人的选择都受他人潜在行为的影响；在此基础上，这种方法的主要特征是它要进一步明确区分和界定关键行动者和普通行动者以及他们的策略考虑，还要明确特定的技术、社会、政治或经济约束，而这种细化依赖于对细节尤其是特定案例的精细而全面的分析。① 这实际上要求它更加重视个体和集体选择所受到的经验和文化因素的影响。

叙事性分析方法特别重视两种案例的选择和研究：一种是用来解释具体研究对象的案例，这包括导致某一事件发生的时间、地点和具体原因的案例，因为"叙事"事件发生的原因、过程和问题存在于这类具体的案例之中。例如，20世纪80年代以后伊朗原旨主义兴起的渊源、过程、内涵和形式等就是有着丰富研究内容的具体案例。另一种是用来阐释一般性规则的案例，诸如政治发展模式、政治体制特征、联盟形式和政党体制等，诸如"东亚模式"或"美国模式"中所包含的经济、政治和文化发展的一般规律以及政府对经济的管制等相对具体的规律或方法，它们不仅包含着认识东亚各国和美国发展规律的内容，而且也是认识世界各国或地区发展模式及其特征的重要参照。尽管在实践中这两种案例之间没有绝对的界限，但是在理论上却应进行明确的区分，因为混淆它们各自的作用会混淆分析过程并使分析结果缺乏说服力。

对这种案例的充分掌握意味着吸收了大量的经验因素并有了更多的文化考量，在此基础上，可以对关键行动者和一般行动者的选择和行为进行区分，查明对他们的约束和导向因素，从而对其进行"深度的描述"，并对相关假设进行检验。在此基础上建立起一个专门的分析模型，以说明具体的变化，阐明自变量和因变量之间的关系，并对其进行因果机理的演绎，在此基础上进

---

① 〔美〕马格丽特·利瓦伊：《一个模型、一种方法和一幅图画：比较和历史分析中的理性选择》，见〔美〕马克·I.利希巴赫、阿兰·S.朱克曼主编：《比较政治：理性、文化和结构》，储建国等译，中国人民大学出版社2008年版，第37页。

行广泛性检验。这种分析方法或模型是在理性主义的框架内，既可以使用函数等式的形式，也可以从博弈论中推导出来，最重要的或许是可以使研究者不拘泥于原有的理性关系和制度关系，而是要更多地依据"叙事"原则。显然，在这一过程中合理而充分地开发不同文化背景或经验的案例并把它们融入理性原则始终是重要的一环，也是非常困难的。

理性主义遇到的挑战及内在矛盾是，一方面，它倾向于尽可能地拥有决定论，以使自己的规则和解释明确而有效力；另一方面也不得不保留际会分析，允许更多的可能性存在，因为它要面对复杂而非单一的变量关系，这可能削弱它的可信度。而文化分析则与此不同，它强调的是特殊性和模糊性，并不要求广泛的决定性。叙事性分析则试图通过综合这两种方法来缓解理性分析的内在矛盾，它既鼓励因果性推导，又鼓励关系点或选择点的充分而精细的展示，把因果关系与多重相关因素及背景结合起来进行解读。从理想的状态来看，它可以解释人们为什么遵循一种而不是另一种路径，同时，只有在阐明相关案例的细节时才能对这种路径依赖和结果作出更加完满而有说服力的解释，才能不被其他可能性所左右。这种方法在相当程度上消除了两分法，通过它，人们既可以将理性方法与其他方法区别开来，又可以在理性方法与文化方法之间进行沟通。它也使理性主义内部不同流派之间有了更多的共同语言，从而加固了其发展的基础。当然，理想的状态毕竟是理想，在相当意义上要在理性主义的基本原则即普适性与精细性和特殊性之间达到完美是不可能的，它只能通过降低普适性或降低针对性来达致相对的结合。

无论如何，叙事性分析试图在一定程度解决早期的理性主义者所面临的矛盾，它在理性主义的框架中通过增加更多的经验和精细的描述来丰富人们的认知，以对复杂的事物作出解释，而这种经验和精细性与因果机理的结合使它的解释更为吸引人和可信。这种结合也使它的结果保持着可检验性和一定的普适性。当然，这种经验和精细性的增加会使其适用范围受到限制。

分析叙事性方法不再像狭义的理性模型那样简约和具有广泛的适用性，

它是在保持一定的理性演绎和适用性的基础上而更加强调针对性，以此来增强解释力，这正是它的价值所在。实际上，从目前的研究方法所能达致的效果来看，那种能够明确地模型化一套因果机制并限制其操作范围的研究可能是最有效的，而那些企图进行最广泛的适用性解释或通过完全改变分析方法或模型来进行研究的方法并不是最有效的，高度概括性的方法通常缺乏针对性，而不同的研究方法或模型最好是互相验证和补充而不是互相替代。尽管不同的研究方法和分析模型可能是通向相同结论的不同路径，但它们的过程和方法有很大的不同，至少在程度上是如此。换言之，有时一定的研究方法和分析模型更适于研究一定的或某一类对象，而其他的研究对象则更适于用另一些方法或分析模型进行研究。

叙事性分析方法既要从变化的政治世界中分析出因果机理较广泛的适用性，又要通过案例选择和精细研究来确定因果机理的可信性，这在一定意义上仍是比较政治研究中关于单一国家研究与多国比较研究、案例研究与统计研究、描述性研究与解释性研究诸方法之间关系及争论的延伸和深化，其深化主要表现在它企图建立一种以这种关系为基础的分析模型。就叙事性分析而言，如何通过案例设计来实现理性演绎与精细叙事之间的有机结合，还缺乏可信性强的研究成果，有时体现在它所表述的要对关键行动者和一般行动者的理性行为进行区分的共谋者概念的运用之中，有时表现在叙事性案例和阐述规律的案例的运用之中。经验和文化与理性的结合始终是它所要考虑的基本问题。

叙事性分析方法仍然是理性主义基本框架内的一种方法，理性分析提供了其叙述政治世界的主要原则。它既保持了理性主义为概括而牺牲差异、为逻辑而牺牲细节的传统特性，又增加了对特殊性的精细研究或减少了这种牺牲，从而在理性主义和文化主义之间进行了某种沟通。这是经验理性的进一步发展，同时也走到了理性主义的边缘。

小 结

总体来说，狭义的理性主义者是意图主义者，他们视理性为行动的唯一原因，从而把复杂的环境或文化简约化了。这种狭义性使其具有很大的排他性，忽视了复杂的经验世界，因此也无法对政治世界的复杂性作出令人满意的解释。正是因为如此，学者们发展起广义的理性选择理论及其诸多的分析模型，并显示出了具有较强针对性的解释力或吸引力。广义论者扩展了理性主义的边界，其方式是深入微观而研究文化，探索宏观而考察结构。他们走向文化，将偏好与信念既看作原因又看作结果；他们走向结构，将环境既看作原因也看作结果。但是由于它吸收了很多不同的具体的经验、方法和规则，因而不能像狭义的理论那样容易证伪和检验，于是，在这个理论流派内部一直存在着纯粹主义与兼容主义之间的争论。

第四节　理性选择理论在政治分析中的应用

一、应用理性分析所要注意的问题

应用理性选择理论进行政治分析，研究政治发展和辨识政治行为，是理性主义者的主要目的。在进行这种分析时，要求辨识相关的行动者，分析他们的偏好，并找出偏好影响行为的可信证据。在把偏好作为原因而影响行动的研究过程中，需要对复杂的事物进行抽象分析和逻辑演绎，这时人们可能会犯错误，但是这一过程是基本的，有时是试错的过程。如同其他一些理论一样，理性选择理论没有规定自己的检验假设的特定方法，但是，要想使自己的演绎逻辑及其论证有说服力，就要对证据进行严格的检验，以确定它们是否符合演绎逻辑的结果。

当我们应用理性选择理论时，要认真关注潜藏于个体行动之中的心理和认知机制，这意味着要对行动者的动机作出明确的表述。如果分析者认为其调查的行动不是目标导向的，例如，大多数有关如何获取价值观的学习模型中的行动就是如此，那么他就需要弄清楚行动者是如何想的。如果分析者认为行动是目标导向的，但理性选择方法中使用的自利假定并不能描述现实，那么他就需要说明到底是什么动机或目标驱动了行动者，并想清楚在不同环境下这些动机是如何影响决策的。如果分析者认为行动者是自利的，但是在其情境中行动者追求的目标与标准的理性选择的自利目标不同，那么分析者就需要展示能支持将行动归因于非标准目标的证据。目标越是独特，所需的证据就越多。研究者不能从行动者的行动中推断出他们的目标，就会使解释建立在没有意义的推断之上。①

应用理性选择理论就要明确关注影响决策的行动者特性，特别是他们获取信息的途径、成本、能力以及对风险的态度。理性选择理论通常假定个体是风险中立的，但是相当多的心理学研究认为，大多数人对风险的态度取决于环境，例如，前景理论通过模拟个体行为得出的结论是，与期望获益时相比，个人在面对损失时更能接受风险，因此，并不存在风险中立的情况。

理性选择理论的应用早已从经济学发展到了政治学等领域。理性选择理论最初的应用与它的来源有关，就是只是用经济激励解释经济和政治结果，它将标准的经济学理论拓展到政治学等相关领域，用来解释现实问题，也即预期人们通过政治行动来追求他们的物质利益。② 在政治学中，考察理性选择理论中的某些变化，可以看到理性选择的演绎逻辑所引发的人们的思考。在理性选择的应用中，有一些应用揭示了聚合以及理性个体之间互动所产生的不明显的影响，这些应用已经极大地改变了政治学家思考世界的方式。正是对聚合和互动的潜在逻辑所作的认真阐述，而不是自利和理性追求目标的假定，凸显出那些导致世界观发生改变的分析。虽然很多其他的分析也已经假定人们是理性和自利的，但是它们缺乏概念工具，无法认识到群体行为不能直接由群体中的个体的利益推导出来。

---

① 〔美〕芭芭拉·格迪斯：《范式与沙堡：比较政治学中的理论建构与研究设计》，陈子恪、刘冀译，重庆大学出版社2012年版，第144页。
② Przeworski, Adam, and Michael Wallerstein, "Structural Dependence of the State on Capital", in *American Political Science Review*, Vol. 82, 1988, pp. 11-30.

二、集体行动理论在政治分析中的应用

对于研究个体理性选择的聚合或曰集体行动逻辑的应用和研究是理性选择理论发展的一个重要方面或路径。理性选择的理论发展对人们理解政治世界产生了重要影响,其中最为彻底和深远的就是证明了集体决策并不一定,甚至在多数情况下不能反映集体中大多数人的个人诉求和利益,即便集体中的成员完全平等并用民主的方式进行决策,也是如此。

奥尔森揭示了将个人理性的标准假定与经济学的公共物品概念相结合的政治后果。[1] 公共物品具有以下特征:它一旦被提供给一个群体,该群体中就没有任何一个成员可以被排除享用,而不管他是否帮助创造了该公共物品;某个人对公共物品的使用,不会减少群体中其他人对该公共物品的获得和有用性。

一个标准的例子是清洁的空气。一旦通过了限制污染的法律,清洁的空气也即公共物品就可以为所有人享用,而不管特定的人是否对此作出了贡献,都不能被拒绝使用。事实上,在大多数情况下,呼吸清洁空气的人并没有挤走任何人,也没有减少空气的健康作用。因此,任何为公共物品作出贡献的人都是不理性的。一方面,如果有足够多的人已经准备好为公共物品工作或支付其成本,那么人们就没有理由为此再去做任何事情,因为当收益来临的时候,人们无论是否为其工作都可以享受这种收益。另一方面,如果目前没有足够的人在为生产公共物品工作,人们依然没有理由去为之作出贡献,因为任何一个人的贡献都极不可能对公共物品的生产造成影响。尽管事实表明,存在某些特定的条件让个人出于理性在集体行动中合作,但是这些条件相当苛刻,通常无法得到满足。因此,通向共同持有目标的有效集体行动总是无法形成,即使合作符合所有人的利益。

---

[1] Oison, Mancur, *The Logic of Collective Action: Public Goods and the Theory of Groups*, Cambridge: Harvard University Press, 1965.

与此紧密相关的众人逻辑或公共资源逻辑揭示了为什么由团体公共持有的资源通常会被过度使用。除非建立起制度来强制分配权力和责任，否则理性的个人将尽其所能使用公共资源，因为他知道，即使他不使用，其他人一样会尽情地使用；他也不会主动为维护公共资源而投入什么，因为他投入的成果将被其他很多人无偿地共享，而他自己并不能更多地享用。公共资源的逻辑揭示了为什么海洋趋于过度捕捞，为什么很多土地被过度放牧并变成沙漠，为什么很多大型哺乳动物被早期的人类猎杀殆尽。对公共资源问题的理性主义理解也促使人们探讨如何解决公共资源问题。

理性主义者认识到，个体理性并不一定能产生最佳效益，个体理性的聚合可能产生非理性的结果，例如政治妥协产生的结果不一定是个体的最优选择，即不是最好或最有效率的，一些多党联盟争斗不休就是其表现。再比如，某个大学中的科研奖励政策可能是校内外各种力量多方博弈的结果，尽管它可能是"最终的平衡"，但并不一定是最合理的。此外，政治决策也可以直接发挥重要作用，这表现在它可以通过改变选择聚合方案的相对价格来影响理性个体的选择，例如一些国家的主要政党通过控制党员人数和交纳一定数量的党费而让人们对加入政党变得更为理性，这影响或改变着理性个体通过对包括个人发展的可能性程度在内的利益和成本的算计来采取积极或消极的态度。

集体行动的逻辑修正了政治学中的一些权威观念，打破了传统的个人利益和群体政治行动之间的关系，事实上，这是所有以利益为基础的主要政治理解。例如，这使我们对社会底层群体无法组织起来保护自身利益这一现象的理解就发生了转变，过去是试图用群众思想水平低下、还没有觉悟去解释这一现象，而现在看来这正是底层阶级行动者符合理性预期的行为。

进而，集体行动的逻辑对民主理论也产生了深远的影响。它导致了这样的预期：既然普通民众不愿组织起来有效地表达他们的利益，那么他们的利益也就难以影响政治路线和政策的制定。因为一般来说，能够为一个群体带来利益的路线或政策是该集团的公共物品，而无论这些公共物品是被公开还是私下消费的。对于那些可以免费享受政治路线、政策即公共物品的个人来说，组织起来追求利益的成本是高昂的，因为利益或物品是公共的，如果可以搭便车，由个人去承受这些成本就是不理性的。

在集体行动的逻辑中，有一些可以经常看到但是也经常被误解的行为。例如，资源分配不均的集团比成员平等的集团更容易组织起来，也就是说不平等增加了组织起来的可能性。这是因为集团中愿意承担游说成本的成员将从公共物品中得到更多的收益，可以不计较其他人搭便车的行为。这个论点已经被用来解释为什么那些包含一个或少数超大公司的行业更有可能得到关税保护，因为这些超大公司由于可以得到更多的收益而进行了积极的游说，而不必计较搭便车的小公司或个人。

小的群体通常比大的群体更有可能组织起来争取自己的利益，因为在小的群体中，其成员更容易了解其他成员是否打算或正在作出努力，并惩罚那些搭便车者；更容易通过改变个体成员所面临的激励来解决集体行动问题。这个观点揭示了为什么在政策竞技场中，特殊的利益集团通常是有效率的，即使当大多数公民并不支持他们时也是如此。群体大小和组织能力之间的关联也有助于解释一些国家在工业化的很长一个时期中存在农业价格偏低的政策，这些政策有利于数量相对较少但组织较强的城市消费者和他们的雇主。

预先组织起来的集团通常比没有组织起来的集团更有可能获得它们所希望的政策。因为组织是有成本的，已经支付了启动成本的集团比没有支付的集团更容易启动，进而，改变一个既有集团的宗旨比塑造一个全新的宗旨更加容易。这个论点可以被用来解释为什么东亚一些威权主义国家在民主化后老的政党经过改革往往比新的政党组织得更好，也更有效，因为建立新的政党在通常情况下要比利用已有的政党付出大得多的成本和困难。

由此，集体行动的逻辑意味着，即使在公平和竞争性的民主政体中，政策也将有利于那些富有的和组织良好的集体而不是为数更多的贫穷和无组织的成员，这仅仅是因为那些富有和组织良好的集体更有可能有效地行使他们的权利。因此，集体行动逻辑提供了政策选择这一最核心的问题的一种可能的解释。

集体行动理论也解释了多数原则不一定能保证多数人利益的现象。最早证明这一原则的是阿罗，他指出，在给定一组可信和非限制性的条件下，经由多数原则达成的偏好聚合可能导致政策循环。[①] 一些学者进一步发展了这一思想，指出多数原则不能保证政策反映多数人的利益。[②] 施瓦茨研究表明，如果立法机关按照不同的程序就同样的问题进行投票表决，那么可能会产生完全不同的结果，这完全取决于投票表决的程序。因此，议程控制就很重要，谁控制了议程，谁就控制了投票表决提案的程序，也就在很大程度上决定了政策结果。[③] 如果这一推论成立，那么在解释立法机构为何不能代表大多数选民的利益时，我们就不必认为这是强势利益集团借助捐款来购买选票或霸权阶级控制政府的结果。强大的集团可能会极大地影响政策，但这不能一般推定，它们是否确实如此是一个经验问题。这一结论的后果就是将注意力集中于议会中的领导层和表决制度，其目的是为了弄清谁以何种方式控制了议程，以及既然阿罗的证明导出了循环的预期，那政策稳定性的原因又是什么。

学者们已经运用理性选择理论对国会制度及其程序如何导致相对稳定的政策结果进行了研究，企图弄清不同制度安排下立法机构的状况，尤其是支配议会委员会角色的原则、赋予委员会的任务等。[④] 同时也对立法机构内部制度的作用作了一些比较研究。[⑤] 这些研究对以下问题进行了解释：不同国家立法机构运作的差异之处；保守倾向对立法效力的阻碍；立法机构政策的偏向。

[①] Arrow, Kenneth, *Social Choice and Individual Values*, New Haven: Yale Univereity Press, 1950.
[②] McKelvey, Richard, "General Conditions for Global Intransitivities in Formal Voting Models", in *Econometrica*, Vol. 48, 1979, pp. 1085 - 1111.
[③] Schwartz, Thomas, *The Logic of Collective Choice*, New York: Columbia University Press, 1986.
[④] Denzau, Arthur, and Robert MacKay, "Structure-Induced Equilibria and Perfect-Foresight Expectations", in *American Journal of Political Science*, Vol. 25, 1981, pp. 762 - 779; "Gatekeeping and Monopoly Power of Committees: An Analysis of Sincere and Sophisticated Behavior", in *American Journal of Political Science*, Vol. 27, 1993, pp. 740 - 761.
[⑤] Tsebelis, George, *Veto Players: How Political Institutions Work*, Princeton: Princeton University Press and Russell Sage, 2002.

通过拓宽制度比较的范围,这些研究还试图提出有关立法机构内部制度作用的理论。如果要将这些模式应用于发展中国家的立法机构,那么对有关制度功能的假定需要进行一定的修正。

三、国家中的个体行动者及其决策行为

理性选择理论对那些实际上作出国家决策的个体进行了研究,试图阐明是什么塑造了这些个体行动的目标以及他们所面对的激励,从而揭示国家是如何进行决策的。

政治学的传统的国家体制理论是简单地假定那些由选举产生的政府官员是选民利益的代表,这些代表通常被假定为反映了游说最为得力或在选举中贡献最大的集团的利益,而关注国家制度内的行动者的理性选择理论则与此不同,它并没有假定政治领袖反映了选民或是占统治地位的联盟的利益,相反,它关注制度如何影响政治家,促使其选择去代表那种他认为在政治上有用的利益;它也明确关注官场上求生存的斗争如何影响政治领袖的政策选择、制度选择以及其他行为;它认为社会利益塑造了政治家互动的背景,但并没有直接支配他们。

因此,有关国家行动者的理性选择理论始于对其目标的关注,进而考虑在给定的制度设置中,不同的行动和选择是如何影响目标的实现的。这种方法的基础就是将政治家视为理性个体,这些政治家试图使其职业成就最大化。在民主国家中,这一点通常被简化为使选举连任的可能性最大化。通过运用与这一目标有关的简单假定与美国政治体系的部分特性,研究者运用理性选择理论解释了国会议员所特有的很多行为,例如投入大量资源为选民服务,偏好政治恩惠、表白和居功,避免对有争议的问题进行表决,以及不懈地追求新闻报道率等。[1]

---

[1] Shepsle, Kenneth, and Barry Weingast, "Political Preferences for the Pork Barrel: A Generalization", in *American Journal of Political Science*, Vol. 25, 1981a, pp. 96 - 111.

尽管新制度主义和政治学的理论也同样关注国家，但相比较而言，理性选择理论更有可能在国家特定的制度特性与国家官员的行为之间建立起明确的系统性的联系。理性选择理论的研究者并非最先注意到国家的自主性，但是，他们较为成功地构建出了运用国家或政治特性去解释政策结果的理论。

在这方面有两条重要的研究路径，一条是诺斯将制度变迁的原因归结为国家统治者和主要经济利益集团在国家收入方面的斗争。① 学者们已经将这一研究扩展到不同的制度背景中。有人指出，一些政治家为了继续执政而选择某些容易滋生寻租的政策，甚至减缓经济增长也无所顾忌。② 政府的一些政策通过限制某些领域的竞争创造出垄断租金，寻租者则尝试通过竞选捐款和贿赂进入这些被保护的领域，致使大量的资源被转移出生产领域，从而大大降低了资源的分配效率。③ 贝茨在一项重要研究中指出，在 20 世纪 70—80 年代的一些非洲国家中，那些用来巩固政治支持的农业政策导致了粮食产量下降、农业出口下降以及收支失衡。④ 政治家对政治生存的利益诉求揭示了为什么他们实行一些导致农民贫困化并降低粮食产量的政策：政治家们为了得到比农村居民有更大的政治影响的城市居民的支持，有意实行有利于工业品而不利于农业品的交换政策，从而使食品维持在较低的价格水平上。低价政策减少了小农场主的收入，削弱了他们为市场生产的动力，从而降低了农产品的产量。在这些案例中，分析者们充分展示出政治动机是如何导致国家行动者采取低效的经济政策的。

另一条研究路径是将追求选票或政治生存最大化与特定种类的政策结果

---

① North, Douglass, Institutions, Institutional Change, and Economic Performance (Political Economy of Institutions and Decisions series), Cambridge: Cambridge University Press, 1990.
② Krueger, Anne, "The Political Economy of the Rent - Seeking Society", in *American Economic Review*, Vol. 64, 1974, pp. 291 - 303.
③ Buchanan, James, Robert Tollison, and Gordon Tullock (eds.), *Toward a Theory of the Rent-Seeking Society* (Economics Series No. 4), College Station: Texas A & M Press, 1980.
④ Bates, Robert, *Essays on the Political Economy of Rural Africa*, Berkeley: University of California Press, 1983.

联系起来。唐斯指出，在两党体系中，试图使当选可能最大化的政党所提供的政策会向选民偏好的中心聚集①，因为处于两极中的两党是否取胜多取决于中间选民的态度。布坎南和塔洛克指出，经济中各种无效率的政府干预可以解释为是政治家追求选票的结果，因为这些政治家想要保住选民的支持与特殊利益集团的选举捐款。②

泽比利斯提出的否决权博弈者模型（veto player model）运用理性选择理论解释了政策结果。③ 否决权博弈者模型论证了政治制度如何改变标准空间模型预期的政策结果，指出如果必须是政府中的所有部门或统治联盟中的所有政党都支持某一政策，这项政策才能通过，缺一不可，那么每一个部门和政党都是否决权拥有者。这时，在其他要素不变的情况下，政治体系中拥有否决权的博弈者越多，他们在政治空间中分布越分散，政策就越难以改变。

一些比较政治学者研究了新兴民主政体的选举制度对政治体系中政党的数量和选票转化为席位所能起的平衡和公平性作用，指出新兴民主政体的政治制度影响着政治家们对官职的理性追求，不同的选举规则和政治制度对不同类型的党派以及政治家行为有不同的影响。④ 这些论点隐含着这样一种逻辑假定，即政治家们总是理性地追求官职和选择策略以实现自己的政治目标。选举制度和政治制度之所以会影响政治家的选择，是因为它们决定了政治家在谋求官职时可用的策略以及每项策略的成本和收益。

对新兴民主国家制度民主化的研究极大地扩充了人们以往对选举制度的认识。大部分新兴民主国家实行总统制或半总统制，总统选举导致了派别体系中的向心激励，这与单一席位选区的情况相同。在实行比例代表制选举的地方，选举体系被推向两个方向——被总统选举推向两党中心主义，被比例

---

① Downs, Anthony, *An Economic Theory of Democracy*, New York: Harper and Row, 1957.
② Buchanan, James and Gordon Tullock, *The Calculus of Consent*, Ann Arbor: University of Michigan Press, 1962.
③ George Tsebelis, "Decision Making in Political Systems: Veto Players in Presidentialism, Parliamentarism, Multicameralism, and Multipartism", in *British Journal of Political Science*, Vol. 25, 1995, pp. 289 - 325.
④ Remington, Thomas, and Steven Smith, "Electoral Institutions and Party Cohesion in the Russian Duma", in *Journal of Politics*, Vol. 60, 1998b, pp. 417 - 439.

代表制立法机构选举推向意识形态上更为分化的多党制。①

在那些同时举行总统和议员选举的地方,总统选举的辐射效应很有力,给议员选举以很大的影响,有竞争力的总统候选人会大幅拉升本党议员候选人的选票,而那些无法竞争总统职位的政党趋向于弱化。(但这种情况只是在较少的程度上适用于成熟的民主体制,因为在那里选民对候选人有较成熟的判断,受总统选举的影响会小得多。——笔者注)这种情况会推动政治力量或选民理性地向能够竞争总统职位的政党靠拢,因而趋于产生两党体系。在那些不同职位的竞选安排在不同日程的地方,没有希望赢得总统选举的党派仍然可以在议员和地方选举中有良好的表现,因而这种选举制度比总统选举与议员选举同时举行的选举制度给这些党派留下的生存机会更多一些。② 总统复选制也同样鼓励小党派的持续存在。对于有一定规模的小党来说,与其去组成预选联盟,不如进入第一轮选举,这样他们就能够在第二轮选举中获得作为盟友讨价还价的权力。同时,在复选制下,由于在第一轮选举中总统候选人较多,因此,这时如果是议员选举与总统选举同时举行,那就意味着小党这时也有机会在议员选举中当选。由此,在那些实行复选制的政治体制中,党派分化程度就可能比较严重。在议会体系中,选区的大小对党派分化程度影响最大,但是在总统制体系中,选区大小的影响小于复选制和选举日程的影响。③ 不同的选举制度既可能是政治家理性行为选择的结果,例如台湾 2010 年以来实行的选举制度就是国民党和民进党这两大党协商的结果,它不利于小党参与选举;同时这种选举规则也影响着政治精英争取选票和选民提出利益诉求的理性选择。

---

① Carey, John, "Institutional Desipi and Party Systems", in *Consolidating the Third Wave Democracies: Themes and Perspectives*, edited by Larry Diamond, Marc Piattner, Yun - han Chu, and Hung - mao Tien, Johns Hopkins University Press, 1998.
② Shugart, Matthew, "The Electoral Cycle and Institutional Sources of Divided Government", in *American Journal of Political Science*, Vol. 89, 1995, pp. 327 - 343.
③ Jones, Mark, *Electoral Laws and the Survival of Presidential Democracies*, Notre Dame: University of Notre Dame Press, 1995.

比较政治学者们不仅对总统选举或议会选举本身进行研究，还进一步分析了总统权力与立法机构权力之间的关系，企图在两者之间建构一种分析模型。他们的研究集中于新兴民主国家政治转型后民主政府的争斗，并预设民主政府的下台是由于总统与立法机构之间的争斗。这与90年代以来在一些国家发生的总统与立法机构的争斗不无关系，在俄罗斯和东欧、拉丁美洲和东亚的一些国家和地区都发生过这样的争斗。一般来说，这种争斗会发生在两种情况中：一是出现了少数派政府或政府和议会之间出现了分裂的局面。如果执政党在立法机构中占大多数，斗争和僵局的可能性显然就较低，所以分析者都主张那些提升党派体系分化程度的选举规则，这些规则有利于两党制和稳定，反过来会增强少数派的力量和当选总统的可能性；同时，当选的一党在议会中占多数的可能性也增大。

二是如果总统在设置立法议程、否决立法和发布政令等方面的宪法权力过小也增加了出现总统和议会之间争斗的可能性。似乎有一个普遍的事实是，如果总统无需立法机构的支持就可以做很多他想做的事情，出现僵局的可能性就会小得多。有人对由宪法权力和党派性权力制约的总统权力进行了讨论。① 党派性权力是指总统在立法机构中得到支持的程度。一般来说，如果总统获得了较大的党派性权力的支持，就会成为强势总统。目前，不管是在将总统与立法机构的关系理论化这一方面，还是在明确展示不同制度安排的经验后果这一方面，都还有待于进一步的研究。

这些研究都关注于政治制度的作用，这就不可避免地要回到最初的问题：制度是由什么引发和设立的？

由此，比较政治学者在这一领域的研究中还进一步地试图解释新的政治制度创立的原因。经济学家对制度变化所作的大部分解释都假定绩效的增加导致了变化，却没有考虑在绩效增加中谁是收益者、谁是失益者，以及他们

---

① Mainwaring, Scott, and Matthew Shugart, "Conclusion: Presidentialism and the Party System", in *Presidentialism and Democracy in Latin America*, edited by Scott Mainwaring and Matthew Shugart, Cambridge: Cambridge University Press, 1997a.

在制度创新中的具体作用。理性选择理论所面临的挑战就是修正这样的经济学论点，把不同行动者追求其各自目标时所产生的影响以及多人选择聚合起来所产生的影响融合起来。政治转型期是研究这一问题的最佳时机，因为转型国家在这一时期都选择了新的民主制度，至少是修正了旧的制度，这时影响制度变迁的各种因素是显性的，对它们进行探讨也最容易。有的学者探讨了拉丁美洲和东欧一些国家在转型期影响制度变迁的一些因素，指出选择新政治制度是相关的政治精英为了增大自己在党派间的协商会议、立法机构和立宪会议中的话语权，提升自己地位，正是这些人理性地选择了新的制度。[1]

理性选择研究对制度是如何创立的另一项重要研究是探讨新独立或刚实现政治转型的国家中，为什么种族性政党可以发挥重要的作用？一种观点是，那些想要成为政治领袖的人之所以凸显并鼓动种族认同，是因为在种族团体中先前的组织和人际网络资本大大降低了建立新组织的成本。[2] 在那些种族团体成员因其种族特性而处于不利地位且受到排斥的地方，或者在那些有激烈的种族对立和冲突的地方，种族团体成员尤其会组织起来并响应政治参与的努力。然而，持续的种族动员很少是自发的，而是政治家将种族动员视为实现其追求政治权力的最佳策略，从而煽动种族情绪并将其制度化的结果。

布坎南和塔洛克是最早主张政治制度是政治动机的产物的学者，他们认为只有理解相关个人的目的，才能理解制度是如何建立和运转的。[3] 此后，出现了一系列从这一视角研究政治制度的成果，例如，关于美国国会委员会的制度创新的研究[4]，关于英国下院议员和法国选举法中提名程序的变化的研

---

[1] Frye, Timothy, "The Politics of Institutional Choice: Post-Communist Presidencies", in *Comparative Political Studies*, Vol. 30, 1997, pp. 523 - 553; Colomer, Josep, "Strategies and Outcomes in Eastern Europe", in *Journal of Democracy*, Vol. 6, 1997, pp. 72 - 86.

[2] Bates, Robert, "Macropolitical Economy in the Field of Development", in *Perspectives on Positive Political Economy*, edited by James Alt and Kenneth Shepsle, Cambridge: Cambridge Univereity Press, 1990.

[3] Buchanan, James and Gordon Tullock, *The Calculus of Consent*, Ann Arbor: University of Michigan Press, 1962.

[4] Cox, Gary, and Mathew McCubbins, *Legislative Leviathan: Party Government in the House*, Berkeley: University of California Press, 1993.

究①,关于西德②、拉丁美洲和东欧对代议制和选举规则的研究③等,均已经从理性选择的视角被解释为是政治家努力保证自己选举成功的可能性最大化的结果。

理性选择理论对国家体制中的行动者的研究阐明了以选举为导向的政治家和自利的官僚之间的理性动机和博弈关系影响了立法监管、政策执行以及提供公共物品和选民服务。从假定自利的政治家追求政治成功的可能性最大化开始,加上给定的政治体系提供的背景,一系列论证为政治结果提供了解释。他们提出的论点大多数都得到了可靠经验证据的支持。

四、政治行动者之间的策略互动

这方面的研究主要围绕个体是如何进行决策的这一问题而展开的,它把政治生活中的个体行动者之间的策略互动看成是政治决策产生的主要原因。

理性选择理论认为行动者具有策略互动的特性,而博弈论是用来阐明行动者互动的最重要的工具,它为个体之间的策略互动会产生社会结果这一理性选择的标准用法进行了注解。在非博弈论的情景中,个人被假定在环境限定中追求他们的目标;在博弈论的情景中,行动者在决定如何更好地达到目的时,既要重视环境限定,更要重视其他行动者的理性策略行为。由于策略行为和相互依赖是政治的基本特征,所以博弈论为理解政治行动者和政治过程提供了一种特别有用的方法。④

博弈指的是两个或多个参与者根据相互依赖的利益行动的情况。参与者被假定是理性的,也就是说,他们总是通过选择能够给他们带来最大利益的

---

① Tsebelis, George, *Nested Games: Rational Choice in Comparative Politics*, Berkeley: University of California Press, 1990.
② Bawn, Kathleen, "The Logic of Institutional Preferences: The German Electoral Law as a Social Choice Outcome", in *American Journal of Political Science*, Vol. 37, 1993, pp. 965 - 989.
③ Frye, Timothy, "A Politics of Institutional Choice: Post-Communist Presidencies", in *Comparative Political Studies*, Vol. 30, 1997, pp. 523 - 553; Geddes, 1995, 1996.
④ 〔美〕芭芭拉·格迪斯:《范式与沙堡:比较政治学中的理论建构与研究设计》,陈子恪、刘冀译,重庆大学出版社2012年版,第133—134页。

策略来行事。决策不是仅仅根据自己的需要而作出的，而是要考虑其他参与者在对自己决策的反应和影响，在此基础上才能进行决策。博弈可以是常量博弈，也可以是变量博弈；可以进行一次，也可以进行多次；可以只存在一个均衡，也可以有多种解决方案，甚至没有任何解决方案。

区分常量博弈或静态博弈和变量博弈或动态博弈是很重要的。动态博弈给参与者提供了一个针对他人的决定而作出反应的机会。在许多场合中，这样的博弈比静态博弈能更好地描述出策略互动的关系。在最简单的博弈类型中，参与者在两个策略中选择一个，而在复杂的博弈类型中，他们要在多种策略中进行挑选。当一个参与者不管其他参与者会作出何种行动而始终选择一种策略时，这种策略被称为占优策略。

很多博弈论研究的一个缺点是过度地依赖数学和理论，而欠缺可信的经验验证。策略博弈者间的互动所具有的高度复杂性很难用数学表达，也就是说，尽管数学计算本身是精确的，但哪些因素进入博弈模型而被计算则是难以精确的。"主要的问题不是学者们数学用得太多了，而是那些数学公式没有实际效用、无足轻重和琐碎。"[1] 如果用数学语言表达的这些思想具有重要价值，那么它很可能可以被转化成文字来表达，尤其是在政治学领域，而那些数学语言并不能转化为有价值的文字。因而我们不能忽视博弈论中那些技术性和抽象性较弱的应用方式，这些应用方式已经被证明是富有实际成效的。

对于思考政治问题而言，博弈论最重要的贡献之一就是囚徒困境，它是集体行动问题的典型特征。

我们可以通过下面这个故事对囚徒困境的概念有一个基本的了解：两个囚徒被指控犯有一项严重罪行，被囚禁在不同的牢房中，因此他们之间无法交流。在审讯时他们有两个策略可以选择：保持沉默或承认有罪。而公诉方的麻烦是没有足够的证据来证明两人是主犯，然而，却有足够的证据表明两

---

[1] M. Anderson, *Impostors in the Temple: American Intellectuals Are Destroying Our Universities and Cheating Our Students of Their Future*, New York: Simon and Schuster, 1992, p.101.

人都参与了这项罪行，这与主要的罪行比起来，已知罪行所受的惩罚要轻得多。审讯人员分别审讯了两个囚徒，向他们提出了下列建议："如果你们供出了你的同伙，而他没有供出你，我们会免除对你的惩罚，放你出去。如果你不讲，而你的同伙讲了出来，我们就判你10年监禁。如果你们两个人都不讲，你们也跑不掉，我们会用我们已经掌握了确凿证据的罪行判你们一年监禁。如果你们两个人都互相把对方供出来，那我们该怎么办呢？在这样情况下，我们之前的协定当然就不能全部落实了，但我们会欣赏你的合作，只判你5年。"

面对上述选择，每个囚徒会这样想："如果我的同伴保持沉默，而我告密的话，我就能获得自由。另一方面，如果我的同伴选择告密，而我拒绝坦白的话，就会被判10年；如果我也把他供出来，就只会被判5年。因此，无论我同伴的选择是什么，我最好的选择就是告密。"按照这一理性的选择行动，结果是两个人都被判了5年。这对公诉方来说当然是比较满意的结果。但对囚犯来说，他们意识到如果两人都选择沉默的话，他们本来只会被判一年。

这样，随着时间的过去，经过反复出入拘留所，这些囚徒会认识到保持沉默的好处，即经过一定轮数的博弈之后，参与者会建立起一种战术协作。然而这同理性思维方式有着明显的矛盾，不符合理性逻辑之处在于，学会非理性行动的参与者会比那些一贯按照理性行事的参与者获得更多的好处。[①]

试验说明，如果囚徒困境中的参与者只有两个人的话，最终达成合作的可能性较大，但是如果是一个多人模型的话，那么达成合作的交易费用就会上升。再看上述关于在汽车上安装催化器以减少空气污染的例子，这时，在汽车上安装催化器的支出总是高于个人所得，所以合作所得永远低于不合作所得。具体来说，因为个人安装了一台催化器，它给空气造成的污染接近于零，所以安装催化器对安装者来说是划不来的。如果所有人都采取合作态度，

---

① 特乌·米特伯：《囚徒困境：理性选择的悖论》，见〔挪威〕斯坦因·U. 拉尔森主编：《政治学理论与方法》，任晓等译，上海人民出版社2006年版，第117—118页。

那么每个人的所得就要超过不合作所带来的好处。如果大批的汽车上都装上催化器，所有人都会得益于清洁的空气。这种所得在最后将会弥补并超过在每辆车上安装催化器的花费。

简言之，囚徒困境就是一种非合作的变量博弈。它所描述的基本逻辑是，对于两个或更多的行动者来说，如果他们合作，他们的境况都会得到改善，但是如果不存在具有约束力的协议，每一个选择不合作的人境况都会在没有付出的情况下得到改善。因为拒绝合作对于每个人来说都是理性的，因此没有人会合作；这样，目标就不会实现，所有人的境况都比他们能够合作时要糟。大部分对囚徒困境的研究都关注一次性互动与重复互动之间的不同。对于所有的局中人来说，尽管一次性博弈中的不忠总是理性的，但在多数情况下，如果博弈反复进行，合作就是理性的。这与在实践中得出的普遍结论也相吻合，博弈的次数越多，越有可能出现合作的解决方案。

囚徒困境博弈已经被用来解释国际关系中的很多情况，诸如国际关系中国与国之间的博弈。例如，建立国际联盟需要什么样的利益基础，一直是国际关系研究中应用理性主义理论的现实主义和自由主义学派所关注的重要问题。联盟的形成需要一定的利益基础是一个常识性问题，但是，什么样的利益会导致什么样的联盟，却是一个复杂的问题，"典型的联盟是根植于充满各种不同目的和不同利益的动力场之中"[①]。韦茨曼指出，根据国家间威胁水平的不同可能建立不同的联盟，"当威胁水平较低时，国家有可能同潜在的朋友或敌人达成低水平的承诺协议……当国家之间的威胁水平上升时，它们有动力形成某种联盟以管理、约束其盟友。这样，彼此之间的威胁就变成互惠和对称性的，而非一个国家向另外一个国家屈服。如果这种威胁水平继续上升，受到威胁的国家将会寻求制衡。而当一个国家的威胁水平达到极高的程度，可以影响其他国家的生死存亡时，这些国家将会向更强者屈服，追随后者以

---

① 〔美〕汉斯·摩根索：《国家间政治——权力斗争与和平》（第七版），徐昕、郝望、李保平译，北京大学出版社2006年版，第244页。

应对眼前的威胁"①。国家的这些理性的利益选择都与国家的安全利益有关。当然,有时国家建立联盟并不是仅仅考虑安全利益,还可能考虑到多获取经济利益等其他利益的考量。②

囚徒困境博弈用来解释国内政治中的情况则更为普遍,其中多党政治联盟的情况与国际联盟的情况有诸多相似之处,而国内政治中个体之间的博弈也非常普遍。一项研究表明,对政府中的每个部长来说,在争取资源时他们是相互的弈者,都会选择占优策略。对他们每个人来说,选择尽力在公共支出中为自己的部门找到尽可能大的份额是理性的,然而,随着一定的界限被突破——这些界限取决于部长的人数和公共支出的数额即争取经费所要花费的成本——就会导致集体的非理性。当到达这个界限的时候,对所有的参与者来说,较好的选择是保持沉默,而不是就他们的要求提出意见。

对"囚徒困境"提出的一个批评是,故意选择了一个次优结果的参与者不能说是完全理性的。因为一旦一个人认为个体理性不需要同集体理性相一致,在这种认识上行动在严格意义上来说就是不理性的。人们也提出这样的观点,即人们不是不顾逻辑,而正是因为逻辑需要才以一种对个人来说不理性的方式行事,目的是为了追求集体理性。然而埃尔斯特于1989年指出,理性这个词是只针对个人而言的,不能用在集体身上。当一个参与者一经发现一种策略优于其他已知策略而没有采用这种策略时,他才是不理性的。

正是理性的愿望会导致不理性的行为:有的人为了获得最充分的信息而无止境地搜集信息,无异于浪费时间;对单个猎手来说,理性地获取利益就是射杀眼前的鹿,而不顾自己的行动肯定会吓跑剩下的兽群,因为他担心别的猎手会不遵守规则。但是,理性选择的批评者指出,在一定的文化中存在着某些社会文化规范,这些规范会赶走或者嘲笑那些只顾自己理性或利益而企图对抗集体的个人。这样一种集体反应的机制是用来保证集体利益的。

---

① Patricia A. Weitsman, *Dangerous Alliances: Proponents of Peace, Weapons of War*, California: Stanford University Press, 2004, p. 4.
② 宋伟:《联盟的起源:理性主义研究新进展》,载《国际安全研究》,2013年第6期,第6—9页。

还有，在囚徒困境中，参与者被假定为理性的自我主义者，但是我们不能完全排除人的利他主义可能性。例如，可能存在一些人，他们努力达到康德所称的绝对命令的要求：不管其他人会怎么做，我都应该选择合作策略；我希望其他人怎么做，我就应该作出同样的行为。当然，这种原则反映的不仅仅是利他主义，因为参与者自己也选择这种策略，认为这是自己获利的选择。

关于政治行动者之间策略互动的研究也扩展到对新的民主化尤其是新兴民主国家的制度变动中去，因为在新近的这一变化过程中是最有利于厘清政治行动者之间的策略互动和制度是如何决定不同的政治行为并影响策略选择的。

理性选择研究早期的应用是探讨民主政治的运作，主要是关注西方民主国家的选民、利益集团与政治家以及官僚之间的交换关系，认为政治过程能够将分散的个人偏好整合为公共政策。随着民主化向后发展中国家的扩展，理性分析的对象也不断扩展，民主化问题进入了它的视野。布坎南等学者认为，在坚持个人本位的前提下，宪政民主秩序能够通过"契约主义"的方式建构出来。由此，民主发展的具体过程成为理性选择研究的中心议题，政治行动者的角色与功能逐渐从宏观结构分析中凸现出来。他们认为，在政治过程或民主化过程中，政治人物的行动选择与策略互动直接影响着民主化的走向。[1] 从理论范式的角度来看，微观取向的理性分析进入比较政治领域，反映了社会科学方法在研究民主转型领域中的创新，它建立起以行动者为中心的政治过程研究范式。

在以行动者为中心的政治过程研究范式看来，政治转型能否实现在很大程度上取决于行动者的策略选择：

首先，个人行动者范式还直接关注民主制度的发生形态，认为民主转型

---

[1] 〔澳〕杰佛瑞·布伦南、〔美〕詹姆斯·布坎南：《宪政经济学》，冯克利等译，中国社会科学出版社2004年版，第25页。

并不完全是社会经济结构的产物,它在很大程度上是关键力量在社会冲突中政治妥协的结果。因此,行动者范式对后发国家的民主化持乐观态度,认为娴熟的谈判技巧能够推动政治转型。① 在方法论特征上,行动者范式以具有自主性的行动者而非具有制约性的社会结构作为出发点,认为政治精英的策略选择直接影响民主化进程。

其次,民主制度是基于行动者策略性互动形成的内生均衡而产生的。民主转型的目标是建立民主政体,民主转型的主体是具有现实利益诉求的政治行动者,对他们而言,在不损害自己核心利益的条件下,支持民主方案才是理性的。为了实现民主转型这一公共目标,人们需要集体行动,行动者决策和行动的集合而非个体的独立意志和行动决定着最终的结局。当没有任何集团或政治派别可以将自己的意志强加给其他团体或建立专制政体时,作为集体选择结果的民主转型才能实现。民主化的进程不是由社会结构的外部制约所决定的,而是行动者策略调适的一种政治过程,它体现的是一种制度均衡。②

再次,民主化具有一定的偶然性,民主化的结局在很大程度上取决于行动者的主观的策略选择,而非行动者所处的客观条件。③ 民主化的前途具有多种可能,行动者选择合作还是对抗直接决定着政治转型的后果。在威权政体解体后,政治前景可能出现各种变数,比如,由于社会和政治结构不支持建立完全的民主制度,因而民主力量的努力就会遇到困难;虽然社会的基本力量支持建立民主制度,但威权力量却和民粹相结合而产生强大的反民主力量,民主政体的建立也会陷入困境;如果社会和政治结构支持建立民主制度,主要政治力量也选择了民主,则民主政体的建立就会顺利得

---

① Herbert Kitschelt, "Comparative Historical Research and Rational Choice Theory: The Case of Transitions to Democracy", in *Theory and Society*, Vol. 22, No. 3, 1993, p. 414.
② 〔美〕亚当·普沃斯基:《民主与市场》,包雅钧等译,北京大学出版社 2005 年版,第 11 页。
③ Terry Lynn Karl, "Dilemmas of Democratization in Latin America", in *Comparative Politics*, Vol. 23, No. 1, 1990, p. 6.

多。当民主转型的时机出现时,政治行动者的作用是至关重要的,他们的策略应该是通过适当的妥协扩大民主化空间,而不是在零和博弈中阻塞民主化空间。为了避免长期政治不稳定的失衡局势,民主过程应以民主行动者的策略互动而不是意识形态对抗作为典型特征。[1] 其关键在于改革派与温和派建立共识,通过谈判和妥协移转权力。由此可以看到,民主的理性选择始终贯串于其中。

最后,民主转型有赖于精英之间的协商,这意味着政治不确定性会长期存在。民主是内在具有不确定性的体制,单个政治力量并不能单方面控制博弈局面,包括群众运动、政府中的争斗和选举结果,而竞争性选举是合法执政的必要程序。民主转型是建立在主要社会力量之间谈判的基础上的,"它只能源于讨价还价"[2]。政治精英此时发挥的作用在于节制极端主义冲动,在当政派和反对派之间寻求最大化的利益交集,建设性地商讨制度方案。民主化协商是包容性与排斥性的统一,为了推动政治转型需要将关键力量纳入谈判过程,为各集团利益提供保证,同时排除威胁政治转型的行动。在寻求妥协的情境中,谈判者必须调整利益最大化的偏好,关注对方的策略回应,将多方利益统一于谈判过程,接受"次优"的选择。[3] 行动者在信息有限的情境中设计政治制度并分散风险,促使政治力量进入开放性和不确定性的竞争过程,通过规范化方式追求自身利益,从而不断建构和完善民主体制。

学界对以行动者为中心的民主化理论提出的批评是,这一理论超越宏观结构的微观研究容易有"唯意志论"倾向:行动者可以无视社会条件的约束,自由选择民主转型的方式。当然,理性选择理论的支持者也关注到制度的作

---

[1] Josep Colomer, "Transitions by Agreement: Modeling the Spanish Way", in *American Political Science Review*, Vol. 85, No. 4, 1991, p. 1286.

[2] 〔美〕亚当·普沃斯基:《民主与市场》,包雅钧等译,北京大学出版社 2005 年版,第 57 页。

[3] Dankwart Rustow, "Transitions to Democracy: Toward a Dynamic Model", in *Comparative Politics*, Vol. 2, No. 3, 1970, p. 357.

用。卡尔提出了"结构化偶然性"（structured contingency）的概念，指出行动者的策略选择要受社会结构的限制。① 在民主转型过程中，威权体制的约束力量趋于弱化，民主行动者可能会产生②，以为自己能够在无限可能的结果中作出选择。无论是保守势力的复辟还是激进的改革往往都是行动者主观上产生了"自我赋权的新感觉"而罔顾客观条件我行我素的行为，但现实不会完全按照他们的意志发展。法国大革命是一个很好的例子，革命由温和向激进不断升级，革命的激进派认为革命就是一切，结果是不但这些革命派被送上了断头台，而且整个社会状况也回到了革命初期所建立的政治结构的水平上。这表明，既有的社会结构作为客观存在，依然能够影响行动者的行为方式。民主转型不能完全看成是行动者主观努力的结果，而是行动者策略嵌入在结构化情境之中的结果。

以行动者为逻辑起点的民主化理论本身的局限性决定了结构仍有发挥作用的空间。在政治转型过程中，奥尔森的集体行动理论可能使自主性受到约束，因为根据理性选择的逻辑，推翻威权政府是公众均可受益的集体行动，每个理性人的最优策略就是搭便车，从而寄希望于他人率先行动，所以最终会出现集体非理性的囚徒困境。在出现超越这种短视的卓越领导者的情况下，推动变革的集体行动或许能够发生，但这往往是另一个威权政府重新开始的序幕，因为精英人物的利益最大化选择是将大众排除在统治之外而不是与之分享权力，所以依靠精英人物的转型只会在转型后加强精英而不是民众的力量。

由此看来，只有在国家内部出现政治力量平衡的条件下，民主政府才能形成。③ 在近于均势的力量对比结构中，任一集团都不能垄断权力，这排除了

---

① Terry Lynn Karl, "Dilemmas of Democratization in Latin America", in *Comparative Politics*, Vol. 23, No. 1, 1990, p. 5.
② Albert Hirschman, "Exit, Voice, and the Fate of the German Democratic Republic", in *World Politics*, Vol. 45, No. 2, 1993, p. 187.
③ Mancur Olson, *Power and Property*, New York: Basic Books, 2000, pp. 31-32.

威权统治者出现的可能。为了解决彼此之间的利益冲突,各社会集团的代表将组成集体决策机构,设计分权制衡的民主制度。这样,集体行动理论尝试为转型政治研究奠定微观基础,以理性行动者作为起点分析民主化的动力,却最终认可了社会结构的约束作用。①

小　结

尽管我们把理性理论在政治分析中的应用划分为三个主要方面或路径,但其内容有相当一部分是重合的,例如,它们都认为政治结果是由行动者之间的策略互动所引发的,对国家和社会中的政治行动者的研究都包含在这三个方面或路径之中。

---

① 高春芽:《结构约束与理性选择的辩证——当代民主转型理论的发展》,载李路曲主编:《比较政治学研究》第5辑,中央编译出版社2013年版,第9—16页。

第三章 文化主义理论及其分析方法的演进

第一节 文化分析中的诠释理论

比较政治中文化分析方法的核心是对政治现象进行诠释，在此基础上，它建立了不同的分析模型，其中人文主义的诠释模型把主体看成是有高度自主性的主体；具有社会科学倾向的诠释模型在承认主体自主的基础上把理性看成是纯粹的和具有一定普遍性的；以后结构主义和后现代主义为基础的诠释理论主张对传统与实践进行去中心化，同时，否认普适性的主体和理性；新的反基础主义的诠释模型是在一定程度上承认了主体和理性，主体要受客体的制约，理性不具有普遍适用性，而是一种有限推理。无论是哪一种分析方法，都是以经验研究为主，没有摆脱文化分析的模糊性和潜在性，尽管程度不同。

一、诠释在文化分析中的地位和作用

文化分析中的诠释理论关注的是塑造行为与制度的意

义及其样式。它的基本认知是，只有理解了相关的意义，才能正确地理解人的行为。因此，诠释理论之所以关注信念或意义，是因为它在行为、实践和制度中发挥着重要作用，并且为行为、实践和制度设定其运行的规则和框架。诠释理论具有反实证主义的特质，认为人们生活的这一意义特征使得自然科学的分析模式不适用于社会和政治现象的研究。

诠释的作用来自于两个基本的假定。第一个假定是人们总是根据自己的信念与偏好行动，因而可以通过研究相关的信念与偏好来解释人们的行为。然而理性主义者反对说，由于人们无法证实信念与偏好本身，所以这种阐释方法不具有普遍应用性。他们试图通过把人们所处的实际状况与行为联系起来的理性主义方式来避开信念，例如，认为阶级地位与投票指向相关；认为理性会导致人们在通货膨胀时提高利率。而文化主义却不这样认为，由此，文化分析的第二个假定就是，在很多情况下，无法根据客观事物，诸如人的社会阶层、种族或在制度中的位置，来解读人的信念和偏好，这是对理性主义的批判。这种对信念和偏好的纯体验的不可能性，意味着我们不能把它们简约为纯粹的介入性变量，例如，当一位候选人去竞争某一职位时，有些人会把这看成是对于权力、利益和政治抱负的追求，但在他的家族看来，这更可能是在继承家族传统，甚至是一种应尽的义务。在美国这样一个缺乏传统并充满着理性主义和创新精神以及后现代性的国家中，却有着大量的家族政治世家[①]，那些政治家们并不完全是出于对权力的迷恋才世代从政的，一方面其家族中的许多人既不从政也不关注政治，另一方面有一些人却在家族政治传统的感召下把从政作为一种使命。在这里，人们是根据自己的特定观念来定位他的行为的，因而可能会有很大的不同。这两个假定从不同方面说明了诠释的重要性，说明诠释可以解释社会生活的某些特征，而这是其他理论所难以解决的。例如，在对一项政策是否尊重了人权而进行争论时，人们需要弄清事实，而这首先需要了解具体社会的状况或人权的背景，它的人权观念

---

① 〔德〕罗纳德·D.盖尔斯特：《主宰美国的豪门世家》，宋新郁译，作家出版社2007年版，第1—240页。

的内容与作用，否则，如果人们根据一个社会的人权标准来要求另一个社会的人权行为，就只是形式上而不是内容上的平等，因而就很难在真正平等的意义上对话。

  关于文化的平等性，有一个重要的案例值得思考。从 19 世纪中后期到 20 世纪 60 年代，在 100 多年的时间里，澳大利亚政府曾立法强制对土著人采取同化政策，成千上万的土著儿童被从家人身边带走，接受白人的抚养和教育，这些土著儿童被禁止说土著人语言，从此成为澳大利亚"被偷走的一代"。尽管澳大利亚政府最初实施这一政策是基于为土著儿童着想的良好目的，把他们从原始的生活状态带入现代生活，但是把土著儿童与他们的家人分开从后来看被认为产生了长期的负面后果。《带他们回家》调查报告指出，那些被强制带离家园的土著儿童通常成年后会更容易陷入贫穷，更容易犯罪，也更容易缺乏自信。澳大利亚土著人领袖多德森认为，作为澳大利亚政府强制带走土著儿童政策的后果是澳大利亚土著人社会的畸形发展，土著人家庭破碎、酗酒和吸毒的现象非常普遍。土著人青少年犯罪率比澳大利亚青少年平均犯罪率高 30 多倍。多德森说："每个故事都蕴含着各自小小的悲剧，而这些悲剧加在一起，就变成了一个民族的悲剧。"然而，如果他们不卷入现代化进程，那他们仍然过着落后与时代的生活，今天的澳大利亚土著人仍然是该国最为贫穷的社会群体，他们中许多人都在偏远的内陆定居点过着简陋的生活。① 2008 年 2 月 10 日，时任澳大利亚政府总理陆克文正式向土著居民道歉，现在，澳大利亚全社会都认识到这一历史事件的错误。所以，在一些人看来，尽管白人收养了土著儿童，尽管给他们提供了更充沛的物质和更现代的教育，但这种强制性改造却使土著人改变了自己的文化，这种文化的去根化或畸形发展给他们带来了巨大而深远的悲剧。

  正是由于科学方法难以完全而充分地解释政治现象，所以诠释是不可或缺的。人们根据他们的信念与偏好行事，但是却无法对那些信念进行证实，

---

① 马晶：《南国早报》，2007 年 12 月 3 日。

因此，当人们试图去解释信念与行为之间的因果关联时，却发现在自然科学中可以明确找到的关联性，在政治世界里却很难确定。然而，我们仍可以通过阐述信念、愿望、意图与行为之间的条件性的、自愿选择的关联性来解释社会和政治行为，这样，政治研究就在很大程度上依赖于叙事形式的解释。我们通过讲述一个关于它们是如何形成以及如何被保存下来的故事，来解释行为、实践和制度。在这里，叙事成为政治研究的基本方法，就如同普遍性的规则和理论是自然科学研究的主要方法一样。叙事性诠释的特点或定义就是使用信念与偏好来解释行为，它具有一定的时间顺序，并包含诸如背景、特征、行为和事件这些要素。这种叙事结构与我们对客观世界的特定认识相关。

一般来说，对意义身份的强调就意味着把诠释作为文化分析的中心，它重视来自日常生活中含糊的和碎片化的因素所蕴含着的意义，认为社群和个人的叙述和理解可以形塑和展现关于世界的意象，而在意象世界中可以找到关于社会和政治关系是如何组织和运作的解释。然而，只提供个体的描述是不够的，如果没有一个中介，外人是无法理解的[1]，而将文化与行动联系起来需要精细的本土化和社群学或民族学的知识和经验，没有对不同背景的理解，就很难从精细的、高度背景化的、隐含的诠释中推导出深刻而丰富的意义来，因此，只能在文化的比较中建构这种中介和解释。

文化分析对政治和社会现象进行解释的基本方法是社群学或民族学的实地考察、深度访谈和对案例包括事件、神话和仪式的深度分析等，最终通过成文或口述的材料形成解释。这种解释就是要从行动者的角度来理解为什么他们会以某种行动方式行事，以及这与特定背景的关系，进而对其作出"合理的"解释，并说明其他解释的不合理性。然而，在行动者所提供的故事之意义与研究者对其理解之间往往存在着很大的差距，这就需要在两者之间进

---

[1] Scott, James C., *Weapons of the Weak: Everyday Forms of Peasant Resistance*, New Haven: Yale University Press, 1985, pp.138-141.

行文化沟通，以建立起既能让文化中人也能让文化外人理解的诠释。文化主义者寻求通过各种方法来进行这种沟通。

二、诠释的类型

对政治现象进行文化分析的诠释理论大体可以划分为四种类型。第一种类型的诠释理论是纯粹诠释性的，它立基于文化学和历史学之上，它依据的是那些试图理解人们赋予社会行为意义的解释哲学和现象哲学。[①] 这种哲学理论认为，日常的常识性生活世界给人们提供了体验的基础，但人们的常识性体验及其知识总是不完全的、可变化的，它是由各种碎片化的偶然的社会变化所造就的，人们任何时候只是暂时地体验和掌握这些知识，因此，社群学或民族学就成为这一理论的主要研究方法和工具。社群学和民族学关注不同形式的常识性知识以及发生在各种社会背景中的经验和现象间的实际推理，由此发现与行为相关的意义编织式样及其相关联性。它通过在微观上把话语或行为记载下来而深度地描述那个话语或行为，进而诠释社会话语和行为。因而社群学或民族学是通过探索意义来评估，进而比较这些探索并从中得出阐释性的结论。在这一过程中，它提供着诠释意义的一般性特征，生产相关的理论以提供表达象征性行为的概念，从而产生对过去的事实有说服力的诠释。因此，它的任务是深刻地描述和解释社会和政治现象，然后确定行为的意义。

这种理论认为主观性的文化意义比客观机械的物质观念更为丰富，强调特定背景的独特性，认为人们是根据这种独特性进行理解和行动的，不存在普适性的理解；强调各种文化背景的独特性及其对行动者的特定意义，而概括和普遍性规则毫无意义。[②] 由于意义是特定文化所特有的，所以这种文化分

[①] 〔美〕克里福德·格尔茨：《文化的解释》，韩莉译，译林出版社1999年版。
[②] Edgerton, Robert B., *Sick Societies: Challenging the Myth of Primitive Harmony*, New York: Free Press, 1992, pp. 23 - 45.

析多依靠案例研究来理解意义。而且,他们强调案例的独特性,认为个案的特征是由历史偶然性所导致的,而个体的发展是永无终结的历史的偶然性的聚合。进而,认为理论从来不会在所有环境下都以完全相同的方式实现,而个案不是没有生命的变量,也不仅仅是类型与抽象这种一般性的例证,实际上,所谓修正、例外和有条件反而是常态。因此,它认为比较主义者不应根据理想类型的理论和概括来进行思考,简言之,所有宏大的历史叙事与普遍性历史必须被解构。这种彻底的诠释主义观点彻底否认了比较的价值。这种强调独特性的社群学与民族学研究永远触及不到事物的根源,因为它的结论总是独特的,而很少能达致较为广泛的共识。

第二种持有社会科学研究倾向的诠释理论在接受文化的主观间维度概念的同时,努力识别将文化与行动联系起来的机制,寻找普适性的文化行为的规律性。例如心理人类学中有一种方法同时运用心理分析和认识论来解释文化是如何影响行为的,指出个体可以通过吸收、处理、修正文化信息和知识来生产关于世界的意象,而这些意象可以影响社群和个体的行动。

这种心理文化诠释通过研究个体的心理机制而获得了具有一定普适性的诠释。它是一个文化中的人们如何理解世界并将世界观与政治行动联系起来的工具,它可以对政治现象作出具有一定理性的解释,同时可以通过识别不同行动者的动机来阐明社群之间的差异和特征。其中所包含的理性主义可以在相当程度上去除文化与现实之间联系的模糊性,为社群成员提供较为明晰的心理和社会保护,从而巩固社群内部的社会和政治纽带;同时,它对不同动机的研究不仅可以诠释个体的特征,更重要的还在于可以阐明共享的社群特点或意义。

心理文化诠释是对被内化的和共享的意义的心理描述和演绎,是从早期的社会关系中入手进行心理文化研究,而这种社会关系是人们理解一个文化中特有的事件所不可或缺的。它不仅关注个体间相互作用的方式,而且关注一个社群对其他社群行为的预期和思考。它不仅关注行动本身,而且关注影响行动的背景因素，因为一种文化之外的事件很少能为文化内正在发生的行动提供清晰的解释，为此，需要建立一种文化内的解释框架，它不能是个体性的，只能是社群的或文化的。例如，现实中任何冲突的参与者都能够讲述"冲突因何而起"，但这种判断有时是一种错觉，很可能是一个不那么准确的信息处理和决策过程所导致的，其结果是不同参与者对冲突发生的原因、时间和过程的描述都相互矛盾。更严重的判断失误可能是因为他们是根据形成行动的不同文化背景来观察的，然而他们自己很难意识到这一点。无论是在一个社群或家族之间，还是在国家之间，许多争端都有很长时期的数代人的参与者，其中包含着长久积累的心理创伤或荣誉，它们不时会被激发出来并因政治状况的改变而添加新的创伤或荣誉。这可能是被现实的参与者或研究所忽略的背景因素，而它们是文化分析架构的不可或缺的有机组成部分。

由此看来，尽管人们总是寻求解释的精确性，但由于对文化背景缺乏充分的了解，缺乏文化分析能力，因而常常会发生认知上和概念上的错误，甚至文化差异还会放大这种错误。然而，对政治的诠释就是要将具体事件与文化背景或更为一般的理解联结起来，为参与者提供有说服力的解释。这种诠释的关键是政治参与者的动机，动机一旦被识破，就容易推测人的行动。因此，它不仅要求思考导致政治现象发生的直接因素，还要求分析导致其发生的相关因素。

心理文化诠释可以从人们对过去的经验和当前的问题以及未来所渴望的事情的细述中分析出某些要素，因为这些细述中包含着人们如何思考和概括他们所认知的政治世界。当我们倾听细述时，要分析来自不同社群的叙事中所蕴涵着的差异，他们都会选择关键性事件来表述自己争取支持者的过程和证明其经验是有意义的。我们可以看到一些社群在描述自己所经历的长期的社群冲突中蕴含着根植于文化的渴望、挑战和深度恐惧。如果一个社群因无法承受某个创伤而感到屈辱、愤怒和无助，或某个巨大的胜利或荣誉，那么这种创伤或荣誉事件中所蕴含的情感意义就会融入到其身份之中，并将这种情感与相关的符号意义一代一代地传下去。在需要强化社群冲突时，可以通过呼唤这种创伤事件所产生的隐喻和符号中所蕴含的深层的恐惧和威胁而动员社群成员的支持。不同的民族经历中的重大历史事件可能成为它们长期冲突的蕴涵着特定文化意义的符号和隐喻，例如20世纪30—40年代的太平洋战争所留下的民族记忆就成为日本和被侵略国家之间具有深层文化意义的符号性事件。

心理文化诠释既可以反映社群内的特性又可以强化社群之间的边界，从而建构着身份。关于过去的创伤和荣誉的表述加强了个体与社群之间的联结，其中所包含的对于社群的威胁可以转化成冲突的动力。要消除这种威胁感就要认真对待参与者所描述的故事中所包含的想象中的身份威胁，不能仅以某种外在的或固定的标准来衡量参与者的理解是对还是错，而是要理解它们对于参与者本身的意义。只有在这种故事所表达的深层威胁得到处理之后，一个社群才可能与其"敌人"谋划和平的未来。历史和现实中许多的文化、宗教和种族冲突无不如此。由此看来，心理文化诠释在建构社群身份中发挥着重要作用，因为通过诠释可以使人们理解历史中各种故事的竞争状况，识别一个故事是如何被接受的，同时为何拒绝其他的故事和解释，从而凝聚了这一群人而排斥了另一群人。这种诠释既见于人们的细述之中，也见于反映社群历史的关键事件的公共仪式和神话之中。仪式和神话在这里之所以重要，在于它们所蕴涵和强化的一个社群的历史的文化意义和隐喻，当然也在于由此而产生的并为政治家所看重的政治动员能力。

第三种诠释理论或研究倾向依据的是后结构主义与后现代主义的思想，挑战的是哲学与人文科学中的以现代工程来表述世界的基础主义，在一定意义上也是对社群学与民族学研究方法的回归，福柯是其中最重要的代表人物。这种诠释理论在一定意义是在对行为主义和结构主义的科学目标的理想破灭后寻求出路的结果。我们知道，现代工程主张把知识与道德体系建立在客观的和本质的基础上，它要么诉诸对世界的纯粹体验，要么诉诸人类纯粹的主观性特征，以追根溯源，达到自己的目的。因此，要阐明这种研究方法，就要关注后结构主义与后现代主义对现代工程的必要范围的分析和批判，这主要表现在福柯对主体与理性这两个现代观念的持续批判之中。①

福柯否定现代工程而主张对社会生活进行诠释。在否定纯粹体验的同时，他认为我们只有在一定的话语体系内才会有体验。客体或行为是一定的话语体系的一部分，客体与行为只有在语言这个更宽广的意义之网中有了定位时，它们才获得了意义，并成为真实或现实的。因此，要理解一个客体或行为，政治学者就不得不在特定的话语体系中来诠释它，只有在一定的认识或意义框架中，并且这一意义框架不能被简单化为一种客观过程或结构，人的生活才是可以理解的。社会阶层或生产方式对行为的影响是有限的，因此，在判断行为时，话语不能被当做对社会或经济的消极反映而不被考虑。同时，福柯也否定了人的能动性在话语建构中的重要作用，而认为话语是作为时间与机会的产物而自然发展起来的。这就是说，并不存在任何普遍适用的规律，也没有任何伟大的、非人格化的历史力量可以构建话语体系，而只能从对客体与行为所处的特定的历史环境中去诠释它们。

一个话语系统由诸多的事件、描述和意义构成，并处于变化之中，没有一个事件或意义可以创造一种普适性和恒久不变的结构。在后结构主义看来，理解一种社会实践主要不在于其正式结构的特质或客观性，而是当这些特质像实践本身一样成为意义的一部分时，才能被理解。例如一项制度或个体的教育与职业背景，在不同的意义情景中有不同的意义和效用。近代国家就是通过把主权、规训与牧师这些概念编织成一种意义网络而获得了它的特质并为人们所理解，即便如此，人们对这种意义网络的认识也各有不同。

福柯对自主性主体的思想也进行了批判，认为只有在一定的社会背景中主体才有有意义的体验、论据、信念和行为。对福柯而言，主体是一种特定话语、特定的一组控制技术与自我意识的偶然产物。因此，他强调的是话语

---

① Bevir, M., "Foucault, Power, and Institutions", in *Political Studies*, Vol. 47, 1999, pp. 345 - 359.

而不是信念。此外，他对理性的否定意味着话语表达的意义并不存在普遍性，它是从各种微观实践中、并具有一定程度的任意性的相互作用中产生的。在他后期的著作中，他拒绝接受结构性关系、本质特征或社会治理实践等具有发展逻辑的概念。例如，现代国家就是通过适应诸如教会牧师的权力等各种显然并非是国家所固有的技术而形成的。①

第四种类型是旨在避免前三种诠释理论的局限性而提出的一种介于它们之间的诠释模型，简单来说，它较之于解释学与后结构主义更多一些普遍性共识，而较之于心理文化诠释更多一些特殊性的诠释。它认为否认自主性未必就一定要全部否认能动性，否认主体的理性作用可以避免各种伪客观因素的影响，但这不应排除主体在主观与客观相适应的情况下进行创造性的活动。即使是考虑到由于影响信念与行为的背景因素的复杂性而无法对它们进行实际的区分这一点，我们也不能放弃能动性。在同样的社会结构和背景中，不同的人可能会有不同的信念和行为，因此，在社会结构内必定存在着主体活动的一定的空间。在这一空间内，个体性的主体产生着自己的信念，并根据"自己的理性"来决定采取何种行动。在那些并没有被社会背景或它们存在于其中的话语系统所限定的空间中，个体可以创造性地进行推理。后结构主义和后现代主义者的"在某些必须依赖于社会结构影响的方面，主体体验着这个世界"这一观点是正确的，然而，我们也应承认主体有能力在一定范围内选择特定的信念与行为，包括可能改变相关社会结构的创造性行为。这种能动性观点不再把社会结构看成是认识和话语，而看成是传统。认识和话语这些概念，通常意味着社会结构是独立于行为而存在并由此限制主体行为的。与此不同，传统这个概念则意味着社会结构是一种主体生于其中、充当主体后来的信念与行为之背景、却又不会限制主体的信念与行为的东西。它把传统视为一套理论或一套叙事以及与此相关的实践，人们继承着这些实践，它

---

① Foucault, M., "Governmentality", in G. Burchell, C. Gordon and P. Miller (eds.), *The Foucault Effect: Studies in Governmentality*, London: Harvester Wheatsheaf, 1991.

成为人们信念和行动的背景。传统在偶然而持续地演化着,并且必然处于一个历史背景之中。这里的"传统"考虑到了主体适应、发展甚或拒绝它们所继承的遗产的可能性。

与把传统看成是具有固定的特质、至少是有一个内在的发展逻辑,从而具有本质主义的特征不同,贝维尔等把传统看成是偶然而持续演化着的一套叙事。① 前者只是以其本质特质为基础来确认变化,而后者认为任何传统的本质特征都会在处于这个传统中的人的行为中体现出来;前者因认定了自己的内在逻辑而限制了自己的作用,而后者以传统的偶成性来表明人们在制造着传统。人们可以通过追溯穿越时间的历史联系,对组成既定传统的特殊场景进行确认。因此,要理解一种传统的内容和性质,就必须对其去中心化。这种去中心化研究要阐明的是传统中各领域的信念、偏好和个体行为创立、维系和修正传统的方式,例如,政治研究应该超越国家,去探索像农民工、学校或企业的运作和发展样式等多样化的问题,因为控制社会的话语和实践是从这些微观实践中形成的。所以,只有以一种非本质主义的、去中心化的方式来重新定义传统,才能避免片面地理解意义。当然,这种方式增加了研究的难度。

有关传统的这一思想表明主体可以从自己所认定的合理性出发而改变传统的内涵,所以超越了后结构主义否定客观真理的立场,并提出存在着一种有限推理。尽管对自主性主体的否定限制了对中立的或普遍理性的承认,但能动性的事实使人们可以接受有限推理。甚至拒绝接受纯粹体验和真理存在的哲学家也承认对一致性的关注是所有信念之网的必要特征②,人们总是试图去组织自己的信念,以与自己所认识的最佳信念保持一致,这其中就存在着有限理性。

只有弄清了创造传统或话语系统的原因和过程,才能理解它们。传统中

---

① 〔英〕马克·贝维尔、G. A. W. 罗斯:《诠释理论》,见〔英〕大卫·马什、格里·斯托克编:《政治科学的理论与方法》,景跃进、张小劲、欧阳景根译,中国人民大学出版社 2006 年版,第 142—143 页。
② Putnam, H., *Reason, Truth and History*, Cambridge: Cambridge University Press, 1981, pp. 155-168.

并不存在着一种限制自身发展的固有逻辑，同时也并没有强制性的因素迫使个体改变自己的信念与行为，相反，只是在依赖于有限推理的那些方面，人们才会改变自己的信念与行为。这种改变既不是随心所欲的，也不完全是从客观事实中推导出来的，而是对困境回应的结果。对一个个体或一项制度而言，当一种新的思想挑战现有的思想时，困境就产生了，并因而迫使其重新进行思考，改变由此发生。由于我们无法从与个体相关的客观事实中读取个体的信念与行为，所以我们只能通过与他们相关的社会实践所产生的困境与对困境作出反应的方式来观察其变化或信念与行为。

一旦应用了有限推理，就有了批判后结构主义与后现代主义的相对主义和非理性主义的诠释。在哲学意义上，尽管人们总是无法完全掌握真正而纯粹的事实，并依靠它来判定特定诠释与叙事的真伪，但是这并不妨碍人们承认客观性。我们可以运用比较和人类学的方法来界定客观性，这就是说，判断一种叙事和诠释比另一些叙事和诠释更为客观，是在对公认的事实相互竞争的叙事和诠释进行比较后，再确定谁更具有准确性、综合性、一致性和开创性等。这一方法与政治学传统方法的差异在于，其诠释的结果永远是暂时性的，或者说它只是在特定的环境与条件下才成立。这种诠释不是一种把自己看成是既定真理的诠释，而是把自己看成是通过一种渐进的比较过程进行选择的相对好的诠释。

这一诠释理论通过使用传统和困境的概念提供了对信念、偏好和相关实践的叙事性解释。我们可以通过对不同传统的"社会主义"这一现象和概念的比较分析来阐述这种理论是如何发挥作用的。

我们知道，在对社会主义的诠释中，存在着不同的流派或传统，有自由主义的社会主义、福利社会主义、保守主义的社会主义、民族主义社会主义和苏联社会主义等众多模式，甚至还有因文化差异而产生的对社会主义的不同理解，由于每一种解释都根植于相互不同的传统，因而其解释虽然有所重叠但也有很大差异，其中任何一种都不是无可争议的"正确"或"错误"。

每一种传统的解释都认为自己的解释更为准确、全面和开放,是对社会主义的真正诠释,但是任何一种结论都只能在特定条件下成立,在另外一些条件下它就不是最为准确、全面和开放的。本质主义或基础主义把传统看成是一种没有变化的核心思想,在此基础上去探究发生的变化。但是从对社会主义的比较和诠释来看,它并不存在这种核心思想,在其诸多思想中,尽管有一些内容被广泛接受,但并没有任何一种思想是被所有人都接受的,因此,任何对社会主义的本质主义解释都是片面的。每种叙事的图像、问题和语言,都以特殊的方式研究和设想了不同的历史故事,并对它们进行编码。这些包含在不同流派、传统和文化背景下社会主义发生与发展的纷呈的历史故事以极为不同的方式构建了社会主义这一现象。在这里,任何概念都不是被垄断的或单一的,它不是一种客观的、给定的、有着单一明确身份的社会现象,而是在几种相互交织着的不同传统中建构的具有不同特质的实体。

由于人们总是在自己认可的传统中来解释一个社会现象,所以任何传统的内容都可能会随我们所解释的现象的变化而变化。同时,人们总是从自己的目的出发来选择一个自以为最好地解释了他正在研究的现象或个体的行为与信念的传统的。解释或研究的目的就是通过寻找证据来表明每一个历史故事都有着一套前后一致的思想,并追溯和分析不同时间的各种思想之间的联系。对社会主义的比较分析说明了不同的社会主义传统是从自身出发来进行诠释的,这说明学者构建传统是为了解答自己感兴趣的问题。寻找这些证据是为了证明过去的思想与回应思想变化之间的关系,从而达到判断这一传统建构的有效性。

三、关于诠释理论的争论

人们对政治的文化分析一直进行批评和争论。在方法论方面,文化作为一种分析单位的模糊性问题,文化内与文化间的差异问题等;在概念方面,关于文化概念的模糊性问题,以及难以将文化与社会组织、政治行为和价值等与它密切相关的概念区分开来的问题等。一些人指出，由于文化意味着相对固定不变的思维模式，因而它在解释行为和信仰的变化时难以发挥作用，而变化是当代政治系统的关键特征。此外，文化理论中缺乏把文化与人的行为直接联结起来的明确的机制。然而，对于文化主义者来说，这些困难并非不可逾越，只要承认经验研究的地位，文化分析就有着不可替代的作用。他们指出，比较政治研究中的理性研究和制度研究也是通过多元方法来解决其内在矛盾的，这一点对文化分析也适用。

分析单位是政治学的方法论都要讨论和明确的问题，否则研究就无法展开。在文化分析中，分析单位首先涉及一个文化的核心是什么以及如何界定其边界的问题。由于文化不像国家或政党一样是正式的组织，具有模糊性，因此把它作为独立的分析单位有较大的困难，但它又不能完全没有充分解释社会行为的物质导向。对此，文化论者的回应是，尽管诠释理论反对任何形式的经济简化主义，但它仍考虑到了经济动因的作用，认可困境通常是物质环境变化的结果。它虽然强调主观信念，但承认信念会因受到客观世界的压力而形成或改变。例如，通货膨胀所导致的困境或情绪就是对客观经济压力的一种公认而准确的认识，虽然对它的认识和回应会有所不同。它认为，客观世界是真实的，当人们还没有直接进入其中的途径的时候，它就成了一个压力之源。还有，尽管政府是根据一个特定的价值观来治理的，但这并不意味着它的世界观完全决定了它治理或行为的结果。其行为之结果还取决于其他人如何对政府的行为作出反应，而他们的集体反应又将构成与此相关的重要的新的物质现实。例如，政府试图解决失业问题的政策是否能成功，不仅取决于这个政策本身，而且还取决于失业者如何对给予自己的机会作出反应，雇主的态度以及如何评估经济现状等。如果失业者通过集体谈判提出了新的要求，这就构成了新的困境或物质现实，政府需要进行新的回应，尽管持相同或不同价值观的政府作出的回应都会有所不同。

还有，对于那些认为文化分析缺乏对客观真理的承认、因而也缺乏对虚假进行证实的批评,文化论者认为文化分析追求人类学取向的客观性就意味着它可以抛弃一些与此不相适应的信念或虚假,只不过这不是通过求助于绝对真理而达到的,而是对相对真理的承认,尤其是真理本来就是相对的。实际上,否认绝对真理的存在,就解构了所有那些试图把自己封闭起来、拒绝替代选择的方法,在这个意义上文化分析有着更为广泛的适用性。①

对于"文化分析无法对制度作出解释"的批评,文化分析论者认为这取决于如何看待制度。文化理论否认制度具有物化的和本质的特征,认为应该对其去中心化,即人们只能通过个体独特的信念、偏好和行为去分析制度产生和变化的方式,现实中普遍存在着对制度的不同理解和不同的执行方式的情况就说明了这一点。对于制度主义者所指出的"发生了人事变动但制度仍然保持着它的惯例,因而说明制度的物质性和本质性特质"的论点,文化论者把它解释为是因为这一制度的继任者有着他们的前任传递下来的类似信念和偏好。因此,文化分析并没有在对制度的解释方面缺位,而是重新思考了制度的性质,它把制度看成是偶然的信念与偏好的沉积性的产物。正如政治学的理论和方法所阐述的,国家和个人也不是纯粹独立的变量,只不过是为了分析的方便而把它们设计成独立的,因此,重要的不在于分析单位是否是真正独立的,而是要合理地界定分析单位及其相关变量之间的相互影响。

把文化作为分析单位的前提是承认文化身份是具有不同层次并是根据处境定义的。人们往往拥有多元身份,有些身份是部分重叠的,而社群边界也是根据处境或问题而变化的,所以,对文化的分析单位作出界定应该基于你所要解释的是什么问题,而不是确定某些固定不变的单位或标准。我们可以使用可操作性的手段调查人们如何识别自己与他人和社群相一致的共识来确定文化单位,因而最基本的就是要识别与研究目的和环境相关的文化社群。例如,在研究美国移民的政治倾向时,可能存在的问题是,这个人是否算是

---

① 〔英〕马克·贝维尔、G. A. W. 罗斯:《诠释理论》,见〔英〕大卫·马什、格里·斯托克编:《政治科学的理论与方法》,景跃进、张小劲、欧阳景根译,中国人民大学出版社 2006 年版,第 150—151 页。

移民，是什么时期的移民，是哪个民族或国家来的移民，他是生活在新移民群体中还是生活在已经同化的居民之中？处于不同位置和时间的移民会具有不同的身份或多重身份，这可能使他的政治态度有很大的不同。人们的多元身份和身份的变化并不妨碍这种分析方法的使用，而只是使研究过程变得更为复杂罢了

文化分析论者对阿尔蒙德和维巴把政治文化定义为政治系统的成员对政治的个体态度和倾向模式①的观点持批评态度，因为这样一来，文化不是一套意义和身份系统，而是个体态度的分布和简单的重复性组合。将文化简化为个体倾向的聚合很难说是充分的，因为它忽视了个体态度所依托的背景，以及主观间的共享理解。尽管研究个体是我们能够理解文化的一种主要方式，但是个体态度不能完全反映文化的特征，因为文化是根植于社会实践和共享的理解之中的。② 所以，区分社群和个体之间的差异并把它们作为分析单位是重要的。

这涉及文化内差异的问题。从理论上阐明社群成员共同拥有什么通常很容易，就是共享的意义和共同的身份；然而，在操作层面上却不那么容易厘清，因为认同同一文化或社群的人们可能会在价值观、生活方式、政治倾向、宗教信仰以及关于共同利益的认识上有较大的差异，例如，很多大的社群中，尽管在认同自己属于这一社群的认识上没有差异，但有些人却持有保守主义的政治倾向，而另一些人却持有改革意识。从另一方面来看，同一文化中的个体在世界观方面也会有差异，甚至那些具有相似世界观的人们也并不一定内化了相同的价值和实践因素，而文化隐喻的含糊性也会使同一文化中的人们产生不尽相同的反应。③

---

① 〔美〕加布里埃尔·A. 阿尔蒙德、小 G. 宾厄姆：《比较政治学：体系、过程和政策》，曹沛霖、郑世平、公婷等译，上海译文出版社 1987 年版，第 29—33 页。
② Taylor, Charles, "Interpretation and the Sciences of Man", in *Philosophy and the Human Sciences*, Vol. 2, Cambridge: Cambridge University Press, 1985, p. 37.
③ Strauss, Claudia, "Models and Motives", in Roy G. D'Andrade and Claudia Strauss (eds.), *Human Motives and Cultural Models*, Cambridge: Cambridge University Press, 1992, pp. 10 - 11.

人们对共同身份的认同程度也不会完全相同，以共同身份行动时也存在着对相关身份依赖程度的差异。共同身份意味着人们将自己看作与某些人类似而与另一些人不同，而且可以这些差异或相同为基础进行组织和动员，但更重要的或许是要根据不同的处境来划分身份。人们想象中的共享的东西与实际共享的东西之间常常存在着差异，或者说人们常常在理论上强调共享的因素，并由此在现实中夸大了这种共享的因素，以至于总是把社群内的差异最小化而把社群间的差异最大化，这在文化分析的操作上也是难以避免的。它提供了研究的方便而与现实拉开了距离。因此，我们应该尽可能地寻找文化社群间的共同性，这是避免文化或种族和国家冲突的重要基础。

文化分析认为，通过文化所包含的意义系统，人类以社群为基础适应着自己的环境，建构着人际活动。阿尔蒙德等人把政治文化与政治结构和行为进行了区分，斯皮罗对作为意义系统的文化与作为文化建构要素的社会结构、行为、信仰、仪式等进行了区分。① 这种把文化与结构区分开来的研究视角表明，结构等要素是对文化的反映，但它们并不等同于文化本身，而且是可以独立测量的，由此，考察文化与文化构建要素之间和谐与否的条件就成为研究变迁问题的基础，包括文化、结构和其他现象是否以模式化的路径发生变迁等都是如此。这实际上也建立了一种比较的变量和单位，使我们可以对不同社会之间的文化与文化建构要素之间的和谐程度进行比较，而一个社会和谐程度的高低可以检验公民对于政府的满意度、政治参与和政治稳定等要素的状况。

在用文化分析研究政治与社会变迁时，文化分析的两个特点通常是存在的：一是与比较政治中的利益或制度理论对一些现象有直接而明确的解释力不同，文化分析的解释一般是间接而含糊的。然而，正如上述，这取决于如何这一点；同时，这并不否定它的实际效用，在未建构的、变化的背景中，

---

① Spiro, Melford E., "Some Reflections on Cultural Determinism and Relativism with Special Reference to Emotion and Reason", in Richard A. Schweder and Robert A. LeVine (eds.), *Culture Theory: Essays on Mind, Self, and Emotion*, Cambridge: Cambridge University Press, 1984, p. 116.

当缺乏制度化的程序来解释和指导行动时,关于他人动机的文化解释和假定对于解释政治过程就特别重要,即使在通常情况下它在不同程度上也是不可或缺的,因为建构的不完整性、制度化的低水平性和变化的永恒性相对来说是一种常态。二是文化不是固定不变的信仰和实践标识,它具有互动性和建构性特征,具有修正信仰和行为的能力,可以发生理解的变化,并可以在与其他文化碰撞时调适自己。

文化可以在政治变迁中发挥重要的作用。尽管文化本身并不能轻易地改变,但是当政治需求通过文化意义来表达时,会使目标变得鲜明,动员更加有力,一些民族主义尤其是宗教性的和意识形态的表达和政治动员就是如此。当文化进行身份重构,并以此种方式动员支持者,以及挑战现有政策和制度的合法性时,通常特别有力量。[①] 伊斯兰原教旨主义、基督教原教旨主义甚至儒家文化在某些国家不同程度的复兴和应用都说明了这种情况。

第二次世界大战以后,大量的新兴国家卷入了现代化进程,由于其现代因素是从外部输入的,又面临着赶超发达国家的巨大压力,因而普遍出现了认同危机与合法性危机等属于政治文化范畴的问题。当现代化进程使得原先被视为当然的社群形象和心理界定变得再也无法接受时,认同危机便产生了。此时,人们需要对自我、对所处的政治环境、对政治系统、对传统政治进行重新界定,以解决身份问题,具体来说,就是"我们是谁"和"他们是谁"的问题。只有消除认同危机,人们才能获得个人、国家与国际系统的秩序感,使政治系统有能力应对来自内部与外部的各种挑战。合法性危机是指人们对政治权威的看法发生了严重的分歧。这时合法性危机产生的基本原因在于政治动员使人们的自主意识和政治感知发生了很大变化,他们不再恪守传统的观点和信念,对政治系统提出了新的要求,而政治系统的输出又无法满足人们的要求。无论是认同危机还是合法性危机的化解都要通过文化的转化和调适来进行,一方面要发掘传统文化中的开放机制,在本土文化与外来文化之

---

① Brysk, Alison, "'Hearts and Minds': Bringing Symbolic Politics Back In", in *Polity*, Vol. 27, 1995, pp. 580 - 592.

间进行交流；另一方面则要实现传统文化的现代化转化，在保留传统文化的合理因素的同时，尽可能地吸收现代文化的内容。

对文化规范存在与否进行检验是很困难的，因为它会随着环境和时间的变化而变化。例如，党派忠诚就具有时间上的不稳定性与比较上的非等价性，人们的文化或意识形态未变而党派忠诚则会随着时间和社会关系的变化而改变，而在不同的时间或社会政治关系中同样的党派忠诚是非等价的。进而，人们会问，文化规范能引发行动和结果吗？当人们用黑格尔的唯心主义去解释行动和物质世界时，目的论和同义反复是不可避免的，因此，纯粹的文化主义者面临着清除其他竞争性假说的问题。他们的理念是有价值的，却是不可证伪的。总之，文化主义者并不试图区分物质与理念，因为他们认为物质必须根据理念来解释。

小　结

诠释所要遵循的一个原理是：从部分来理解整体，从整体来认识部分，换言之，意义必须在历史序列中或在个体与社会的联结中才能予以确定，而不是孤立的和普遍性的。它是以与认识物质世界的不同方式来认识人类社会的，因为人类社会要从内部而非从外部来理解。这就是说，文化分析是定位于理解人类的自我理解的方法，它要探索行动的内在意义而非行动的外在原因。

这一部分主要是对诠释理论进行了阐述，还应提到的是，政治文化研究在方法上也可概括为两大类：问卷调查式研究与诠释性研究。前者通过社会实地调查得来的数据描述人们的政治态度和价值观，后者依靠文献分析、实地考察、深度访谈、个案研究来理解和诠释人们的政治态度和价值观，这一部分主要是对后者进行了阐释。

问卷调查式研究因主张政治学研究应更具客观性、科学性而兴盛，其方法上的优势在于能够客观地把握政治态度的分布状态与动态性的变迁趋势，更易于建立集体层面的政治文化类型学,在揭示政治文化与政治产出的因果关系时也更具体。然而,问卷调查式类型的政治文化研究也又存在着局限性。首先,问卷调查式研究长于呈现政治态度与信念的表现层面,而对各种引发政治行为的观念与态度的内在心理动力机制与发展根源难以深度开掘。其次,对于那些隐而不发而又确实存在的情感,通过问卷调查往往难以获取,更不用说潜藏于自我之下的潜意识。再次,以大规模样本调查和数据分析为基础的问卷调查式研究基本上属于集体层面的研究,个体的人格不能成为一个独立解释项在各种变量中占据重要作用。最后,即便在群体层面,问卷调查式研究多关注某政治体系或群体政治文化的共性,而对群体内部的冲突与差异解释不足。这不仅可能丧失一个重要的研究领域,还可能导致对文化的误解。事实上,政治体系内部的文化差异度是否确实小于政治体系之间的文化差异度本身还是一个很可质疑的问题。

尽管心理文化研究在解释的宽度与深度上更胜问卷调查式研究一筹,但它也存在不容忽略的问题。最易损害其解释力的是:首先,它偏重于想象,不如问卷调查式研究客观,甚至可能与当事人的深层情感完全偏离。其次,心理文化研究倚重文献,对文化变迁的把握往往比较滞后,不如问卷调查式研究敏感、及时。再次,心理文化的解释固然可以从表现、动力与发展三个层面逐步深入,但由于心理发展过程的复杂性、心理学经验来源与理论本身的不充分,尤其是分析对象人生史上最关键时刻的资料获取相当困难,越到深入的层次,争议性也越强。比之现象分析,动力分析更少普遍信服力,而发展分析则比动力分析更缺乏信服力。[①]

第二节 文化的冲突与认同的建构

文化提供了一种让人们相互了解动机和行动的意义系统,从而制造着人

[①] 梅祖蓉:《两种政治文化研究方法之优劣》,载《中国社会科学报》,2012年6月29日。

们斗争的动机和方式，但同时也制造着终结冲突的动机和方式。冲突既是对文化所界定的利益的追求和竞争，也是参与者对身份的不同诠释。文化或社群的共存一方面既不能通过促进某个文明或社群的"普遍性"来实现，也不能通过强调其"特殊性"来实现，而要通过寻求不同文化间的共同点来实现。在多元文明的世界里，建构性的道路是放弃普世主义、接受多样性和寻求共同性。

一、文化与政治行为

文化构成了政治发生的背景，提供了一种解释人的动机和行为的框架。离开了文化背景，任何一个具体动作就像演员在没有布景和道具的舞台上表演一样，其意义是无法确定的。由于大多数政治现象是复杂或具有多重性的，有时即使具备了理解身体姿态和动作符号的能力，也不一定能够准确地理解政治生活和政治行为，故对人类行动意义的理解只有在特定的文化框架中才有可能。实际上，行动像语言一样，是高度含糊的，要使它有明确的意义，就要有一种共享的文化系统，以确保它所发出和接受的信息同类化并具有可比性。尽管在交流日益密切的今天行为的普遍性在不断扩展，但如果仔细观察，我们可以看到很少有行动完全是普世性的、不具有特殊性或完全不需要诠释。所以，要认识行动必须依赖它发生的背景，背景描述了行动，也解释了行动的原因。

进而，文化在很大程度上决定着人们如何看待政治现象并排列着政治现象重要程度的顺序。[①] 它决定着人们如何看待政治共同体、权威和冲突，它为人们提供了对社会秩序的一种理解，对一个社群来说，就是对自己社群的共同理解，这种理解或价值构成了政治共同体的核心和基础。在历史发展过程中，人们建构起了在自己社群中普遍接受的权威以及各种"合法的"规则和

---

① Wildavsky, Aaron, "Choosing Preference by Contructing Institutions: A Cultural Theory of Preference Formation", in *American Political Science Review*, Vol. 81, 1987, pp. 3-21.

程序，它规定了哪些竞争是合理的，哪些行动是适当的，冲突应该怎样进行。例如，在不同的民族和宗教之间，往往会由于各自文化、传统或习惯的不同而对于特定的行为和治理方式有不同的理解，从而发生持久的冲突。在一个民族或文化共同体内部也是如此，它会对违背自己文化传统或习惯的行为进行惩罚。文化还决定着人们如何看待特定的文化和物质性目标，以及政治所赖以发生的和人们参与其中的正式的和非正式的规则。它规定着什么是利益、利益的大小以及追求利益的方式。阿尔蒙德和维巴根据参与型文化、臣民型文化和自闭型文化之间的差异，解释了意大利、墨西哥、德国、美国和英国人的政治态度和参与模式的差异[①]，实际上这也是对不同文化中人们对秩序、规则、竞争和利益的不同价值观的阐释。

　　动机是文化分析的中心，因为它提供了将个体行动与社会背景联系起来的机制，它把个人心理与社群行动联系了起来。文化分析中的群体动机类似于理性选择理论中的利益动机，例如，由于一些人的行为动机受到"畏祖"的影响，所以用很多家畜作为牺牲来献祭，实际上，这表明"畏祖"中包含着对特定的文化和行为规则的尊崇，因为祖先的神话和祖训中包含着对特定行为方式的要求和规范；社群成员依据自己的文化隐喻来处理与"外人"的关系，违背了这种关系或动机，他们会感到自己的生命或利益受到威胁。无论是动机还是利益，都提供了一种"合理的"解释，以说明个体或社群为什么会以某种方式行动。不过，动机和利益这两种解释机制也存在着基本的差异，理性主义假定利益是明确的并具有普适性，而文化主义认为动机是与特定的文化背景相联系的，只有通过对特定文化背景的经验分析才能理解它，任何动机都会因文化而异。因此，对利益的强调意味着任何社群在特定情况下会以相同的方式行动，而对动机的强调则假定社群间行为的差异性。正是基本于这一点，文化分析论者认为理性选择理论视利益为既定的判断过于一

---

① 〔美〕加布里埃尔·A. 阿尔蒙德、本德尼·维巴：《公民文化——五个国家的政治态度和民主制》，徐湘林等译，东方出版社 2008 年版，第 359—420 页。

般而不够准确,而以经验为基础的文化分析则揭示了不同文化的利益的具体的差异性,因而更为准确。

运用文化来解释政治事件发生的原因或动机在某种意义上也是利益分析的延伸。例如,斯科特分析了马来西亚的一个村庄对灌溉和双季稻种植制度化的适应过程,它从富裕的和贫穷的农民在面临新的机会和挑战面前是如何理解传统的准则和义务入手,进而说明竞争性利益是如何在具有同质性文化的村庄里得到贯彻的。它表明,正是由于村民们共享的理解非常强烈,因而导致在外人进入这个社群的过程中会发生持续的冲突,尽管这通常只是由于外人不经易的小小的行动所导致的。①

在对同一文化内的行为进行分析时,其动机和利益虽然并非完全一致,但指向基本上是相似的,利益可以像动机一样对行动进行明确的阐述。然而,在不同文化之间利益和动机之间的差异就明显了,一群人的动机可能受"畏祖"观念的影响,而另一种文化中的人们并没有这种畏惧感,"畏祖"并不是他们合理的动机和行动。如果将"畏祖"转换成一种利益表述,就是在不让祖先生气上有一种利益,否则就会受到惩罚,但我们仍然要解释为什么该社群要根据"畏祖"来理解世界?进而,只有解释为什么这种动机在一种文化中是重要的,而在另一种文化中是不重要的,才是充分的解释。这就要求人们从本社群的历史经验出发,阐释畏祖中所包含的意义和规则,以及现时它对自己利益的潜在影响等。

利益解释的优长在于明确了动机与行动之间的关系,它的缺陷在于不管发生了什么,都要根据个人利益最大化来理解。它从角色的行动入手,识别与行动动机相一致的利益,因而总是努力来考察各角色是否存在着相同的利益动机与行动。从文化分析的视角来看,利益理论对具体利益的差异缺乏关注,而实际上利益会因文化的不同而有所不同。这就是说,文化解释不否认

---

① Scott, James C., *Weapons of the Weak: Everyday Forms of Peasant Resistance*, New Haven: Yale University Press, 1985, pp. 1 - 81.

利益的重要，但认为它是受各自背景影响的，而且利益动机只是许多动机中的一种。将利益视为是受文化制约的，文化理论就可以对理性选择和其他利益理论进行补充。例如，在一种文化下被看成是具有利益动机的行为在另一种文化下可能就不具有利益动机或其利益动机有很大的不同。只有对不同社群或文化背景下的同类行为进行文化分析，才能认定其是否存在着利益以及是什么样的利益。从这个意义上来看，文化分析与理性选择分析视角的不同并不一定会导致它们之间相互排斥，而是相互补充，或者说文化理论对利益的解释和建构关注到了利益理论没有深入关注的问题。

在文化际遇时，一个文化中的成员自然要试图理解其他文化成员的行为，这时，他们可能会采取两种方式：一种是用自己的文化规则，认为外人会有像自己一样的动机并据此行动，这是一种普世化的方式；另一种是寻求不同的文化认知，认为外人与自己的动机不同，自己与外人会相互作出"异端"式的回应，因为外人不会遵从自己的"文明标准"，这是一种分殊化的方式。实际上，不同文化中的人们不可能完全是类同或普世性的，也不可能完全是异端或分殊化的，在实践中重要的是人们的行为会在多大程度上显示出普遍化或分殊化的特性。在某些文化中，内部与外部冲突的特性十分接近，因而在文化际遇时更多地呈现出普世性文化的特征；在另一些文化际遇时，内部与外部冲突的水平相差很大，更多地呈现出分殊化文化的特征。这两类文化之间的差异十分明显，分殊性文化是凝聚社群的纽带，并将他们与外人清晰地区分开来，而普世性文化则不是强有力的社群内的整合机制，而是社群之间联系的机制。在多元文化社会中，在确定社群内成员和社群外成员是否可以受到相同对待的关键取决于人们是否深刻认识到各自所处的特定的文化差异性而不是强力推行普世性标准。一般来说，很少有人对自己的文化进行批评，因为每个人都深浸自己的文化之中。尤其是在社群冲突时期，社群中心倾向会得到强化，人们会认为那些错误地解读自己文化符号的人的行为是错误的，或把其看成是低劣社群的证据。而人们的共同错误在于把自己的文化看成是普世性的。在这种情况下,只能加深不同社群或文化之间的对立。相反,只有在深刻地认识到不同文化间的差异性和其内在的运行机制时,才有可能在它们之间建立起双方都认可的沟通机制。

二、文化差异与社群边界及其冲突

文化设定了社群的边界并规定了社群内部和社群之间的行动。具体来说,文化规定了社群内部以及社群之间的联系方式和行为预期,与谁生活在一起?谁是情感投注的对象?谁控制稀缺资源以及财产如何分配?这些问题是社群的也是文化的基本问题。不同的文化对这些问题的回答和处理方式通常存在着较大的差异,因而也制造了不同的行为方式。它们都会提供某种证据,以说明各自对这些问题的回答及行为方式是"合理的"和有意义的。也就是说,每一种文化都规定了相应社群的行为方式,不同的文化在制约行为方式方面各不相同,但都发挥着重要作用。一般来说,表现社群差异或社群之间的文化规范通常会比社群内部的文化规范更为明确或更容易辨别,但文化规则对社群内部和外部的规制具有同样的意义,不同文化间的差别只在于如何规制和在什么情况下进行规制。

宗教是一种重要的文化现象,是社群文化的重要内容,也是确定文化边界的重要标识。只要在各种文明中仍然有自己的宗教存在,人们就会有宗教感情和相应的封闭心态。宗教感情越强,其封闭性的心态也越强。正如本尼迪克特指出,在任何一个封闭的群体与别的部族之间重要的情感性的差别,会成为一种宗教的虔诚信徒与异教徒之间的差别。千百年来,宗教之间一直没有任何共同的融合之处。没有哪一种在这一宗教内流行的观念和风俗能在另一宗教中立住脚。相反,尽管有一些风俗差异甚微,但就是因为它们分属于不同的宗教而使其处于对立状态。在这边被当作神谕的真理和虔诚的信徒,在那边就成了道德邪恶的无稽之谈,成了诅咒和恶魔的行为。在这种情况下就无法公平地对待那些与自己不同的社群的观点,无法客观地研究和理解宗教本身这一人类的重要特性。① 问题在于，在文化从简单到复杂的所有层面上，人类的风俗和动机是无穷无尽的，所谓智者就是对其间的千差万别持一种宽容的态度。一个人，除非他是按照某种文化形式培养起来的，并按照这种形式生活的，否则他不可能充分进入到某种文化之中。② 正是由于宗教的这种强文化特性，使它成为判断社群边界和引起社群冲突的重要工具。当然，人们越来越懂得，不同的宗教或文化之间可以而且应该承认其他的文化及其社群成员也具有与自己的文化同等的价值和意义。

当社群成员在进行政治活动时，需要经常重申社群的合法性。例如，在早先进行现代化的国家中，19世纪是它们强化民族国家的凝聚力和发展爱国主义的重要时期，而这种爱国主义正是它们构建社群或国家合法性的重要手段。例如，美国在殖民地时期和独立后半个多世纪的时间里各州几乎是独立的，人们只有州的意识而缺乏国家观念，而1861—1865年内战后全国联系的加强使情况发生了变化，其国家观念得到了很大的发展，并作为强调国家合法性的重要手段。③ 从19世纪80年代起，美国的中小学就得到明确指示："必须生动地和有吸引力地向孩子们讲解美国英雄们的事迹，讲解我们的陆海军战士英勇和不怕牺牲的精神，讲授历届总统作为国家象征的人格力量。到19世纪90年代，各个州相继通过立法规定中小学一律设置美国历史课和公民课，以便于灌输爱国主义精神。"④ 无独有偶，后发现代化国家在20世纪中叶独立后也把爱国主义作为构建国家合法性的重要手段。例如在东亚各国，在新加坡、韩国、日本和中国等国，这一时期特别强调在中小学的教育中利用各种方式积极培育爱国主义观念，以建立起超越地方忠诚的国家忠诚和国民身份感。一般来说，无论是早发现代化国家还是后发现代化国家，在特定的

---

① 〔美〕露丝·本尼迪克特：《文化模式》，王炜等译，社会科学文献出版社2009年版，第5—6页。
② 〔美〕露丝·本尼迪克特：《文化模式》，王炜等译，社会科学文献出版社2009年版，第25页。
③ 〔美〕塞缪尔·P.亨廷顿：《我们是谁？美国国家特性面临的挑战》，程克雄译，新华出版社2005年版，第90—107页。
④ 〔美〕塞缪尔·P.亨廷顿：《我们是谁？美国国家特性面临的挑战》，程克雄译，新华出版社2005年版，第105页。

历史时期对爱国主义的张扬通常是伴随着与地方意识或地方忠诚的角逐而进行的。而在全球化的今天,对爱国主义的张扬则面临着超越国家的全球主义的挑战,这与地方意识对爱国主义的挑战的性质有所不同,地方意识是前现代的,而全球主义是后现代的,具有不同的时代特征,因而其历史进步性也是不同的。此外,各国或各社群的文化构建都提供了具体的、考虑到社群内与社群外区别的社会化方式,尽管这一点通常是隐含的,但也是实实在在的。

文化或社群特性与政治有着特定的关联。20世纪中期,精神分析学和文化人类学的结合使人们从微观与宏观相结合的角度来对社会和政治现象进行研究,并以此来解释文化行为的差异性。本尼迪克特提出不同族群的文化或民族特性是高度模式化的重要观点。[1] 在一系列的相关研究中,学者们通过研究社会化、个性和政治行为之间的密切联系,对这种联系进行了深刻的阐述,其中经典的研究包括对美国的个人主义、日本的军国主义和俄国的极权主义等特定的文化与政治关系的全面而深刻的阐释。一些文化人类学家对各国儿童进行社会化的方式对他们成年后的政治态度和政治行为的影响进行了深入的研究,指出它们之间存在着高度的关联性。例如,Eckstein坚持"累积社会化的假设",认为早期的习得对于后来的习得有扩散作用,这是一种难以摆脱的连贯性的性格发展的链条。[2] 当然,也有不同的观点,例如精神病学家和人类学家 E. Fuller Torrey 对这一点提出了质疑,认为没有证据显示儿童时期的经历对于决定后来的行为是关键性的,或者使其有明显而独特的个性发展阶段。[3] Rogowski 不仅质疑早期习得决定后期习得的程度,而且质疑早期习得的聚合程度。他指出,至于哪一种文化价值是最持久的或最基本的,哪一种习得的行为可以从另一种行为中区分出来,哪一种准则和价值需要与那些政治

---

[1] 〔美〕露丝·本尼迪克特:《文化模式》,王炜等译,社会科学文献出版社2009年版,第39—88页。
[2] Eckstein, Harry, "A Culturalist Theory of Political Change", in *American Political Science Review*, 1988, p. 791.
[3] Torrey, E. Fuller, *Witchdoctors and Psychiatry: The Common Roots of Psychotherapy and Its Futures*, New York: Harper & Row, 1986, p. 75.

体制所强调的相一致,并没有一定之规①,反而与后来的经历有很大关系。

　　班费尔德指出非道德性的家族主义为某些社群的生活方式提供了主要的规范,例如他在考察意大利南部的一个小镇的农民为什么缺少集体性的社会和政治活动的原因时,发现就是这种非道德家族主义在起作用。这种道德使人们只相信直系家庭成员并与他们进行合作,而在此以外的合作得不到任何支持,没有人认为那种合作会是互惠的和可以持续的。这种规则在一个人的幼年时就被传授,在日常生活中得以贯彻。② 这种非道德的家族主义界定着社群的边界,孕育着潜在的冲突,它在与其他文化或社群交流时会显现出来。

　　赖希将人的性格结构区分为表层、中层和深层三个层次,认为它们都是社会发展的沉淀物。其中表层体现为礼貌、同情心、责任心等;中层则表现为残忍、好色、贪婪、妒忌等,是对原始生物欲望压抑的副产品;深层表现为诚实、勤奋、合作、与人为善,是人的自然健康的基础。他在此基础上对法西斯主义进行了研究,认为法西斯主义是人的中层性格结构的体现。这种性格特征是几千年来父权制权威主义性压抑的结果:一是由于性生活得不到满足,自然的攻击性便转化为野蛮的虐待狂,这是导致法西斯主义种种暴虐行为的根源;二是产生性格的异化以及扭曲的荣誉、义务观念,使人们的思想、行动和情感违背了自己的物质利益。鼓吹种族纯洁和性道德的背后所掩盖的是"性高潮焦虑",法西斯主义的种族意识是性高潮无能的人的性格结构的纯粹生物性的病态表现,因此,法西斯主义分子也就是一些性无能的病态之人,这一点通过分析法西斯领袖例如希特勒的实际情况得到了有力的证明。他指出,"政治反动势力的文化政治的核心是性问题。相应地,革命的文化政治的核心问题也应该是性问题"。他将弗罗伊德的理论应用于对政治领袖和政治制度的研究,这为对所有在历史的关键时刻有过重要作用的人物进行分析

---

① Rogowski, Ronald, *Rational Legitimacy: A Theory of Political Support*, Princeton: Princeton University Press, 1974.
② 〔美〕马克·I. 利希巴赫、阿兰·S. 朱克曼:《比较政治:理性、文化和结构》,储建国等译,中国人民大学出版社 2007 年版,第 71 页。

并进而对历史变迁或制度创设作出解释提供了一种重要的研究路径。①

革命是政治冲突的典型表现,研究发现革命者的心理在革命时期都处于一种特殊的状态。詹姆斯·戴维斯认为政治的稳定与不稳定取决于一个社会中人们普遍的心态,在物质、地位、权力各方面虽然匮乏但心理仍感到满足或不在意的穷人,在政治上不会有所作为,相反,只有那些感到不满的人才会起而反抗,而这些人的处境可能比那些穷人要好得多。也就是说,直接导致革命的并非是实际上的物质匮乏和生活贫困,而是日益积累的不满情绪或心态。泰特·格尔认为革命或暴力发生在社会中许多人变得愤怒,尤其是既存的文化和现实条件诱导人民敌视政治目标的时候;而人们的愤怒通常发生在"相对剥夺"严重的情况下,即在人们感到可能获得的有价值的东西和机会与他们实际所得之间存在着巨大鸿沟之时。② 在这个意义上就可以理解启蒙的作用。如果没有思想启蒙的话,可以想象,无论是历史上的农民起义,还是近代以来的资产阶级革命、民族主义运动以及无产阶级革命,都难以发生。恩格斯所指出的历史上的伟大转折总与宗教变迁相伴随③,也有同样的涵义。

如果说戴维斯和格尔的研究主要集中于革命或冲突发生之际人们的心态的话,那么另外一些学者则关注了更长时段内特定文化因素对于政治冲突的影响及其影响方式。例如,莱廷发现,西班牙巴斯克地区的抗议活动充满了暴力,而临近的加泰隆地区则相对平衡。在解释这一重大差别的原因时,他认为是这两个地区的亚文化有所不同,前者小镇中男性组织具有强烈的英雄气概以及相应的行为准则,而后者则缺乏这种亚文化特征。当前者的男性公民卷入抗议活动时,他们使用暴力的倾向要比后者高得多。④ 再比如,一个多世纪以来,在北爱尔兰、比利时和伊拉克的宗教和文化冲

---

① 〔奥〕威尔海姆·赖希:《法西斯主义心理学》,重庆出版社1990年修订版,第3页。
② 张小劲、景跃进:《比较政治学导论》,中国人民大学出版社2008年,第180—182页。
③ 〔德〕恩格斯:《路德维希·费尔巴哈和德国古典哲学的终结》,见《马克思恩格斯选集》第四卷,人民出版社1972年第1版,第231页。
④ 张小劲、景跃进:《比较政治学导论》,中国人民大学出版社2008年,第182页。

突中，不同社群的文化隐喻都起着重要的作用。只有从参与者的视角考察了冲突中所蕴含的文化意义时，我们才能理解为什么它会导致冲突并使这种冲突经久不衰。如果仅仅是从自己文化的视角或"普世"文化的视角来要求和缓解这种冲突，结果是收效甚微。另一方面我们也看到，即使是在冲突时期，也并非所有的社群文化的动员都会导致暴力。比较政治所关心的一个重要问题就是在什么情况下会导致暴力，什么情况下不会。罗斯发现心理文化变量是一个社会总体暴力水平的重要测量指标。如果在儿童成长期较少得到温暖和情感关怀，社会化粗糙，男人性别和身份上存在冲突等，就会增加社会的暴力水平；而社会结构因素，如交叉关系纽带的强度或男性社群的封闭性程度，对冲突主要是发生在同一个社群内部还是在社群之间具有重要影响。[1]

三、文化认同的建构

实际上，文化不仅仅是冲突的变量，同时也是如何管理冲突的变量[2]，它提供着管理冲突的机制和方式。因为凡是由文化引起的冲突，总是有管理这种冲突的方式相伴随，否则社群或共同体早就解体了。这样，我们不仅可以通过上述提到的提高儿童的社会化质量和成人的生活方式来减少文化的冲突，而且可以系统地探讨解决文化冲突的机制来避免冲突。在这个意义上来说，文化是一种工具，人们可以运用它来理解他人的行动和语言，也可以通过它来传播自己的行动和话语，而这是寻找共同性和抑止冲突的基础。例如，我们发现，在一些复杂的谈判中，仅仅关注谈判内容可能会导致谈判的失败，中国与西方国家在人权和环境等问题上的长期分歧和冲突就与文化差异以及缺乏相互间的理解有很大的关系。我们还发现，最近30年来在世界各地和近

---

[1] Ross, Marc Howard, *The Culture of Conflict: Interpretations and Interests in Comparative Perspective*, New Haven and London: Yale University Press, 1993.

[2] Ross, Marc Howard, *The Management of Conflict: Interpretations and Interests in Comparative Perspective*, New Haven and London: Yale University Press, 1993.

10 年来在中国大量增加的社群和身份争端不仅很多都是由文化引起的①，而且更重要的或许是它们都缺乏文化沟通机制的表现。在有着不同意义系统和不同身份的社群之间所发生的冲突中，每个社群都将自己视为受威胁的少数，拼命维护自己的生存，例如北爱尔兰社群冲突的关键因素是文化或宗教差异。在那里，一种文化总是被视为是对另一种文化的威胁，因而一个社群总是通过传播内部的恐惧感来凝聚本社群的力量，而在近几十年来通过不断地沟通，这种冲突大大减弱了。

要缓解社群和文化之间的冲突，最根本的还是要探寻和发展文化之间的共性。正如迈克尔·沃尔泽指出，文化是"深厚的"，它规定体制和行为模式以引导人们走上一条对某一特定社会来说是正确的道路，然而，高于、超出和产生于这一最高标准道德的是"浅显的"最低标准道德，它体现了得到重申的最深厚的或最高标准道德的特性。关于真理和正义的最低道德观念存在于一切深厚的道德之中，与其不可分离。这种最低道德包括反对欺诈、压迫和暴政的意识。人们共有的主要是这些最低道德，而不是对共同文化的责任感。人类社会具有共同性，因为它是人类的，特别是因为它是一个社会。至少在基本的层面上，不同文化之间存在着某些共性。②正如米切尔·沃尔泽尔指出的："不论世界上的几大宗教——西方基督教、东正教、印度教、佛教、儒教、道教和犹太教——在任何程度上把人类区分开来，它们都共有一些重要的价值观。如果人类有朝一日会发展一种世界文明，它将通过开拓和发展这些共性而逐渐形成。因而，除了'避免原则'和'共同调解原则'外，在多文明的世界里维护和平还需要第三原则，即'共同性原则'：各文明的人民应寻求和扩大与其他文明共有的价值观、制

---

① 可参见〔美〕塞缪尔·P.亨廷顿：《文明的冲突与世界秩序的重建》，周琪、刘绯、张立平、王圆译，新华出版社 1998 年版，第 228—346 页。
② Michael Walzer, *Thick and Thin: Moral Argument at Home and Abroad*, Nptre Dame: University of Notre Dame Press, 1994, pp. 1-11; 转引自〔美〕塞缪尔·P.亨廷顿：《文明的冲突与世界秩序的重建》，周琪、刘绯、张立平、王圆译，新华出版社 1998 年版，第 368—369 页。

度和实践。"① 这就是说,文化的共存和共同体或社群间的和谐相处需要寻求大多数文明的共同点,一方面这是指不能通过促进某个文明假设的"普遍性"来实现,另一方面也不能通过强调其"特殊性"来实现。在多文明的世界里,建设性的道路是放弃普世主义,接受多样性和寻求共同性。"这样的努力不仅有助于减少各文明的冲突,而且有助于加强单一的全球文明。这样的文明可能是更高层次的道德、宗教、知识、艺术、哲学、技术、物质福祉等等的混合体。"②

托克维尔指出:"一个没有共同信仰的社会,根本就无法存在,因为没有共同的理想,就不会有共同的行动,因为虽然有人的存在,但根本构不成社会。"③ 这就是说,在一个由不同文化社群构成的共同体中,在一定的文化价值层面和一定程度上构建一种文化共识或认同是整合文化冲突的关键所在。这种共识构成了一个共同体中人们行为的共同理念基础,从而成为维系一个共同体的基本纽带。

我们可以美国为例来看文化认同的构建。在美国,不同文化和社群所共同遵守的价值观就是"美国信条"。在美利坚民族形成的早期,为了构建联结美国社会各族裔和文化之间的精神纽带,美国的思想家们在实践中创造了一系列的理论和实践,并在此基础上凝练出了"所有人的尊严与平等的理想,人的不可剥夺的追求自由、公正与机会的权利"的"美国信条",它拒绝了地区主义和种族主义的分裂,成为来自不同国度和族裔、具有不同信仰的人民或社群的美国人所共同尊崇的理想。在美国社会中实际上存在着一种"公民宗教"。④ "它是

---

① Michael Walzer, *Thick and Thin: Moral Argument at Home and Abroad*, Nptre Dame: University of Notre Dame Press, 1994, pp. 1-11; 转引自〔美〕塞缪尔·P.亨廷顿:《文明的冲突与世界秩序的重建》,周琪、刘绯、张立平、王圆译,新华出版社1998年版,第368—369页。
② 〔美〕塞缪尔·P.亨廷顿:《文明的冲突与世界秩序的重建》,周琪、刘绯、张立平、王圆译,新华出版社1998年版,第368—370页。
③ 〔法〕托克维尔:《论美国的民主》(下),董果良译,商务印书馆1993年版,第504页。
④ 公民宗教一词始于法国启蒙思想家卢梭,他曾在《社会契约论》中首先使用这个概念,指写在一个国家典册中的一套法统神话,它规定了国家自己的神、特有的守护者,它有自己的信条、教仪和法定的崇拜表现。美国社会学家罗伯特·贝拉在1967年发表《论美国的公民宗教》一文,借用这一概念说明美国人民对于美利坚合众国认同的宗教支持要素。转引自周淑真、柴宝勇:《美国两大政党处理文化冲突的理论与实践》,载《当代世界与社会主义》,2005年第6期,第52—53页。

一种维持秩序的宗教,从社会学意义上来看,人民公认一个社会如果没有共同的基础和目的就不可能长期存在。"① 在公民宗教中,宗教只不过是一种外在形式,人民借助宗教情感表达的实际上是对美利坚合众国的信仰,上帝只不过是美国社会的象征,它从属于美国人民,人们不会在意它究竟代表哪个具体的教派。美国公民宗教主要包括四个组成部分:美国的政体建立在宗教基础上;相信美国人是上帝的"选民";宗教言辞和象征遍布于公共言论和礼仪之中;国家重大典礼的活动本身具有宗教气氛,并履行宗教功能。② 亨廷顿指出,"公民宗教把信仰许多教派的美国人转变为具有一个宗教灵魂的一个民族"③。历届美国政府都非常重视公民宗教的作用,并创造性地将宗教习俗与信仰转化为政治力量,以达到凝聚各种文化群体的作用。美国历任总统,不论其属于哪个党派,信仰哪种宗教,在宣誓就职时,都需要祈求上帝的赐福与保佑;在公开演讲中,他要为民众的事业请求上帝的引导;在国家遭遇危难的时刻,他要恳求上帝的帮助。

在美国,对文化认同的构建离不开对民主参与和对包容精神的倡导,它依赖于法律尤其是种族立法、移民立法的不断健全并逐步走向包容。阿瑟·施勒辛格说:"在缺少共同的民族来源的情况下,把美国人连接在一起的仍然是坚定不移的对民主和人权理想的共同信奉。尽管在实践中这种理想经常被人们背离,但它永远激励我们去缩短实践与理念之间的距离。"他进一步解释到,是美国人民为民主和自治所作的不懈努力,使这样混杂的一群合为一个单一的社会。④

利普哈特也指出:"美国的本质就在于它有着把具有明显差别的多种种族、多种宗教和多种民族的人民构筑成为一个统一国家的能力。它能够这样

---

① 〔美〕G.哈切森:《白宫中的上帝》,段琦、晓庸译,中国社会科学出版社1992年版,第40页。
② 〔美〕塞缪尔·亨廷顿:《我们是谁?美国国家特性面临的挑战》,程克雄译,新华出版社2005年版,第86、87页。
③ 〔美〕塞缪尔·亨廷顿:《我们是谁?美国国家特性面临的挑战》,程克雄译,新华出版社2005年版,第87页。
④ 〔美〕阿瑟·施勒辛格:《美国的分裂:种族冲突的危机》,马晓宏译,台北:正中书局1994年版,第124页。

做，完全是因为民主的原则既提供了统一的理论基础，又提供了公民参与的实践经验。"① 因为民主在理论上提供了一种鼓舞人心的伟大信念，在实践上塑造了人民的主体意识。在民主社会中，公共事务由公民共同作出决定，每个人的利益都能够公开地、充分地表达出来，并受到其他人的认真对待，同时自己也要认真考虑别人的利益，社会的一切政治机会、经济机会对于每个人——无论他属于哪个民族、信仰哪种宗教——都是开放的。因此，公民对于民主国家就能够产生一种同一体的感受，从而激发出强烈的爱国情感和对国家的认同。② 久而久之，能够凝聚美国各族裔和社群认同、适应和调适其行为方式的"美国式民主"就形成了。

构建这种认同还需要有宽容精神，而美国民主制度中的妥协也培养了人民的宽容精神。美国前总统克林顿曾经充满自豪地说："我们的民主原则所设想的是一个建筑在容许差异、相互尊重的基础上的开放的社会。在实践中，美国曾经对一些人比另外一些人更加开放，但是今天却欲对所有的人比昨天更加开放，而且似乎明天将会比今天更加开放。"③ 应该说，美国人民在存在着巨大的种族差异的情况下实现了高度的融合与和谐，这在世界堪称典范。"虽然种族歧视和种族冲突还在一定范围内存在，但是美国的稳定发展使得种族和各文化社群之间的关系越来越具有包容性。"④

小 结

近些年来引起普遍关注的问题是，在现代化提高了人们的物质生活水平的同时，它是否也提高了人们的道德和文化水平呢？从某些方面来看，当人们越来越不能容忍奴役、酷刑和对人权的侵犯时，可以肯定人们的道德和文

---

① Arend Lijphart, *Democracy in Plural Societies*, Yale University Press, 1977, p. 231.
② 周淑真、柴宝勇：《美国两大政党处理文化冲突的理论与实践》，载《当代世界与社会主义》，2005 年第 6 期，第 52—53 页。
③ Iris Marion Yong, *Inclusion and Democracy*, Oxford University Press, 2000, p. 145.
④ 周淑真、柴宝勇：《美国两大政党处理文化冲突的理论与实践》，载《当代世界与社会主义》，2005 年第 6 期，第 53 页。

化水平确实提高了。但另一方面，当在澳大利亚、美国和整个西方世界以致东方诸多国家中掀起了批判现代化对土著文明的侵犯和泯灭的思潮时，我们又开始怀疑现代性的意义了。由此看来，是否存在着一个世俗的、超越个别文明的、向更高水平的文明发展的总的趋向，仍然是可以质疑的。如果这一趋向确实存在，它是否是现代化进程的产物，既是普世性的，还是文明水平的升降主要是存在于各个文明之中？无论如何，在当今全球化的时代，不同文化或社群的共存只能建立在多元主义的基础之上，而多元主义共存的基础，抑或维系它们之间的秩序是它们之间的共同性而不是差异性。

第三节　政治文化研究的兴起和发展

从狭义的政治概念来说，政治与文化的关系十分密切；从广义的政治概念来说，政治文化就是政治的一部分。所以，自政治学产生以来，它就不可避免地要讨论政治文化，尽管那时这个概念还没有产生。我们看到，从古代的亚里士多德到近代的托克维尔，很多著名的政治学家在讨论政治问题时都论及了政治文化问题。亚里士多德论及同一城邦中人们的政治态度和不同城邦人们的不同的政治态度，托克维尔则在一定程度上比较了法国人和美国人的政治态度和观念，他们的相同与不同之处。然而，使政治文化成为一个相对独立的系统及政治学的有机组成部分、或者说在科学意义上对政治文化进行系统研究的则是 20 世纪 50、60 年代的一些政治学家。由于这一时期的研究使用了一些科学指标，并把它作为一个与政治发展密切相关和相对独立的政治变量进行研究，因而在政治学中形成了一个专门的研究领域，并使政治文化研究兴盛起来。

1958 年，塞缪尔·比尔（Samuel H. Beer）和亚当·乌尔曼（Adam Ulam）主编了《政府的模式》[①] 一书，这是人们第一次把政治文化作为政治体系的

[①] 塞缪尔·比尔、亚当·乌尔曼：《政府的模式》，1958 年。

一个基本因素和组成部分来研究。同年，爱德华·班菲尔德（Edward Banfield）撰写的著名的《落后社会的道德基础》[1] 一书问世，该书研究了意大利南部与其他地区的文化差异，认为意大利南部的经济和政治之所以落后，是因为这个地区盛行着非道德家族主义，它抑制了人们参与政治的热情并阻碍了市民社会组织的发展。[2] 这在很大程度上是把研究政治文化作为一个专门领域来研究了。

1963年，阿尔蒙德和维巴出版了政治文化研究的里程碑式的著作——《公民文化——五国的政治态度与民主制》[3]，由于它在政治文化的概念界定的基础上较为系统地运用了实地调查的统计数据和科学分析的方法对民主与文化的关系进行了研究，因而它在科学意义上开创并确立了运用政治文化研究方法的先河；同时，由于它对五国政治态度研究的结论更有说服力，影响很大，因而成为政治文化研究的经典名著。在这项研究中，研究者对美国、英国、德国、意大利和墨西哥公民的政治态度进行了大量的调查和统计分析，在此基础上进行了比较研究，提出了地域民文化、臣民文化和参与者文化的经典分类体系，并讨论了政治文化与民主发展的复杂关系。他们指出，每一个社会都存在三种不同类型的政治文化，但是，只有当一个社会中参与型的公民文化占到主导地位，并与地域民文化和臣民文化有一个较为平衡的混合形态时，才能达到实现民主的最佳文化条件。"一个稳定的、有效的民主政府的发展，不仅仅依赖于政府和政治的结构，还依赖于人们对政治程序的取向——依赖于政治文化。除非政治文化能够支撑一个民主的系统，不然，这个系统成功的机会是很渺茫的。公民文化似乎特别适合于一个民主的政治系统。它不是民主的政治文化的唯一形式，但它似乎与一个稳定的、民主的系

---

[1] 爱德华·班菲尔德：《落后社会的道德基础》，1958年。
[2] 佟得志主编：《比较政治文化导论——民主多样性的理论思考》，高等教育出版社2011年版，第6页；王绍光：《民主四讲》，生活·读书·新知三联书店2008年版，第96页。
[3] 〔美〕加布里埃尔·A.阿尔蒙德、西德尼·维巴：《公民文化——五国的政治态度和民主制》，徐湘林等译，东方出版社2008年版。

统最为和谐。"①

此后，派伊与维巴于1965主编出版的《政治文化与政治发展》②、阿尔蒙德和鲍威尔于1966年合著的《比较政治学：体系、过程和政策》③等著作相继问世，把政治文化研究进一步推向了高潮。在他们的影响下，政治文化研究的成果大量涌现，形成了政治文化研究的第一次高潮，也奠定了政治文化作为政治学的一个重要分支的地位。此后，政治文化研究进入了一个平缓发展的阶段，在这一时期受到了一些批评和挑战，例如，由于这一时期很多发展中国家出现了民主政体的垮台并向威权主义政体转变，因而有人质疑政治文化的发展是否能对政治发展起作用。也有人把这一时期的政治文化研究称为低潮阶段，不过这些批评和挑战给政治文化理论提出了新的问题，在试图解决这些问题的过程中，它得到了进一步的积累和完善。

如果说政治文化研究在20世纪50、60年代的兴盛和60、70年代的低潮都与民主有着密切的关系的话，那么80年代以后政治文化的再度兴盛则不仅仅与民主相关。这时发生的一个重要现象引起了人们对文化和政治文化的关注，这就是东亚"儒家文化圈"的快速崛起。人们首先是对属于"儒家文化圈"的各国或地区经济的快速发展进行了研究，继而对这些国家保证经济发展的政治体制也进行了研究，得出的结论是这些国家或地区的文化包括政治文化的发展有利于经济和社会发展。这与以往仅仅把政治文化与民主的发展联系起来研究有很大的不同，它扩展了政治文化研究的视野，也扩展了对政治文化功能的认识。

与此同时，世界新的一波民主化浪潮即发生在20世纪末期的"第三波民主化浪潮"④也再一次证明了政治文化发展与政治或民主进程的密切关系，为

---

① 〔美〕加布里埃尔·阿尔蒙德、西德尼·维巴：《公民文化——五国的政治态度和民主制》，徐湘林等译，东方出版社2008年版，第586页。
② 派伊与维巴于1965主编出版的《政治文化与政治发展》。
③ 〔美〕加布里埃尔·A.阿尔蒙德、小G.宾厄姆：《比较政治学：体系、过程和政策》，曹沛霖、郑世平、公婷等译，上海译文出版社1987年版。
④ 〔美〕塞缪尔·P.亨廷顿：《第三波——20世纪后期民主化浪潮》，刘军宁译，上海三联书店1998年版。

政治文化研究的发展提供了新的问题和动力；同时，这一时期进行政治文化研究的条件也大为改善，现在"我们应该有能力来检验政治文化理论，使之成为一个有用的预测工具。大量的国家正处在政治转型的进程之中，我们可以从中考察政治文化与政治制度之间的相适性是如何发展的"①。新的政治发展提出的问题和人们进行调查和统计分析的能力和条件的改善推动了世界范围内大规模调查项目的实施，这表现在从20世纪80年代后期开始，多国学者联合进行了一些范围更加广泛也更为深入和更为精细的调查和统计分析项目，并在此基础上取得了新的研究成果。1980年阿尔蒙德和维巴在进一步调查和分析的基础上对《公民文化》进行了修订，出版了《公民文化——五个国家的政治态度和民主制》②。在新版本中，他们不仅回答了过去近二十年的时间人们对他们的理论与方法提出的批评，而且结合新的调查统计资料对五国的政治文化进行了更为精确的分析。

此后，许多著名政治学家也开始对政治文化进行新的研究。例如，塞缪尔·P.亨廷顿在1981年出版了《美国的政治：不和谐的承诺》③一书，他在此书中不再像以往那样只关注政治制度，而是转向关注政治文化因素，并明确指出："就解释政治经济发展的不同模式而言，关键性的独立变项是文化，亦即流行于社会上居支配地位的一些集团的主观态度、信仰和价值观。""文化及其对发展的影响要求政治发展学者进行系统的、经验的、横向比较的以及历史纵向的研究。"④ 因此，在1993年出版的经典著作《第三波——20世纪后期民主化浪潮》⑤一书中，亨廷顿在考察民主转型的原因时就对政治文化给予了特别的关注，并把民主价值的广泛普及看成是导致威权体制崩溃的主

---

① 〔美〕罗素·达尔顿（Russell Dalton）：《比较政治学：微观行为视角》，见罗伯特·古丁、汉斯-迪特尔·克林格曼主编：《政治科学新手册》，生活·读书·新知三联书店2006年1版，第480—485页。
② 〔美〕加布里埃尔·A.阿尔蒙德、西德尼·维巴：《公民文化——五个国家的政治态度和民主制》，徐湘林等译，东方出版社2008年版。
③ 〔美〕塞缪尔·P.亨廷顿：《美国的政治：不和谐的承诺》，1981年。
④ 〔美〕塞缪尔·P.亨廷顿等：《现代化：理论与历史经验的再探讨》，张景明译，上海译文出版社1993年版，第350—357页。
⑤ 〔美〕塞缪尔·P.亨廷顿：《第三波——20世纪后期民主化浪潮》，刘军宁译，上海三联书店1998年版。

要原因，把它看成是民主巩固的主要原因。①

随着政治文化研究的复兴，英格尔哈特在1988年12月出版的《美国政治科学评论》上发表了《政治文化的复兴》一文，在对欧洲晴雨表舆论调查和世界价值观调查的数据资料进行系统的科学分析的基础上，指出虽然经济因素对政治有重要的影响，但是它并不能解释一切政治行为；不同的社会具有显著不同的政治文化，这些文化差异虽然具有相对持久性，但也并不是持久不变；文化具有重要的政治影响。② 此后，他在1997年出版的《现代化与后现代化：43个社会中的文化、经济与政治变迁》一书中，对43个国家和地区的价值观调查数据进行了分析。③ 这些国家和地区拥有世界70%的人口，涵盖了不同地区的不同发展水平，从人均GDP只有300美元的国家到人均GDP达到3万多美元的当时最发达的国家都涵盖在内；既有市场经济体制和政治长期稳定的民主国家，也有实行权威主义体制和刚刚完成转型的前社会主义国家。

这一时期政治文化研究又有了新的创新，它不仅表现在更为广泛地使用了科学方法，而且还表现在理论和概念上的创新，这方面一个突出的例子就是罗伯特·帕特南在1993年出版的《使民主运转起来》中提出的社会资本理论。帕特南以他对意大利长期的研究为基础，通过比较研究意大利南部和北部的政治发展和20世纪70年代以来的地方政府改革，探讨了支撑政治体制有效运作的文化因素，发现导致南北方地方政治发展程度和民主水平差异的重要因素是以公德为核心的社会资本。政府治理的好坏在很大程度上取决于它的社会资本是否丰厚。社会资本这一概念并非帕特南首创，然而，他却赋予其新的涵义，把它作为比较政治文化研究的一个基本概念。应该说帕特南

---

① 〔美〕塞缪尔·P.亨廷顿：《第三波——20世纪后期民主化浪潮》，刘军宁译，上海三联书店1998年版，第54—55、312页。
② Ronald Inglehart, "The Renaissance of Political Culture", in *American Political Science Review*, Vol. 82, No. 4, December 1988, pp. 1203 - 1230.
③ Ronald Inglehart, *Modernization and Postmodernization: Cultural, Economic and Political Changes in 43 Societies*, Princeton University Press, 1997, p. 3.

提出的社会资本理论是新时期政治文化研究的重大成就，它为推动政治文化研究提供了理论动力。

第四节 政治文化概念的发展与困境

本节从概念的视角对政治文化研究的经验方法的批评进行了分析，指出如果一个理论没有解决内部的概念问题，它就可能自相矛盾或使解释机制模糊不清；如果没有解决外部的概念问题，就可能忽视与它相关的研究传统的基本认知和概念借用及创新。政治文化研究所使用的主观性文化概念，从政治文化、社会资本到价值观是有所进步的，但仍难以观察或确定，从而使它无法摆脱对经验性研究方法的依赖。把这些概念应用到政治文化研究中，难以提供令人信服的因果关系或其他确定性的解释，它们在如何激励个体行动和在聚合人们行为时是如何保持连续性或发生变化的问题上也存在着局限性，因此概念构建是不可避免的。

一、概念的缺失及其对理论的制约

学术界一直以来就是用经验主义的方法或标准进行政治文化研究，很少有效地利用概念，很长一个时期没有意识到经验方法和标准在很大程度上要依赖于概念的作用，从而削弱了其解释力。劳丹指出："那是一个巨大的错误……要是认为科学进步及其合理性完全是通过解决经验性问题而达到的话。实际上存在着解决问题的第二种方式，它在科学发展中至少是像经验方法一样重要。这后一种我称之为用概念来解决问题的方式已经被严重地忽视了……大概是因为它与已经占据了一个多世纪统治地位的经验主义的科学哲学相悖。"[1]

---

[1] Larry Laudan（拉里·劳丹），*Progress and Its Problems*, Berkley, CA: University of California Press, 1977, p.45.

在政治文化研究和理性选择理论这两种具有广泛影响的研究方法中这个问题都是很严重的，学者们多把对理性选择理论的批评完全建立在经验主义的基础之上，认为在评估社会和政治研究时，"不能回避经验性检验……如果一种政治学理论的论证没有认真地进行经验性的思考，那么它就没有结果"①。即使是理性选择理论的捍卫者也认可这个辩论的前提条件，强调这一点本身没有错，但是远远不够，这在很大程度上错误地判断了理性选择理论的适用范围和限定条件，因为"所有有价值的理论，只要它是正确的话，都有我们希望通过观察所发现的内涵"②。"任何经验科学的解释标准一定是经验性的证实或证伪"③，这就把因果演绎作为核心的甚至是排他性的标准，以此来评估社会科学的方法，从而忽视了概念和相关理论问题。

这些观点说明政治学界大都把经验方法作为评估实际研究的基本标准，甚至通常还把它作为唯一的标准。即使讨论概念问题，也是限于狭隘的范围之内，例如讨论如果把一个概念从它产生的原始案例身上扩展到这个案例以外去使用，可能会歪曲这个概念等此类问题。只有在这时，由于方法论关注如何跨越经验性案例而进行归纳，所以概念问题才成为关注的重点。由此看来，政治学家没有赋予概念问题以经验问题同等的重要性，结果是大大削弱了概念研究的地位和作用，实际上也阻碍了经验研究的进展。

政治文化研究从20世纪60年代初到今天已经有50年了，它的提出和发展者有著名的政治学家加布里埃尔·阿尔蒙德（Gabriel Almond）、西德尼·维巴（Sidney Verba）、罗伯特·普特南（Robert Putnam）、哈里·艾克斯坦（Harry Eckstein）和罗纳德·英格尔哈特（Ronald Inglehart）等，他们试图通过提出并解释这个方法来解释和预测政治现象。它致力于以经验性的文化方

---

① Donald Green（唐纳德·格林），Ian Shapiro（伊恩·夏皮罗），*Pathologies of Rational Choice Theory*, New Haven, CT: Yale University Press, 1994, p. 32.
② Gary King, Robert Keohane and Sidney Verba, *Designing Social Inquiry*, Princeton, NJ: Princeton University Press, 1994, p. 28.
③ Gary King, Robert Keohane and Sidney Verba, *Designing Social Inquiry*, Princeton, NJ: Princeton University Press, 1994, p. 110.

法来分析文化与政治之间的关系,然而,由于忽视了概念问题,使它对这种关系的解释不够有力。由此,人们提出的基本问题是:什么是概念问题?什么是它的科学发展?两者之间具有什么样的关联?在阐明概念在科学发展中的重要作用的基础上进行的社会和政治探索可能取得什么结果?

近几十年来,"纯粹的实证主义"及其方法论在政治学研究中颇为流行①,学者们热衷于通过公式表达和假设检测也即证伪的方法来进行研究,它对于学术研究的规范性有很大贡献。但在这种研究中,学者们最多是在坚持经验性理论检验的基本标准的同时承认概念问题具有一定的补充意义,而过多地强调科学是渐进的和累积性的经验知识增长的结果。

与此不同的一种研究倾向是实用主义的科学解释,一些学者以此为解决问题和观测科学进展的主要方式,同时按照解决相关问题的能力来评估那些相互竞争的研究传统。②"解决问题的方式……提示,相互竞争的研究传统的共存是常态而不是例外,它强调对基本概念的讨论应处于研究的中心地位,认为忽视概念问题(这是对'规范的科学'发展的中心地位的忽视)是不可取的。实际上,科学发展是持久的竞争和无所不在的概念问题共存的图景,而不是规范科学所展示的那种排他的清晰性。例如,在最近300年的科学史中很难找到规范科学长期盛行的时期,似乎更经常的情况是诸多研究方法或研究传统的同时应用或并存。在某一特定时期中,某一种研究方法具有竞争优势,然而总是存在着连续而持久的不同学派或观点的竞争,它们在经验上和概念上对其他研究方法进行批评,同时阐述自己的研究路径解决问题的优势。"③劳丹同时运用几种最具有代表性却又相互矛盾的研究传统进行政治学的实用主义解释,认为"在检验理论时进行广泛的经验和概念的检验是同等重要的"④,由此,他围绕着这一问题提供了一种有力的论证。

---

① Van Evera, *Guide to Methods for Students of Political Science*, Ithaca, NY: Cornell University Press, 1997, p. 3.
② Larry Laudan, *Beyond Positivism and Relativism*, Boulder, CO: Westview Press, 1996, pp. 77 - 87.
③ Larry Laudan, *Beyond Positivism and Relativism*, Boulder, CO: Westview Press, 1996, p. 85.
④ Larry Laudan, *Beyond Positivism and Relativism*, Boulder, CO: Westview Press, 1996, p. 80.

劳丹并非不承认经验研究对于理论评估具有重要意义，实际上他充分地讨论了经验方法在科学实践中的作用，但他仍以自己对科学史的阅读为基础，指出理论的价值在于它同时解决概念问题和经验问题的能力，因此，这两种研究取向对于人们评估一种理论具有同等重要的作用。他认为经验问题是"第一位的问题……是关于构成一门既定学科的范畴的客体的实质性的议题"①。他区分了"潜在的"、"不规则的"和"难以解决的"问题，指出经验主义是在解决潜在的和不规则的问题中进步的。② 相比之下，概念问题"是构建良好的概念结构（例如理论）中顺序靠前的问题，它是被设计用来以回答第一位（即经验）问题的"③。

劳丹还对理论的内部概念和外部概念问题进行了区分，认为如果一个理论遇到内部的概念问题就会使机制自相矛盾或含糊不清。如果遇到外部的概念问题，就会发生它提出的假设在面对形而上学或认识论的教条时难以自圆自说，就会漠视包括它身处其中的更多的研究传统，就会忽视概念资源或阻碍在竞争性传统中进行创新等问题。④ 概念不像经验那样或多或少独立于任何既定的理论，它"不是独立于理论而孤立存在的"⑤，而是理论的组成部分。进而，劳丹把政治文化研究中的概念划分成"外部的"和"内部的"两种类型：由于它忽视了与相关学科尤其是人类学概念的相关性而产生了外部的概念问题，由于它未能清晰地阐明解释机制而产生了内部的概念问题。因此，政治文化研究没有给我们提供分析文化与政治关系的结构完整的概念。

著名人类学家格尔茨（Clifford Geertz）对概念问题进行了探讨。格尔茨的文化分析和政治文化研究有某些相似之处：它们共享一个知识谱系，尤其是继承了帕森斯（Talcott Parsons）的某些思想；都对文化与政治的关系进行

---

① Larry Laudan, *Progress and Its Problems*, Berkley, CA: University of California Press, 1977, p. 15.
② Larry Laudan, *Beyond Positivism and Relativism*, Boulder, CO: Westview Press, 1996, p. 79.
③ Larry Laudan, *Progress and Its Problems*, Berkley, CA: University of California Press, 1977, p. 48.
④ Larry Laudan, *Beyond Positivism and Relativism*, Boulder, CO: Westview Press, 1996, p. 79.
⑤ Larry Laudan, *Progress and Its Problems*, Berkley, CA: University of California Press, 1977, p. 48.

了研究；格尔茨和政治文化论者都力图把文化恢复为调查研究的客体。但格尔茨的文化分析与政治文化研究传统的研究路径还是有很大不同的，尤其是格尔茨的研究是以概念和经验为依据的。虽然他从没有论证自己的概念问题，但是他在这方面不断揭示出政治文化传统的"错误"。[1]

格尔茨指出文化和政治有着密切的关系，在他看来，"文化"是由包含着各种意义的符号和实践（仪式、习俗等）所构成的，人们正是通过它们而形塑经验，而"政治是这种结构公开展开的主要领域之一"[2]，文化分析的任务之一就是通过概念来更清晰地表达文化与政治的相互影响。但现在还没有完成这个任务，因为学者们还没有构建出完成这项任务的理论工具。[3] 格尔茨通过修正文化概念而提供了系统的分析文化与政治关系的那类"理论工具"的关键性因素，这体现在社会和政治活动者通过竞争而把概念秩序强加于不确定的经验中共享的符号和文化实践之中。这个概念上的修正对于人类学家和其他社会科学家具有深远的影响，因为它"给迄今为止难以捉摸的文化概念以一个相对固定的焦点和一个客观的身份，这是以前所没有的"[4]。格尔茨的这一概念可以使社会科学家拒绝那种神秘的、有英雄色彩的、有独立目的和行为来源、或者本质上是心理的、因此是不可观察的和难以认识的主观领域的文化概念。[5]

政治文化研究未能够进行这种概念的创新，因此产生了"外部的"概念问题。这种局限性是由其狭隘的方法论所造成的，它主张只有通过特定的研究技术才能进行政治文化研究。同时，格尔茨的文化概念也有理论困境，它促使我们思考困扰政治文化研究"内部的"概念问题。格尔茨指出，文化概念的"核心理论问题"是如何理解符号和其他文化实践与社会和政治互动的

---

[1] James Johnson, "Why respect culture?", in *American Journal of Political Science*, No. 44, 2000, pp. 405 - 418.
[2] Clifford Geertz, *The Interpretation of Culture*, London: Basic Book, 1973, p. 312.
[3] Clifford Geertz, *The Interpretation of Culture*, London: Basic Book, 1973, p. 312, 324.
[4] Sherry Ortner, "Theory in Anthropology Since the Sixties, *Comparative Studies in Society and History*", No. 26, 1984, p. 129.
[5] Clifford Geertz, *The Interpretation of Culture*, London: Basic Book, 1973, pp. 10 - 13.

方式。① 但格尔茨和他的继承者都没有很好地说明这个问题,没有提供一种关于符号行为的令人信服的解释,这实际上给人类学理论留下了一个具有广泛影响的著名问题。② 由此看来,人类学家需要但缺乏的是一种易于理解的机制,一种关于符号是如何影响社会和政治行为的解释;同时允许"在符号和相关的行动者之间有足够的距离,使观察者能够把后者解释为有意图的代理人,而不是或多或少的作为文化模式的消极工具"③。这一点是贯串于整个政治文化研究的困惑。

由此看来,不仅要使理论经得起经验的检验,而且也要使理论有合理的结构以利于详细而清晰地阐明机制,包括鼓励人们吸收自己研究传统之外的有价值的概念资源,使概念问题融入理论,或者说在解决经验问题和概念问题两方面都有所突破,才能取得新的进展。

二、机制在理论中的作用

"社会科学家进行解释的核心就是揭示因果机制。"④ 机制是一种含有较多理论成分的因素,它主要被用来分析理论所要解释的现象,使理论更为精密和可信。在现代政治科学中阐明机制的最为突出的例子或许是理性选择理论对聚合模式的解释方式,它把这种聚合作为个体独立采取的决策的后果。在这里,机制是由策略的理性行动者的行动所构成的,而理论提供了关于这种集体行动、选举后果或社会制度的聚合现象的解释。

在任何理论中,机制是识别"各种原动力与它们的效果之间联系的"⑤。

---

① Clifford Geertz, *The Interpretation of Culture*, London: Basic Book, 1973, p. 250.
② Sherry Ortner, "Theory in Anthropology Since the Sixties", in *Comparative Studies in Society and History*, No. 26, 1984, p. 130.
③ Sherry Ortner, "Patterns of History", in E. Ohnuki-Yierney (ed.), *Culture Through Time*, Stanford, CA: Stanford University Press, 1990, pp. 84 - 90.
④ Daniel Little, "On the Scope and Limits of Generalizations in the Social Science", in *Synthese*, No. 97, 1993, p. 185.
⑤ Stinchcombe, "A Democratic Transition and Breakdown in Western Europe, 1870 - 1939: A Test of the Moore Thesis", in *Journal of American Sociology*, No. 94, 1991, p. 371.

由于社会和政治研究大都关心聚合的范式,所以它们所使用的机制的典型的运作方式是在个体层面上进行的。① 这并不意味着社会实体不复存在或它们自身缺乏因果影响,而是意味着社会实体所具有的"因果影响的唯一形式是它们对个体行为的自始至终的影响"②,例如,通过改变代理人所面对的激励、选择与信息或掌控的权力来实施这种影响。

在自然科学领域里,在解释机制之上总是存在着关于概念的论争,社会科学领域也有类似的论争,例如在理性选择理论中也存在着如何解释相关的机制与概念的争论。一些人捍卫规范的观点,认为由理性所决定的个体选择是理性选择理论的基本机制,而另一些人则拒绝这种"内在主义"的观点,代之以一种"外在主义"的观点,认为环境对人的理性有很大的影响。这使得对理性选择的解释更为灵活③,然而却削弱了理性并使解释更为复杂,从而使自己处于理性选择理论的边缘地位。另一个例子是,在社会和政治研究中"价值"是否和如何提供了一种有说服力的解释机制?到目前为止,大多数学者只是把它作为研究中的补充解释来研究的,例如丹尼尔·利特尔(Daniel Little)关于寻找机制是社会科学的中心任务的主张主要强调的是规范性而不是叙述性的。

我们可以进一步从理性选择来看机制问题。我们经常可以看到理性主义理论家在实验科目中得出违反效用理论规则的情况④,同时并不否定规则构建了个体选择机制的结构,认为个体选择机制对大量的社会和政治现象进行了可信的解释,认为通过操作既有的机制就可以预先阐明政治现象的必要条件和充分条件。这很值得怀疑,那种认为社会科学建立的任何规则都源自于潜在的因果机制的观点一直受到质疑,在任何规则都利用了某些以前得到认可

---

① Stinchcombe, "A Democratic Transition and Breakdown in Western Europe, 1870 - 1939: A Test of the Moore Thesis", in *Journal of American Sociology*, No. 94, 1991, p. 367.
② Margret Levi, "Social and Unsocial Capital", in *Politics and Society*, No. 24, 1993, p. 186.
③ Debra Saze and John Ferejohn, Rational Choice and Theory, *Journal of Philosophy*, No. 91, 1994, pp. 71 - 87.
④ Stinchcombe, A Democratic transition and breakdown in Western Europe, 1870 - 1939: A Test of the Moore Thesis, *Journal of American Sociology*, No. 94, 1991, pp. 368 - 370.

的因果关系机制、而它本身不受以前的因果关系影响的一般性范式这个意义上，它既不是规则性的，也不同于涵盖性法则，因而这种现象的规则所支持的预期是不可靠的。① 更确切地说，我们所寄望的既有的操作机制所操控建立的规则不一定能提供必要的或充分的条件。这样，政治文化研究不仅忽略了其他研究传统所提供的概念资源，而且还没有很好地利用专门的解释机制。实际上，正是由于没有很好地解决概念问题而削弱了它对机制的利用，从而也削弱了解释文化与政治关系的能力。

三、多重的概念困境

一些学者认为，"以跨国经验数据为基础的政治文化理论发展得很好"②，"政治文化路径今天已经成为解释政治行为的一个普适性的解释框架，是替代理性选择理论的一种主要理论"③。"真正重要的不是研究政治文化本身，而是如何研究和利用政治文化来进一步理解政治"④。尽管"反经验方法的理论检验的问题显然还存在，为此目的而操作概念问题就是如此，但显然理论是第一位的"⑤。然而，这种观点在提出后就不断受到批评。

政治文化研究从经验上关注稳定的文化（价值、信念、态度等）导向的聚合方式及其演化，并且求证不同的文化对民主政治的稳定、效率和经济发展的影响。它聚焦于整个社会的功能特征，尤其是"提出了一个重要的问题：在面对连续不断的环境威胁的情况下，这个体制如何控制和维持自己的生存？"⑥ 但

---

① Daniel Little, "On the Scope and Limits of Generalizations in the Social Science", in *Synthese*, No. 97, 1993, pp. 183 - 207.
② Ronald Inglehart, "The Renaissance of Political Culture", in *American Political Science Review*, No. 82, 1988, p. 1204.
③ Ronald Inglehart, "The Renaissance of Political Culture", in *American Political Science Review*, No. 82, 1988, p. 1204.
④ Verba, Sidney (1965), "Comparative Political Culture", in L. Pye and S. Verba (eds.), *Political Culture and Political Development*, Princeton, NJ: Princeton University Press, p. 515.
⑤ Harry Eckstein, "A Culturalist Theory of Political Change", in *American Political Science Review*, No. 8, 1988, p. 801.
⑥ Brain Barry, *Sociologists, Economists and Democracy*, Chicago: University of Chicago Press, 1978, pp. 6 - 7, 165 - 173.

是，在概念论者看来，它没有具体阐明自己的研究基础，很难看出它是如何提出一种研究方案的，因此，一些学者指出它在任何意义上都没有成为一种理论构建。阿尔蒙德说他探寻的是从概念或理论到经验问题的转向预期，认为政治文化研究表达的"不是一种理论"，而是可以被用于构建理论的"一组变量"。他进一步指出："政治文化变量的解释力是一个经验的问题，是对假设和检验开放的。"① 然而，这个观点仍有很大问题，因为政治文化的研究者经常感叹缺乏经验证据，因而他们的研究主要并不是由经验数据所驱动的。因此，英格尔哈特在宣称阿尔蒙德和维巴"从文学印象领域到可检验的论题"方面都推动了政治文化研究的同时，承认在这以后的四分之一世纪中很少有人提出经验证据来支持政治文化研究的基本假设。② 他承认已有的经验证据不足以在政治文化、经济发展和政治民主之间找出因果联系。③

政治文化研究的动力主要不是理论和数据，而是技术。尽管阿尔蒙德开列了一系列知识来源清单，包括自由政治思想、欧洲的社会理论、社会心理学、有关民族特性的心理文化研究等，但是他清楚，政治文化研究的特色或独立性是由它的方法所确立的。他把改进了的调查方法描述为"催化剂"，并把它们看成是对政治文化研究的"最重要的激励"。④ 无论是政治文化研究的支持者还是批评者都把这些方法作为主要对象来对它进行评估。然而，用方法论技术来驱动政治文化研究不可避免地产生了令人困扰的概念问题。

政治文化研究信奉"心理的"或"主观的"文化概念，因而把政治文化界定为人们对政治的态度、信念、导向或价值的聚合与分布。早期政治文化研究的实践者曾希望建立一种"行为的"政治科学，提出由经验科学所驱动

---

① Gabriel Almond, "The intellectual History of the Civic Culture Concept", in G. Almond and S. Verba (eds), *The Civic Culture Revisited*, Boston: Little Brown, 1982, p. 26.
② Ronald Inglehart, "The Renaissance of Political Culture", in *American Political Science Review*, No. 82, 1988, p. 1205.
③ Ronald Inglehart, *Modernization and Post-Modernization*, Princeton, NJ: Princeton University Press, 1997, p. 174, 236.
④ Gabriel Almond, "The intellectual History of the Civic Culture Concept", in G. Almond and S. Verba (eds.), *The Civic Culture Revisited*, Boston: Little Brown, 1982, p. 15, 22.

的政治文化是开放的和可观察的，仅仅是在文化人类学家所设定的文化概念这一点上是无法观察的。政治文化研究的优势是其心理的或主观的文化概念应用方便，容易对其进行调查，可以据此来界定政治文化。然而，正是由于这个概念使文化具有不可观察性，因而使人们认为要使政治文化研究具有生命力，就必须对政治与文化的关系进行经验性研究。① 而且，它使政治文化研究从对固有的概念问题的关注转向对由政治文化概念所产生的方法论或技术的困难的关注上来。

困难不仅仅是在方法论方面，在以并不严谨的调查方法为工具、把文化与政治的关系作为一个经验问题并对假设和检验开放时，政治文化研究自然就会产生令人望而却步的概念问题。政治文化研究依赖于一种含糊的功能主义的关于政治文化如何（在特定范围内导向的聚合与分布）维持或破坏政治结构或经济发展的解释。这一结果说明由于存在着外部的和内部的概念问题，它对于文化与政治关系的研究难以切实可信。

从外部的概念问题来看，尽管政治文化研究的提倡者宣称他们的主观性文化概念是主流概念之一，然而，自60年代初以来就有大量的文献对它的心理的或主观的文化概念提出批评，甚至在格尔茨所支持的那些解释方法中也是如此。文化人类学理论坚持文化是由主观间共享的符号所构成的，它在仪式或其他的文化实践中展开，行动者在给社会和政治世界强加概念秩序的过程中赋予其意义。按照这个观点，文化并不是通过主观直接定位价值、态度或信念来起作用的，而是行动者用文化资源建立起特定的社会和政治互动的方式，在此基础上偏好的和特定的竞争方式决定着人们社会和政治活动的方式和范围。

政治文化研究避开了不应避开的概念发展，然而这不是全部，艾克斯坦还指出由此会产生一系列递增的概念困难。② 第一，从这种分析的成效来看，

---

① Ronald Inglehart, *Modernization and Post-Modernization*, Princeton, NJ: Princeton University Press, 1997, p. 15.
② Harry Eckstein, "A Culturalist Theory of Political Change", in *American Political Science Review*, No. 8, 1988, p. 801.

把在一定人口中分布的导向作为政治文化而不是简单地作为民众的信念系统或更为普通地作为公众意见来处理,并不能摆脱概念困境。当我们了解了政治文化研究的方法论是如何为自己的定义辩护时,就会看到在构成文化的一定人口中的导向的总体分布是模糊而不确定的,也缺乏应用价值。[1] 这并不是挑战英格尔哈特称之为"民众的信念系统"的跨国价值研究,而只是对把这种系统的变化作为文化变迁的证据提出质疑。

第二,政治文化研究的提倡者有意规避这个挑战,他们辩解说虽然文化是主观意图的表现,但它是相对持久和稳定的,它的构成因素具有普遍性。[2] 这样,政治文化研究假定文化导向是潜在的并且每个人都拥有文化导向,"它是关于政治的基本的通常是未表述的设想和假定"[3]。相比之下,公众意见和信念系统一般是更为特定的和容易变化的。这种解释很难令人完全信服,即使承认文化是基本的和原始的,人们仍然可以提出有力的证据来质疑通过调查回应是否可以准确地找到这种潜在的未表述的导向。[4]

第三,即使政治文化研究能够在存在基本政治共识的基础上,通过调查技术进行有说服力的政治文化构建,仍有问题需要解决。例如,由于社会学家专注于调查技术,因而导致他们更多地关注行为系统变化的结构原因,而忽略了用一种意图行动理论建立稳定的支点的任务,其结果是导致了他们是在没有微观基础的情况下去关注宏观层面。政治文化研究也有这个问题,从阿尔蒙德和维巴到英格尔哈特和普特南,政治文化研究只专注于对政治文化和政治结构或经济发展之间关系的宏观层面的解释。政治文化研究声称自己解释了政治行动和政治事件,因而具有重要的价值。他们指出:"在不同的社会种族间

---

[1] William Reisinger, "The Renaissance of a Rubric: Political Culture as Concept and Theory", in *International Journal of Public Opinion Research*, No. 7, 1995, pp. 328 - 352.
[2] Ronald Inglehart, "The Renaissance of Political Culture", in *American Political Science Review*, No. 82, 1988, p. 1217.
[3] Verba, Sidney (1965), "Comparative Political Culture", in L. Pye and S. Verba (eds.), *Political Culture and Political Development*, Princeton, NJ: Princeton University Press, p. 515.
[4] William Reisinger, "The Renaissance of a Rubric: Political Culture as Concept and Theory", in *International Journal of Public Opinion Research*, No. 7, 1995, p. 342.

存在的持久的文化差异……对于这些种族的态度和行为有着重要的影响"①，进而断言文化"潜在地提供着解释行为的某种因素"②。但是他们并没有进一步对这种行为与解释因素之间的联系提供明确而令人信服的理论解释。

内部的概念问题也没有解决。英格尔哈特说："在社会中有助于塑造人的行为的一种基本的共有的价值系统，这是解释经济发展的重要因素。"③ 这个观点引发了很大的争论，但参与争论的学者都聚焦于与此相关的各种方法论和经验问题，而忽视了基本的概念问题。"价值"是什么？它们是如何推动社会、政治和经济互动的？什么样的研究方法能够对价值和行动之间的关系进行最好的研究？尽管政治文化研究认为它自己是最好的研究方法，但问题并没有那么简单，因为"很少有像价值这个概念那样在流行的、规范的解释中被随意摆布的"④。政治文化研究根据这样不稳定的概念来阐明自己的解释机制，显然缺乏说服力。

政治文化研究无论是否用价值或其他导向作为解释机制，都会由于它偏爱的方法论技术而难以做好这项工作。驱动政治文化研究的调查方法几乎没有提供它在解释中缺失的特定的因果机制。批评者不只是不同意它的调查研究方法，而且还指出它在调查出的态度和相关行为之间的关系的论证存在着很大的问题，即在特定情况下价值导向的集中或分散程度之间的差异，调查结果与政治行动之间的差异，削弱了它对文化与政治关系的解释。正是由于政治文化研究缺乏进行详细解释的机制，因此它难以成为一种行动理论。赋予政治文化研究以生命力的规范方法论工具对于解决这个问题也无能为力。

艾克斯坦试图通过阐明隐含在政治文化研究中的行动理论来修补这个缺

---

① Ronald Inglehart, *Culture Shift*, Princeton, NJ: Princeton University Press, 1990, p. 21.
② Harry Eckstein, "Culture as a Foundation Concept for the Social Science", in *Journal of Theoretical Politics*, No. 8, 1996, p. 495.
③ Granato Jim, Ronald Inglehart and David Leblang, "The Effect of Culture Values on Economic Development", in *American Journal of Political Science*, No. 40, 1996, p. 608.
④ Mechael Hechter, "Should Values Be Written Out of the Social Science's Lexicon?", in *Sociological Theory*, No. 10, 1992, p. 227.

陷。他描述了行为的一种"心理刺激—回应模型",其中包括文化导向、经由社会化的内化、经验与行为之间的调适等。[1] 这一模型及其程序把行动或相互作用范式化了,但是艾克斯坦使用的语言具有误导性,他所说的行动者不是有意图的代理人,而是被内化和被行动的,这一点在他的"政治变迁的文化主义理论"中阐述得非常清楚。[2] 在他那里,有意图的行动者消失了,他们被融化在文化系统的功能之中。艾克斯坦认为文化至少可以在非正常的环境中发生变化,这种变化的最佳方式是"范式保存"的变化。这样,在制度层面上,在社会变迁的"功能失调"的影响中,政治现代化在一定意义上或文化层面就是文化的弹性发展。没有有意图的代理人,"行动"只是发生在制度层面上。这样,政治文化研究不是把它的文化或文化变迁的概念建立在一种由可信的解释机制支撑的行动理论的基础上,而是求助于一种本身值得怀疑的功能主义,结果是它很难阐明政治文化与政治安排或经济发展之间的因果关系。

政治文化研究的支持者和批评者都没有阐明政治文化研究的基本解释架构的功能主义特性。批评者质疑政治文化研究设置的政治文化与政治结构之间的关系,他们认为像个人之间具有高度的信任这样的公民取向是民主安排的结果,而不是民主的前提条件。[3] 在回应这种挑战时,政治文化研究的支持者对因果关系的解释是模棱两可的,这实际是一个概念性的问题,他们从来没有提出一个有说服力的功能性的解释来直截了当地解答这个难题,而这是无法回避的问题。为了阐明这种因果关系或相关的解释机制,斯廷奇克姆提出了一种似乎具有明晰计算逻辑的生物进化主义的功能解释[4],对此,英格尔

---

[1] Harry Eckstein, "A Culturalist Theory of Political Change", in *American Political Science Review*, No. 8, 1988, p. 790.

[2] Harry Eckstein, "A Culturalist Theory of Political Change", in *American Political Science Review*, No. 8, 1988, p. 796.

[3] Carole Pateman, "Political Culture, Political Structure and Political Change", in *British Journal of Political Science*, No. 1, 1971, p. 292.

[4] Arthur Stinchcombe (亚瑟·斯廷奇克姆), *Constructing Social Theories*, New York: Harcourt, Brace and World, 1968, pp. 80 - 101.

哈特说当提出一个令人信服的文化范式的变化不仅仅产生了"变种"、而且产生了优越的文化范式时，这就是文化范式的"自然选择"。[1]

然而，借助于类似生物学的进化功能主义的因果关系计算，就能回答这个问题吗？这里的关键在于社会科学是否足以像生物科学那样支撑进化功能主义的计算？进而，政治文化研究要阐释这种进化机制是如何把文化与政治联系在一起的。[2] 实际上，在目前社会科学所能达到的"进化"水平上"操控社会科学研究的某些路径好于其他路径"[3]，至多是为争论而不是结论制造根据。

政治文化研究在进行广泛而精心的跨国调查以及分析调查数据方面是熟练的，但依赖于这种调查技术并没有解决概念问题，它还是只有一种并不严谨地利用解释机制的政治文化概念。当我们验证政治文化研究的阐释时，这些问题就凸显出来了，而且，这些概念问题大大地阻碍了政治文化研究从现存的调查数据中收集到可能在经验上取得成功的证据，无论这些数据多么精准都改变不了这一结果，因为它解决的不是概念问题。

政治文化研究没有提供因果关系的、功能的或其他令人信服的解释，也没有详细阐明它是如何激励个体行动和在聚合人们的政治或经济行为时是如何保持连续性或发生变化的，当它声称这个或那个文化范式是与变化的政治和经济范式紧密联系的时候，它并没有真正地构建起这种联系性。由此看来，政治文化研究面临着一个重要而无法回避的任务，即它必须真正清晰地说明文化与政治相联系的功能机制。它总是声称已经有了更多更好的经验数据，然而我们所看到的是它对政治和经济现象的解释以及它构建经验性进步的过程和结果仍然是模糊不清的。

---

[1] Ronald Inglehart, *Modernization and Post - Modernization*, Princeton, NJ: Princeton University Press, 1997, p. 15, 66.
[2] Jon Elster, *Nuts and Bolts for the Social Science*, Cambridge: Cambridge University Press, 1989, pp. 71 - 88.
[3] Ronald Inglehart, *Modernization and Post - Modernization*, Princeton, NJ: Princeton University Press, 1997, p. 105.

四、社会资本概念的引入及其局限性

社会资本这一概念是为了弥补政治文化概念解释政治行动的不足而被进入政治学的。科尔曼(James Coleman)指出,社会资本既不是固定在个人身上,也不是固定在物质生产工具之中,而是存在于人们之间的关系结构之中的。[1] 他指出,既然行动者对处于他人控制之下的事件有兴趣,那么他们就会参与到交易和控制力的转化中来,这就导致了持久的社会关系的形成。它会导致权威关系、信任关系和双方认可的规范的权利分配关系的建立。对行动者而言,社会资本在关系网络中得以实现,它也是网络的构成因素。通过一定的关系网络,人们可以因自身的需要而激活相应的关系资源。[2] 由此看来,社会资本是可以被创造、维持和破坏的。

普特南在解释文化与政治之间的关系方面进行了进一步的研究。英格尔哈特认为,"普特南的工作有一个重大的贡献,就是找出了经济与文化因素之间的因果联系……"[3]。普特南的工作确实取得了很大的进展,但是并非像英格尔哈特所言,他并未对自己提出的"公民社会的规范和网络可以通过什么机制来对经济繁荣作出贡献"[4] 这一问题作出令人信服的回答。

普特南的研究与早期政治文化研究所关注的问题没有重要的差别,他关注的仍是从阿尔蒙德和维巴到英格尔哈特都关注的那类案例,是在《公民文化》中被直接引用的案例。[5] 他的研究表现在:第一,由于他依据历史数据,因而他部分地避开了早期政治文化研究的狭隘方法的定位,但这没有从根本

---

[1] Coleman, J. S., "A Rational Choice Perspective on Economic Sociology", in N. J. Smelser and R. Swedberg (eds.), *The Handbook of Ecnomic Sociology*, Princeton: Princeton University Press, 1994, p. 302.
[2] 〔意〕阿纳尔多·巴尼亚斯科:《信任与社会资本》,见〔英〕凯特·纳什、阿兰·斯科特主编:《布莱克维尔政治社会学指南》,李雪、吴玉鑫、赵蔚译,浙江人民出版社2007年版,第242—243页。
[3] Ronald Inglehart, *Modernization and Post-Modernization*, Princeton, NJ: Princeton University Press, 1997, pp. 188-189, 225.
[4] Robert Putnam, *Making Democracy Work*, Princeton, NJ: Princeton University Press, 1993, p. 159.
[5] Robert Putnam, *Making Democracy Work*, Princeton, NJ: Princeton University Press, 1993, p. 14, 22, 146, 237.

上解决这个问题，他仍然使用早期研究所使用的调查方法，认可他们的推论，同时具体化文化概念。第二，普特南继续关注早先的政治文化研究，其目的在于辩明稳定而有效的民主制度的文化前提，尤其是"社会信任"的水平。像英格尔哈特一样，普特南还把社会信任看成是经济发展的文化前提。第三，他也把文化范式看作是有遗传的和具有惯性特质的，并认为行动者没有自己的意图，而是按照文化所规定的行为方式"消极"行动的。文化传统只能在应对外部因素的过程中逐渐地发生变化。第四，当普特南辨识公民传统与制度表现之间的关联性时，转而求助于能够润滑社会合作并因此而推动政治和经济发展的"社会资本"的概念。普特南最终提供了一种功能解释路径：它论证了在某些环境中以规范的互动形式继承的社会资本的因素或公民约定网络是如何演化并提升社会信任的水平、从而通过加强好政府的建设来减少交易成本和促进社会合作的[1]，但根本问题是他并没有能够令人信服地阐明其间存在着一种基本的因果机制。

普特南看到了政治文化研究面临的概念困境，因而将寻求概念资源的努力转向其他学科，在"社会资本"的概念中他似乎找到了分析文化与政治关系的那种能说服人的机制。他首先阐述了意大利南方和北方之间政治文化的差异性，然后阐述了这两种不同文化对当地政府绩效的影响，最后在政治文化与政府绩效之间建立起关联性，从而断言："在一个区域内政府的表现以某种方式非常密切地与公民的社会和政治生活特性相联系。"[2] 这个"某种方式"就是在一定区域中公民影响政府的方式。这就是说，他企图阐明"一定区域中的公民具有怎样的文化及影响政府的方式"和"公民约定网络和规范是如何影响政府的"[3]这两个关键性的问题。那么，他阐明了吗？

普特南对政治文化内涵和差异的研究是通过回溯12世纪以来意大利不同地区之间的政治文化，揭示出尽管在表面上它们发生了"巨大的经济、社会、

---

[1] Robert Putnam, *Making Democracy Work*, Princeton, NJ: Princeton University Press, 1993, pp. 167-181.
[2] Robert Putnam, *Making Democracy Work*, Princeton, NJ: Princeton University Press, 1993, p. 99.
[3] Robert Putnam, *Making Democracy Work*, Princeton, NJ: Princeton University Press, 1993, p. 115.

政治和人口统计的变化",但实际上历史上所确立的"公民约定模式没有发生实质性的变化",它们像一个"强有力的磁场"在不同地方以间接的和不同的方式影响着政治和经济发展。① 进而,他对规范和公民约定网络是如何影响政府和经济表现的问题进行了探讨,在这一点上他主要是应用经验的研究方法,因而像其他学者一样,产生了深刻而持续的概念困境。为了解决这个问题,普特南在规范和网络与政治和经济的关系这个结合点上引入了社会资本的概念。但是,我们注意到他也正是在这个结合点上降低了他的解释标准,他不再是要辩明解释的"机制",不再是"建立精细的联系"或回答"线性的因果联系",而是转向"我们不仅仅要根据因果关系及其效果来进行思考,还必须根据社会均衡来进行思考"。②

普特南把意大利南方和北方地区政府绩效之间的差异归因于北方社会关系中的"公民均衡"与南方的"霍布斯均衡"之间的差异,而这些均衡是"道德的"或"非道德的"因素的结果,或者说它们具有不同的文化特性。③ 具体来说,他把政府绩效的差异归因于公民参与以及人们之间信任水平的差异。他指出:"至少在过去十个世纪里,北方和南方对于困扰所有社会的集体行动的困境采取了完全不同的方法。如果说在南方人们主要依靠垂直性的结构来解决问题,那么北方的互惠规范和公民参与网络已经深深嵌入于社会之中,例如在行会、互助会、合作社、工会乃至足球俱乐部和识字会中。这些横向的公民联系所支撑的经济和制度绩效水平总体上大大高于社会和政治关系始终是垂直建构的南方。互惠规范和公民参与网络能够促进社会信任,它们都是具有生产性的社会资本,正是这样的社会资本使得遵守规范的公民共同体能够解决它们的集体行动问题,进而更好地促进经济繁荣和民主治理。他还认为,社会信任、互惠规范以及公民参与网络是相互加强的,它们对于形成自愿合作和解决集体行动的困境都是必不可少的。其中社会信任是社会

---

① Robert Putnam, *Making Democracy Work*, Princeton, NJ: Princeton University Press, 1993, p. 162.
② Robert Putnam, *Making Democracy Work*, Princeton, NJ: Princeton University Press, 1993, p. 116, 148, 181.
③ Robert Putnam, *Making Democracy Work*, Princeton, NJ: Princeton University Press, 1993, p. 162, 177.

资本的最关键因素;普遍互惠有效地限制了机会主义的行为,提高了互惠者之间的信任水平。稠密的社会交换网络将增加游戏理论中所说的关系的联系,从而也将增强社会信任水平。"① 概括来说,普特南是这样理解社会资本互动的基本方式的:公民间富有活力的水平网络"促进"了规范的互动与互惠,这些规范转而"鼓励"更高水平的社会信任,这种信任又转而"润滑"各种形式的社会合作,作为它的一种副产品则产生了"好的"政府。② 所有这一切都是不断地自我强化的。当然,向相反的方向发展也是如此。这一过程构成了道德或非道德变化的循环,以维持这两种社会均衡,这是所有社会都存在的倾向。③

普特南的这一理论得到了某些经验上和数据上的验证,使研究成果更为可信,从而推进了政治文化研究,但这只是程度上的进步,距离去除论证的含糊性和建立明确的因果机制或确切的解释机制还很遥远,或者说他没有详细阐明自己所使用的社会资本这一概念的构成,因而还不能说他解决了这个概念问题。④ 批评者一针见血地指出他没有具体说明社会资本为什么和以什么机制和方式导致好的经济和政治表现的产生。换言之,他还是没有详细说明他自己提出的社会规范和网络是如何影响政府和经济表现的这一问题。

詹姆斯·约翰逊(James Johnson)认为有两种处理这一问题的方式:一是阐明社会资本的概念本身具有解释力;二是可以退却,承认社会资本是一种修辞的而不是一种解释的概念。⑤ 由于这两种选择的每一种都要面对无法避免的概念困难,因而都不能提供解决这个问题的有效方法。

普特南把社会资本打造成一个解释性概念并且阐明它的特殊解释力的努

---

① 景跃进、张小劲:《政治学原理》,中国人民大学出版社2006年版,第259页。
② Robert Putnam, *Making Democracy Work*, Princeton, NJ: Princeton University Press, 1993, pp. 167-177.
③ Robert Putnam, *Making Democracy Work*, Princeton, NJ: Princeton University Press, 1993, p. 177, 181.
④ Robert Jackman and Ross Miller, Social Capital and Politics, in *Annual Review of Political Science*, No. 1, 1998, pp. 47-73.
⑤ James Johnson, "Conceptual Problems as Obstacles to Progress in Political Science", in *Journal of Theoretical Politics*, 2003, p. 107.

力并不成功,他只构建了一种模糊的社会资本概念,而且还凸显了这种模糊性的功能主义特性。人们发现,当把在经济学中产生的资本概念扩展到由人所组成的社会中并把它看成是社会资本时,就会逐渐地剥去这个概念的原本特点[1],因而普特南所使用的社会资本概念没有包含经济资本的中心涵义。普特南详细描述了作为一种公共物品的社会资本,认为它是一种无意图的社会互动的副产品,其使用价值是增值的而不是贬值的。[2] 这不仅仅是提出一个新的定义的问题,而是他所构思的社会资本的概念和方式继续了对他提出的政治文化如何与政治和经济制度互动的功能主义概念的依赖。像政治文化研究的前辈一样,普特南从没有明确地解决功能主义解释所需要解决的问题。然而,如果他要使社会资本概念成为政治文化研究中的一个关键性的解释概念,他就必须做到这一点。

另一种处理问题的方式或研究路径是承认社会资本本身不是一种解释概念。科尔曼(James Coleman)指出:"社会资本的概念揭示权利、权威、信任和准则这些概念的过程基本上是相同的……这个概念把其中的一些过程组合在一起,抹煞了某些社会关系之间的差异,而在面对不同的问题或任务时这些社会关系之间的差异本来是不能忽视的。这个概念的价值主要在于它辩明了按照功能划分的社会结构。"[3] 这个评论提示我们,普特南有时是把社会资本看成是一个标识或一种机制,这种机制使它具有某种解释功能,但它主要不是进行解释而是进行一种规劝性的修辞。这样确定社会资本的概念可以使我们在一定程度上辩明社会结构的功能划分,阐明社会资本的成分,包括互惠的规范、社会信任和社会网络是如何促进合作和提高政府绩效,但是这远远没有阐明这个概念本身。

---

[1] Jon Elster (乔恩·埃尔斯特), "More Than Enough", in *University of Chicago Law Review*, No. 64, 1997, pp. 749 - 752.
[2] Robert Putnam, *Making Democracy Work*, Princeton, NJ: Princeton University Press, 1993, p. 169.
[3] James Coleman (詹姆士·科尔曼), *Foundations of Social Theory*, Cambridge, MA: Harvard University Press, 1990, p. 304.

普特南试图详细阐述因果关系，并且相信社会资本的成分鼓励集体合作，因为"它们减少了对过失的刺激、减少了不确定性，提供了未来的合作模式"①。但他没有使用任何社会资本的基本因素来进行阐释。与此不同的是，在理性选择理论中已经有了以集体策略互惠为基础所产生的关于合作的、关于互动中产生均衡规则的、关于解释社会合作和作为策略互动后果的类似于社会资本因素的社会信任具有相当说服力的解释。到目前为止，人们还不可能找到十分明确或具有完全说服力的解释，如果普特南希望详细阐述这种因果关系的脉络，那么他就要阐明这种缺乏理性选择解释的社会资本的因素是如何进行解释的，它是如何影响政府运作的。

普特南无法做到既避免功能主义的诱惑又能超越理性选择理论对其社会资本概念的挑战，因而他实际上未能修补这个给政治文化研究带来困扰的概念困难。他的经验研究对这个问题的解释仍然具有模糊性，它关于政治文化如何运作和推动个人行动以及如何维持或改变聚合的政治或经济行为的解释虽然至少部分地可信但缺乏机制上的说服力。由此看来，由于概念上的困难，政治文化研究并没有取得实质性的进展，其各种因果解释还是缺失的。

小　结

文化与政治有着普遍而重要的关联性，这一点毋庸置疑，问题是如何以令人信服的方式阐明这种关联性。有人认为，政治文化研究用经验方法成功地阐明了这种关联性，但另一些人看来，它长期无法解决的概念问题使它几乎不可能提出令人信服的经验性论断。无论是从英格尔哈特所进行的大范围的量化研究还是从普特南所进行的更为专门化的案例研究来看，政治文化研究的资料及其证据都没有解决概念问题。克服概念上的困难像增加经验支持一样，都可以使研究取得进展，但两者不能相互替代。从政治文化研究来看，

---

① Robert Putnam, *Making Democracy Work*, Princeton, NJ: Princeton University Press, 1993, p. 177.

如果解决了重要的概念问题，那么从一种完全由经验支持的理论转变为一种较少经验支持的理论可能是一种进展。① 所以，如果政治文化研究能够把构建良好的概念作为经验研究的支撑，并有相关的令人信服的解释，它就会有更大的价值。

第五节　政治文化与政治变迁

政治文化理论的连续性预期是它解释政治变迁的一个基本观点，但这一观点一直受到质疑。实际上，文化变迁的连续性可能会随着变迁而改变或被调适，文化变迁的中断在一定条件下是存在的。我们可以从文化变迁的两个基本问题来分析政治文化理论的假设和连续性预期与政治变迁的关系：一是文化的连续性变化与非连续性变化的特点及其相互关系，二是像社会革命这样的重大转型事件对政治文化变迁的连续性与非连续性的影响。

一、问题的提出

阿尔蒙德使以心理学为核心的文化决定论进入了政治学研究，他以英美政治体系为基础把政治文化划分为认知、道德和情感三个层面，而且根据模式变量显示了传统与现代的不同时代特征[②]，白鲁恂则把这种文化决定论假设的研究扩展到非西方国家的研究中。然而，白鲁恂一方面认为世界文化的传播对非西方国家的政治发展起了决定性的作用，另一方面又看到世界文化的扩散只能削弱和摧毁传统社会的结构却不能轻易重建一个现代社会。对于这样一个似是而非的结论，他的解释是，文化同化的过程需要创建大量的社会组织传播和支持与现代生活相适应的社会、政治和经济活动，但与此同时，

---

① Larry Laudan, *Beyond Positivism and Relativism*, Boulder, CO: Westview Press, 1996, p. 80.
② 〔美〕加里布埃尔·A. 阿尔蒙德、小 G. 宾厄姆·鲍威尔：《比较政治学：体系、过程和政策》，曹沛林等译，上海译文出版社 1987 年版，第 30—60 页。

人们的心理难以支持社会组织发挥这种功能。由此看来，现代文化的扩散决定了现代政治体系的建立，而传统价值的存在又阻碍了现代文化的进一步传播，那么，这两种文化到底哪一种起决定作用呢？实际上，他是在不同的层面上使用这两种文化的，一个是在宏观层面上决定历史进程，另一个是在微观层面上决定心理反应。① 白鲁恂做这个假设时显然只是从系统功能要求的角度来着眼的，没有顾及文化作为生活世界符号结构之一的解释学意义。由此看来，已有的政治文化理论对政治的结构、态度和行为中发生的变化缺乏有效的解释，因此有人对这种方法提出了质疑。例如，罗格夫斯基指出政治的文化主义者对待变迁的解释不够充分，他们对与自己的假设不相符合的变化的解释过于牵强，有过多的拼凑，以此种方式把对政治变迁的解释归入他们的认识框架，显然存在缺陷。② 的确，政治文化方法的基本假设对于变迁的解释还存在着明显的缺陷。然而，尽管从它的这些假设中演绎出一种合乎逻辑的和可信的关于政治变迁的解释是困难的，但并非不可能。

　　阿尔蒙德等人把政治文化与政治结构和行为进行了区分③，斯皮罗对作为意义系统的文化与作为文化建构要素的社会结构、行为、信仰、仪式等进行了区分④。这种把文化与结构区分开来的研究视角表明，结构等要素是对文化的反映，但它们并不等同于文化本身，而且是可以独立测量的，由此，考察文化与文化构建要素之间和谐与否的条件就成为研究变迁问题的基础，包括文化、结构和其他现象是否以模式化的路径发生变迁等都是如此。这实际上也建立了一种比较的变量和单位，使我们可以对不同社会之间的文化与文化建构要素之间的和谐程度进行比较，而一个社会和谐程度的高低可以检验公

---

① 〔美〕加里布埃尔·A. 阿尔蒙德、小 G. 宾厄姆·鲍威尔：《比较政治学：体系、过程和政策》，曹沛林等译，上海译文出版社1987年版，第30—80页。
② Rogowski, Ronald, *Rational Legitimacy*, Princeton: Pricetion University Press, 1974, pp. 1-27.
③ 〔美〕加里布埃尔·A. 阿尔蒙德、小 G. 宾厄姆·鲍威尔：《比较政治学：体系、过程和政策》，曹沛霖等译，上海译文出版社1987年版，第30—88页。
④ Spiro, Melford E., "Some Reflections on Cultural Determinism and Relativism with Special Reference to Emotion and Reason", in Richard A. Schweder and Robert A. LeVine (eds.), *Culture Theory: Essays on Mind, Self, and Emotion*, Cambridge: Cambridge University Press, 1984, p. 116.

民对于政府的满意度、政治参与和政治稳定等要素的状况。

在用文化分析研究政治与社会变迁时,我们应注意到文化分析的两个特点:一是与比较政治中的利益或制度理论对政治现象有直接而明确的解释力不同,文化分析的解释一般是间接而含糊的。但这并不否定它的实际效用,在未建构的、变化的背景中,当缺乏制度化的程序来解释和指导行动时,关于他人动机的文化解释和假定对于解释政治过程就特别重要,即使在通常情况下它在不同程度上也是不可或缺的。实际上,建构的不完整性、制度化的低水平性和变化的永恒性才是一种常态,尽管它们总是被看作是"非理想的"状态。二是文化不是固定不变的信仰和实践标识,它具有互动性和建构性特征,具有修正信仰和行为的能力,理解可以发生变化,并可以在与其他文化碰撞时调适自己。

文化可以在政治变迁中发挥重要的作用。尽管文化本身并不能轻易地改变,但是当政治需求通过文化意义来表达时,会使目标变得鲜明,动员更加有力,一些民族主义尤其是宗教性的表达和政治动员就是如此。当文化进行身份重构、并以此种方式动员支持者以及挑战现有政策和制度的合法性时,通常特别有力量。[①]伊斯兰原教旨主义、基督教原教旨主义和儒家文化在某些国家不同程度的复兴都说明了这种情况。

二、关于政治文化变迁的争论

政治文化变迁完全是一种缓慢而持续的变化过程,还是也可能发生中断或较快的转变,其变化的动因和路径如何?或者说政治操作是否可以较快地推动这种变迁?这一直是政治文化理论关注和争论的重要问题。沃林和艾克斯坦之间的争论表达了两种基本不同的观点,我们可以这一争论为前设来展开进一步的分析。

---

① Brysk, Alison, "'Hearts and Minds': Bringing Symbolic Politics Back In", in *Polity*, Vol. 27, 1995, pp. 580 – 592.

艾克斯坦坚持传统的文化分析理论对政治变迁的解释，认为政治文化的变迁是缓慢而具有连续性的，而沃林反驳说，政治学主要是在政治操作而不是文化变迁的意义上说明政治转型的，换言之，政治操作可以使政治文化发生较为迅速的变化。对此，艾克斯坦回应说推动变迁的政治行为本身就是以文化为前提的。①

沃林的主要论证是：第一，艾克斯坦仍然坚持"累积社会化的假设"这一观点，也就是认为人生早期的习得对于后来的学习有重要的影响，它们之间是无法摆脱的一个连续体。② 这是以弗洛伊德的已经逐渐不为人们所认可的社会化理论为基础的。精神病学家和人类学家托利的研究表明，没有证据显示儿童时期的经历对于后来的行为起关键性的作用，在人的成长中并不存在明显的不同的个性发展阶段。③ 罗柯夫斯基不仅质疑早期学习决定后期学习的程度，而且质疑早期学习聚合的持续性。他指出，至于哪一种文化价值是最持久的或最基本的，哪一种习得的行为可以从其他的行为中区分出来，哪一种准则和价值与政治体制所提倡的准则和价值相一致，并没有一定之规。④

第二，艾克斯坦认为社会越是现代就越具有弹性⑤，就越能够随着情景和结构的迅速变化和改变，而传统的社会则很难出现这种变化。然而有人指出现实未必如此，较为传统的社会也具有这种弹性和可变性，例如，20世纪伴随着西方现代因素的输入使非洲和亚洲一些国家的民族主义迅速扩展，迅速改变着各自的社会。无论在非洲、亚洲还是拉丁美洲，我们都可以看到城市化、市场化和政党等现代性因素在现代化过程中以快于西方国家的速度发展

---

① 国家社会科学基金重点项目"比较政治学理论跟踪研究"（批准号：11AZZ001）。
　Harry Eckstein, "A Culturalist Theory of Political Change", in *American Political Science Review*, 1988, p. 789.
② Harry Eckstein, "A Culturalist Theory of Political Change", in *American Political Science Review*, 1988, p. 791.
③ Fuller E. Torrey, *Witchdoctors and Psychiatry: The Common Roots of Psychotherapy and Its Future*, New York: Harper & Row, 1986, p. 75.
④ Ronald Rogowski, *Rational Legitimacy: A Theory of Political Support*, Princeton: Princeton University Press, 1974.
⑤ Harry Eckstein, "A Culturalist Theory of Political Change", in *American Political Science Review*, Vol. 82, 1988, p. 795.

着，其社会对于变化的适应性似乎并不慢于更为现代的西方国家。①

第三，艾克斯坦认为政治转型的步伐越快，就越可能发生社会机能失调的现象，从而导致政治极端主义、习惯性顺从、退却主义、反叛、不妥协、倒退或其他意想不到的后果，"革命企图达到的永久转型的结果将严重背离它的初衷，而更像是回到革命前的社会状况"②。这一点与许多现实情况相符，但并非完全如此。尤其是它似乎更符合早期革命后转型的情况，而在近几十年的转型中则并非如此。例如，在亚洲新兴工业化地区或国家的转型中，尤其是台湾地区和韩国，并没有发生这种情况。在台湾，随着人均年收入从 1952 年的 48 美元升至 2000 年的 13000 美元，再到 2010 年的 2 万美元，其社会生活的许多方面都发生了变化。这一时期它从一个农业社会转变成一个工业社会③，又转变为一个信息社会④。韩国的变化也非常明显，"今天，离开 20 年的参观者，无论到这个国家的任何一个地方，无论是城市还是农村，都很难辨认出原貌了"⑤。韩国从 1957 年的人均收入 67 美元升至 1995 年的 8000 美元，再到 2010 年的 2 万美元，与之相伴随的是政治和社会生活的巨大转变。尽管在台湾地区和韩国社会中都还存在着文化和政治纷争，但没有根本性的文化断裂或社会变迁非连续性的证据。

文化主义者企图证明日本、新加坡、香港、台湾地区和韩国甚至中国经济上的成功是来自于儒家文化价值观，他们认为这种价值观一直没有发生重要的变化，尤其是对权威、教育和精英治理的崇拜。然而实际上，这些国家和地区的社会政治文化已经发生了很大的变化，现代的而非儒家的文化成为其社会的主流价值观。另外，台湾和中国在同样的文化传统之中却实行了不

---

① Aiden Southall, *Cross-Cultural Studies of Urbanization*, New York: Oxford University Press, 1973.
② Harry Eckstein, "A Culturalist Theory of Political Change", in *American Political Science Review*, Vol. 82, 1988, p. 800.
③ Nigel Harris, *The End of the Third World: Newly Industrializing Countries and the Decline of an Ideology*, Middlesex: Penguin, 1986, pp. 46-47.
④ 赵永茂:《台湾的民主发展模式及其转型》，"中国式民主"国际研讨会，武汉，2009 年。
⑤ David I. Steinberg, *Foreign Aid and the Development of the Republic of Korea: The Effectiveness of Concessional Assistance*, Washington: U.S. Agency for International Development, 1985, p. 20.

同的政治制度，两地的民众对权威、教育和精英的态度也有很大的不同。由此看来，儒家文化价值对政治发展的影响并不是决定性的。① 实际上，在中国发生的一些变化值得深思：过去国内外一些学者一直把中国的高储蓄率作为儒家文化的一个特色，但实际上在民众的投资渠道拓宽后，中国人在房地产、股票、黄金、期货等方面的投资已经不亚于西方人，现在政府、企业界和学者们担心的是人们过低的储蓄率，一度较高的储蓄率与大量发行货币有关，与社会保障水平较低有关，而不一定是与文化有关；中国家庭在教育上的投入高也是由于国家投入不够和与国外的教育存在着较大的差距所致，而主要不是中国人的文化观所致，例如，在台湾和新加坡这两个华人社会中的教育投入已经接近西方国家依靠政府和社会保障而不是依赖传统的家庭投入了。

  艾克斯坦的基本观点是，缓慢的变迁是常态的、可持续的和有效的，而迅速的变迁是非常态的、不可持续的和难以奏效的。一些学者在研究了20世纪60年代至70年代的一些国际援助项目的实施过程和社会环境后得出了同样的结论。② 这些项目企图使受援国发生迅速的转变，而结果是其遇到了强有力的文化上的阻碍。因此，他们认为这种障碍是不可逾越的，这些文化中的独特性和连续性对于外部的文化输入是一种阻碍，这似乎与经典的文化分析理论认为"人们的行为是由他们各自的文化传统所决定的"③ 观点相一致。但也有不同的例证，例如，人们一度相信在德国的国民特性中有某种威权主

---

① 李路曲：《比较视野下中国政治的发展》，见黄卫平、汪永成编：《当代中国政治研究报告》（第6期），社会科学文献出版社2010年版，第44—59页。

② 劳伦斯·哈里森（Lawrence E. Harrison）的著作指出，长期以来在拉丁美洲存在着超自然的信仰系统、威权主义和继承关系，是社会关系而不是法律关系约束着人们的行为，人们是靠家族或地方信任而不是社会信任相联系的，因而社会中存在着普遍的腐败和不信任（参见 Lawrence E. Harrison, *Underdevelopment Is a State of Mind: The Latin American Case*, Lanham, MD: University Press of American, 1985）；戈兰·海顿（Goran Hyden）的著作指出非洲的经济结构是一种"属性经济"，人们的忠诚主要是对家庭、社群和宗教的，而对国家、政府和法律的忠诚则要弱的多（参见 Goran Hyden, *No Shortcuts to Progress: African development Management in Perspective*, Berkeley, Los Angeles: University of California Press, 1983）；白鲁恂（Lucian W. Pye）发现在亚洲文化中有比西方更多的父权主义、权威主义、种族优越性、自私性和恐外症，尽管在亚洲各地区之间也存在着亚文化差异，在这方面表现的强弱并不相同（Lucian W. Pye, *Asian Power and Politics: The Cultural Dimensions of Authority*, Cambridge: Cambridge University Press, 1985）。

③ Leslie A White, *Science and Culture: A Study of Man and Civilization*, New York: Farrar, Strauss & Giroux, 1969, p. xxiv.

义因素，以此解释纳粹主义的兴起①，但是这种对德国民主发展的悲观预言早已被德国战后迅速的民主化证明是不符合事实的了②。从德国的情况来看，政治或政治操作影响着文化，就像它被文化所影响一样。例如，在一些后发展国家中，尽管其前现代社会就存在着腐败传统，但在殖民主义统治时期它得到了较好的控制，而在殖民统治结束后它又死灰复燃，很多亚洲和非洲国家在20世纪的情况都是如此。20世纪70—80年代，在非洲很多国家腐败的同时，博茨瓦那、马拉维和象牙海岸却有效地抑制了腐败。无独有偶，在亚洲很多国家腐败的同时，新加坡和香港却有效地抑制了腐败，在这些地方的领导人都严肃地与腐败进行斗争。另一方面，在领导人与腐败斗争不利或自身腐败的地方，腐败自然就膨胀起来，它还解释为是传统的"关系"这种文化在起作用。

文化对于发展的阻碍当然是难以克服的，但并不是不能克服的。20世纪80年代美国国际发展署（USAID）11%的国际援助项目和世界银行44%的国际援助项目都半途而废。③ 国际货币基金组织1987年在对南部非洲九个国家进行的调查中发现项目实施者对非洲管理者的许多抱怨是有对的，那里的人们过分地追求政治权力，而对个人权利却不够尊重。人们对公共政策冷漠，对私人部门不信任，不敢实验或不愿承担风险等，但是这并不能证明族群或文化因素是决定行为和体制运行和变化的唯一因素。尽管世界银行在80年代中期之前对发展中国家实施的农村发展项目有74%失败了，在1979—1983年的五个财政年度中有23%的援助项目是失败的，但是仍有很多项目成功了，因此它把失败的主要原因归结为项目设计、执行和缺乏政府的支持④，而不是

---

① Karl W. Deutsch and Rupert Beriling, "*The German Federal Republic Pert Breasts*", in Roy C. Macridis and Robert E. Ward (eds.), *Modern Political Systems: Europe*, Englewood Cliffs, NJ: Prentice Hall, 1963.
② Sidney Verba, *Germany: The Remaking of Political Culture*, in Lucian W. Pye and Sidney Verba (eds.), *Political Culture and Political Development*, Princeton: Princeton University Press, 1965.
③ World Bank, Operations Evaluation Department, *The Twelfth Annual Review of Project Performance Results*, Washington: World Bank, 1987, p. 20.
④ World Bank, Operations Evaluation Department, *The Twelfth Annual Review of Project Performance Results*, Washington: World Bank, 1988, pp. 27 - 28.

把文化看成是阻碍这些项目成功的主要原因。

由此看来，文化可以阻碍发展是毋庸置疑的事实，但在同一文化中发展也是毋庸置疑的事实，不同的政治行为会产生不同的结果，这样，文化就是可以改变的了。政治总是能改变文化，它所推动的变迁比文化更加迅速。一些对发展中国家成功的援助案例说明，在那些认真对待发展的强有力的领导人和组织使当地的行为方式发生变化的地方就可以看到，当政治参与在集权主义体制内发展起来时，它就会促使制度发挥新的效能。这些促使政治参与发展的政治操作主要包括：建立适度的集中与分散的权力结构；保证权力的制衡和责任明确；合理地使用软硬权力，即应最大限度地使用影响、规劝、激励等软权力，而尽可能少地使用强制、惩罚、威胁或制度约束等硬权力，并把这两种形式有机地结合起来，就可能削弱文化的阻碍作用；有序地扩大政治参与并不要削弱管理和领导力，同时通过扩大参与而增加政府的合法性，从而有效地使用领导力；要有政治弹性，通过协商而不是强制来制定合理的目标，并且允许通过不同的路径来达到这一目标，在尽可能不削弱责任和约束力的情况下最大限度地鼓励创新。

当政治参与达到一定水平时，政治文化就会发生变化。世界银行在萨尔瓦多开展的名为"Foundación Desarrollo"项目中，农民们组织成互助组参加基础设施建设，为低收入家庭设立保证基金，这些农民偿还贷款和与管理者合作的积极性如此之高令世界银行官员十分惊喜。在印度的古吉拉特邦，一个名为"个体妇女协会"的非政府组织对低收入个体妇女进行培训，使她们通过借贷承担起新型的生产、储存、推销和金融管理工作。这些和其他许多案例都显示出人们在完全不同的环境或文化背景中对政治的积极回应，说明政治可以改变环境和文化。[①] 成功的国际援助项目更多的是利用奖罚机制等软的关系而不是硬的制度来激励人们改变传统的生活，例如世界银行在加尔各

[①] Herbert H. Werlin, "Starting Small on Big Urban Problems: The Case for Small-Scale Pilot Projects", *Open House International*, No. 11, 1986, pp. 56-59.

答和美国国际发展署在埃及农村进行的援助项目为当地公民组织的一些项目先提供本金,对其中达到预定目标的项目再追加资金,对达不到的则不再追加甚至取消,这种方法就是通过激励机制来进行引导和控制,实行弹性管理。这显然更多的是从文化上而不是制度上来推进变革。

在艾克斯坦看来,尽管构建系统的关于政治变迁的文化理论是可能的,但目前这种理论还不够完善,缺乏说服力。已有的政治文化理论主要是专注于对文化的连续性变迁进行解释,而不能对非连续性或较快的文化变化作出有说服力的解释,只有构建一种对各种形式的变迁都有说服力的文化解释理论,包括它不适用于哪种变迁,它才是有效的。

艾克斯坦首先对沃林文章的立论基础进行了反驳,说自己并非完全是一个弗罗伊德精神分析法的信奉者,更没有把传统与现代看成是截然对立的,沃林这样说完全是为了支持他的政治操作可以改变文化的观点。艾克斯坦说他完全认同从传统向现代的转变是一个连续的过程,两者之间并不是对立的和截然分开的。① 同时,他也认为政治变迁是增量性的逐渐变化,这是文化主义理论最能够解释的那种变化。

艾克斯坦认为沃林所使用的关于变迁的大多数案例并不恰当,事实是,美国国际发展署和世界银行对发展中国家的援助项目很少是成功的,尽管它们的目的并不是推动政治转型。在这些社会和经济项目中,具体来说是在计划制定、管理、执行或争取政府支持的过程中,文化是既定的必须考虑的因素。文化在特定的工作或社会关系中会削弱或增强达到目标的力量,任何一项严肃的社会经济工程都应该尽可能地借助文化来实现自己的目标,尽管这不是解决问题的唯一方法。如果真像沃林所言,"只要使用了正确的方法,政治就能达到任何效果"的话,那么这个正确的方法也只能是运用政治文化的基本要素。我们知道,在政治上保持集权与分权的平衡是必要的,而政治体

---

① Harry Eckstein,"The Idea of Political Development: From Dignity to Efficiency", in *World Politics*, Vol. 34, 1982, pp. 451 – 486.

制与政治文化之间的基本关系就关乎这种变量，例如，可以想象在瑞士通过削弱州的自治权力来加强中央权力吗？我们看到的情况是，除了在州的基础上建立各种联盟和联邦而形成的弱国家体制外，自1481年以来一切构建一个集权性联邦的努力都失败了，而其语言、宗教上的文化分离以及经济差异一直保持到今天。① 与此相对应的另一个例子是，一些法国政治家一直为如何放松建立在平均主义基础上的古典的中央集权及其官僚机构的控制并扩大地方自治权而努力，但结果是它的集权体制已经经历了专制时期、王朝时期和共和时期，仍然没有发生根本性的变化。即使在共和时期，也是"表面为共和，实际为帝国"②。这种体制就是文化惯性作用的典型案例。

艾克斯坦指出，沃林企图通过扩大政治参与来提高政府的合法性，从而增强决策和执行力，以改变政治文化，然而他没有解决如何才能达到广泛的参与并使其发挥积极而不是负面效应的问题，这就会使人们质疑它的可行性。从现实情况来看，或者是人们不愿意参与，或者是没有参与的管道，或者是无序的参与带来了混乱。因此，如何实现有效的参与一直是民主的理论与实践所探讨的问题。我们看到，即使是在很高的参与文化中，例如在美国，除了投票时人们有较高的参与度外，平时人们对政治的关注程度是很低的。例如，一项调查显示只有约10%的人对政治有较大的参与兴趣。③ 密尔主张通过向地方政府下放更大的权力来改变这种情况④，这可以使公民更加接近政府和权力，从而可以经常或定期地进行参与。佩特曼则强调在工作地点就近进行参与。⑤ 这两种情况都有助于形成普遍的参与文化，但这种重要的制度安排在实践中遇到了困难，部分原因就是文化的阻碍作用，"不是所有的工作地点参与者的虔诚和才智都能够削弱既存的威权结构"⑥。维特在《运转中的民

---

① Jurg Steiner, *Das Politisches System der Schweiz*, Munich: Piper Verlag, 1971, pp. 15 - 44.
② Philip Williams, *Politics in Post-War France*, London: Longmans, 1954, p. 2.
③ Sidney Verba and Norman H. Nie, *Participation in America*, New York: Harper & Row, 1972.
④ John Stuart Mill, *Representative Government*, London: Everymen, 1910, pp. 347 - 348.
⑤ Carole Pateman, *Participation and Democratic Theory*, Cambridge: Cambridge University Press, 1970.
⑥ Harry Eckstein, "Civic Inclusion and Its Discontents", *Daedalus*, Vol. 113, 1984, p. 126.

主、权威和让渡》一书中有许多关于这种困难的案例描述①，他发现人们并不像想象中的那样有参与的热情，热衷于参与的不是那些典型的工人，而是那些企图向上爬以进入上层阶级的人，或者是那些利用参与来制造麻烦和进行反抗的人，这些人的参与显然不能代表主流的公民参与。

文化主义所主张的是不改变文化的政治操作，例如，使政府或领导人超脱于各社群或种族之上，具有很高的自主性，以使他们可以用绅士的或劝说的方式来调解和避免社群或种族矛盾，从而使不同文化社群或种族的人达成一致。亚洲一些威权主义尤其是软权威主义国家或地区的一度成功在相当意义上就是使用了这种治理方式，例如在新加坡就有这种情况。② 实际上，在很多发展中国家，由于其发展的历史阶段及时代特点，都在不同程度上应用了这种政治操作手段。这就是说，政治操作必须与文化相协调，否则难以奏效。不过我们仍然可以看到一个国家或地区的政治和文化在一个不太长的时间内会发生较大的变化，例如新加坡、韩国和台湾地区近几十年的变化都是如此，甚至更多的近几十年发生政治转型的国家也是如此。

文化与政治操作之间确实存在着一定的联系，政治行为一定与既定的人、社群或文化相关联，但这不意味着政治不能改变社会文化，尤其当政治操作的目的本身就是改变人或文化的话，就更是如此。现实表明，越是不那么根深蒂固、导向不稳定或处于混乱状态的文化，就越容易受到政治操作的影响，反之政治操作则容易受到文化的制约。人们常列举的一个具有普遍性的例子是资本主义的市场化或城市化过程使农民发生了文化迷失，从而引发了大量的社会流动和群体暴力，其传统的文化最终被现代文化所取代。这个例子或许还说明，即使文化是根深蒂固的，但如果来自外部的冲击是特别强势的话，它也会发生相应的改变。

---

① John F. Witte, *Democracy, Authority, and Alienation at Work*, Chicago: University of Chicago Press, 1980.
② 李路曲:《新加坡现代化之路: 进程、模式和文化选择》，新华出版社 1996 年版，第 168—179、330—344、365—371 页。

三、政治文化理论的连续性假设

正是由于政治文化理论的假设在整体上导致了对文化连续性的预期,并把它看成是一种常态,因而导致其在完全客观地阐明变迁的过程和原因时产生了困难。要弄清为何如此,就要弄清文化理论所赖以产生的基本假设。在文化主义者的著作中,这些假设阐述的并不完全,或者在遇到解释困难时有意避开了某些部分,然而,如果我们要阐明在一种文化中什么经验是常态的,什么文化理论能够或不能够调适,那么就必须澄清这些问题。

政治文化理论的基石是关于"行动导向的假定"(the postulate of oriented action)。它是指行动者不是直接对情况作出回应,而是通过调节"导向"来进行回应。可以说,政治文化理论的所有解释或者是阐明这个假定、或者是根据这个假定而展开的。

行动导向是在一定环境中引导行动者以特定方式行动的并具有相当普遍性的倾向,它使行动模式化。如果行动者没有这些倾向,如果导向没有形成或不一致,那么行动就没有确定的方向,就会发生无范式的、无道德准则的和无一致目标的混乱的行动。行动导向是遵循心理学的"刺激—回应模型"运行的,但它不像单一关系的行为主义模型那样在经验和回应行动之间没有主观的介入,而是一种中庸调节模型,它认为对于刺激的回应是把客观经验和行动者的主观经验结合起来操作而产生的,正是导向进行了这种操作。

导向与态度是有差别的,态度是指特殊的意向,而导向是指稳定而具有普遍性的意向。态度来源于并表达着导向,态度可以通过范式化帮助我们发现导向。导向是由一般的态度所构成的,因而也构成了文化的主题。白鲁恂等把文化主题划分为四种类型:信任与不信任,等级与平等,自由与强制,地方认同与国家认同,他们认为建立这种类型学有助于进行文化比较。[①] 这些

---

① Pye Lucian W, and Sidney Verba, *Political Culture and Political Development*, Priceton: Priceton University Press, 1965.

主题还说明导向可以使某些特殊的行动和态度形成普遍性意向。通常认为导向由三种因素构成：认知因素，即解码经验并赋予它意义；情感因素，把感觉融入认知，促使行动者采取行动；评估因素，给行动者提供行动的目标。

导向一旦形成，就有一定的稳定性，但并非不可变，并且它不仅仅是主观对客观现象的反映，主观经验也会影响导向。如果导向是一成不变的，或者说如果经验影响行动的过程是相同的，如果它被限定在生物学的层面上，如果它只是理性主义的成本收益计算的表现，那么调节心理的因素就会被排除在理论之外，这显然不符合实际。导向不可变还意味着，我们只需要知道行动的初始背景，包括情形和结构，以此为基础就可以解释行动，因为我们已经掌握了完成一种解释所必须的所有的普遍性的规则。当然，理性选择理论在通过同一导向来联系背景与行动时也表现出了一定的灵活性和独创性，但是这并没有从根本上改变理性主义的局限性，即如果没有导向的可变性，我们只能停留在行为主义的世界里。在这种情况中，只有在解释异常情况时需要变量来调节，而对常规的超结构的行动只需了解它的初始起点和背景就可以对其作出解释了。这种对复杂而丰富的政治世界进行化约化的解释方法显然不够客观，也不能满足现实的需求。

另一方面，如果行动者没有明确的导向，只有可变性，那么其中的某些可变性因素可能会逐渐形成导向。并且，如果导向不是主观对客观环境的简单反映，那么导向赖以形成的可变的环境一定是文化本身。人们不能自然地获得导向，它一定是习得的结果。这样，如果坚持导向及其可变性假设的话，那么也一定要承认文化社会化及其作用：导向是向外部"社会人"所习得的，社会文化的承载者传授着把经验融入行动的认知、情感和评价的全部技能。这一过程既可以由文化直接传导的，也可以间接而明确地通过文化经验所习得和养成。

尽管理性主义也不拒绝政治社会化的概念，但文化主义与理性主义在这一点上是有区别的，这表现在对后天学习或再社会化的看法上。文化主义是从一种"累积的"社会化假定出发的,这包括两方面的意思:一是认为早先的文化学习对后来的学习有一种扩散作用,它制约着后来的学习,尽管如此,文化学习仍然是要持续一生的;二是认为存在着一种个体的碎片化的认知、情感和评估逐渐凝聚成连贯而协调的系统的认知、情感和评估的过程和趋势,这就是文化和导向形成的过程。

累积性文化学习的假定文化主义拥有了如何解释社会行动者从事经济活动和互动结果的可预见性这两个基本需要的方法。如果一个人不得不仔细思考每一个行动和所有相关的信息,那么其生活会陷入无限的麻烦之中,实际上也是不可能的。因此,导向性设计首先是节约了决策成本,其次是对行动者互动影响的相对可靠的预期有利于建立稳定的社会秩序,最后是行动的不确定性使专制权力有了成长的空间,这在第二次世界大战后东亚各国从社会无序走向威权主义的历史过程中有明显的表现。

我们也应看到,文化主义对经济行为和社会可预测性问题的处理方案无论看起来是多么合理,也不应该被看作是唯一正确的,理性主义也有它的合理性,经济行为是由"意识"或者有判断力的决策者授权的,理性选择是按照一种不变的原则预期社会生活,因此,一个人可以预期他人的行动,可以据此调节自己的行为以适应这个预期,进而通过理性公式和强有力的契约安排或普适性的法规来实现社会行为的可预测性。同时,理性主义的各种经验性模型也对大量的"异常"案例进行了处理和解释,这也在一定程度上弥补了它过于单一的解释路径。这些都与文化主义有相似之处。

文化主义与理性主义对经济动机和社会行为的预期有所不同,从而开启了另一个观察视角。文化主义通过常规性的认知、情感和评价倾向把经验融入行动。它认为每个社会中的这些范式倾向是不同的,它们也不会由于社会的客观情况或结构的变化而变化,但会由于文化上的执着学习而变化,这种学习是寻找同一倾向和导向的过程。这是在决策与行动之间注入"经济化"的纽带和实现对群体互动的可预测性所必须做的,也是一个自然的过程。

如前所述，政治文化方法在解释政治变迁方面面临的困难与它的连续性预期有很大关系，它甚至认为即使是在政治行动的客观背景发生变化以后文化也具有连续性。文化的连续性及其集体和个体导向具有连续性预期的理论来源有三点：第一，政治文化理论认为导向不是主观对客观结构的超结构的反映，而是人们把认知的和规范的意义注入到结构和行为之中所产生的，是一种主观对客观的注入。第二，认为导向是通过社会化而形成的。在言传的意义上，社会化是直接的，它会产生普遍的连续性，社会人也即文化人为这种文化传承或社会化所形塑；在经验的意义上，社会化是间接的，但仍然存在着普遍的连续性。权威性经验的传播首先发生于家族之中，然后是在学校，在这一过程中后人一直师从于他们的前辈。第三，认为导向是累积性文化学习的产物。这不仅是指文化学习的持续性，而且也指早先的学习影响着以后的学习，因而行动者会趋于追求相同的导向。这一方面会给成年人的社会化和再社会化留有一定的空间，尽管不是很多；另一方面它排除了不时产生的相异性的碎片化的变化倾向被内化的可能性。

　　同时，文化的变化是一定会发生的，如果绝对地排除文化范式和主题的变化，那么政治文化理论就不能对变化了的世界作出解释，就会失去意义。文化主义对此的解释是，文化连续性是人们在抽象而核心的文化世界中所持有的一种理想预期。它类似于伽利略（Galileo）的惯性运动概念，物质运动是惯性的，但这并不排除它在受到外力影响时发生的加速、减速或休止性的变化，这是根据偶然的、可能撞击惯性运动中的物体的情况而提出的。与此相似，文化的连续性是一种固有的规律，它制约着运动的变化，但如果遇到强大的外力撞击的话，它会改变运动的方向或速度。因此，与物质运动惯性相似的动机中的惯性这一概念有助于文化主义对社会变迁进行解释。

　　然而，这种动机中的惯性概念可能引发对政治文化变迁的即兴化的解释。我们发现，如果一种理论方法对文化连续性有很强的偏好，或者抵制文化的变化，那么它总是意欲创造"特殊"条件以补救这种理论，即通过对概念和理论进行调适以对社会和文化的复杂或"偶然的"变化作出回应,以此对那些根据连续性难以解释的或"异常的"变化进行解释。如果说这种理论的困境是由于过分强调早期社会化的作用而引发的,那么为什么不削弱对它的强调,以给后来的社会化或再社会化留下更多的空间呢?如果这是因为试图建立相同的导向而削弱了理论对于某些现象的解释力,那么为什么不直接地构建对相异性导向的更多的包容呢?或为什么不重新定义相同性导向?然而,在这些方面,政治文化论者们可能仅仅因为不愿改变相关术语的连续性涵义而终结了进一步的研究,它也排除了其他具有理性意义的术语。这正是文化主义在解释政治变迁时应该受到批评的关键所在。

对文化理论的修正旨在使政治文化理论对变迁的解释更有可信性,同时在此过程中还要防止对文化理论的假设及其意涵进行随意修补的情况。这样一种理论首先要阐明常规的文化变迁的基本特征,其次要对异常的变迁作出解释,阐明政治文化方法在逻辑上适用和不适用哪些变迁。要构建这样一种理论,就要分析那些"自然地"产生于情景和结构环境中的变迁和那些"人为地"精心改变政治结构和行为所导致的变迁这两种基本的文化变迁类型。

四、范式保存的变化与非连续性变化

世界的变化经常使我们面对新的情景,例如,市场化把农民卷入现代化进程所引发的社会结构和文化的变迁等,这会使行动者固有的倾向系统不再适于处理新的情况。在一定意义上来说,人们面临新的情景是一种常态,一个人从家庭走向社会,从初级学校走向高级学校,从学校走进社会,都是面临新的情况。新的情况可能是内部发展的结果,一方面是内部客观发展的结果,另一方面也可能是主观思想变化的结果,例如,它既可能是社会内部的差异或裂变所导致的结果,包括社会运动和政治运动引发的政治的不稳定和分裂等,也可能是统治者主动推动的改革所导致的变化。同时,新的情况也会由来自于外部的压力所引发的变化所致,例如,移民来到新的国度,或社会内部的移民或流动都会使行动者面临新环境的压力。一般来说，在个体层面上比在宏观层面上会更多地遇到新的情况。

新的情况可能是瞬时剧变的结果，有时它是短命的，在这种情况下既不需要也不可能进行文化调适。然而，如果这种情况持续发生的话，或者说它显示出文化惯性的话，那么人们的预期和偏好就会发生变化。在这种情况下文化的范式和主题所发生的变化通常是保持它们本来状态的变化，也就是说，文化中的变化是适应变化了的结构和情景而发生的，但这种变化是保持现存的文化范式并与它相协调的变化，即文化发展的特征是"范式保存"。"万变不离其宗"就是这个意思。在现实社会政治中有很多这方面的例子，例如二十多年来英国的保守党对英国工人阶级选民的争取和工党对于资产阶级选民的妥协都是这方面的重要案例。布莱尔时期的工党和卡梅伦时期的保守党领导层在竞选时为了争取更多的选民都对本党的传统政策进行了大刀阔斧的改革，这种改革适应了新环境的变化，最终尽管两党发生了变化，但这是在保持自己传统基础上的创新。

另一种保持范式变化的方式是对新的经验和情况作出强求一致的或自己的理解和解释，这会导致一定的认知和准则的变化，这在进行不同的个体认知的实验中经常会发生"知觉的扭曲"[①]。近几十年来一些发展中国家农村的选举经历了这种变化。在一些国家中，村长的民主选举最初被当地人看作是他们长期以来习惯的对当地家族首领选举的翻版，从而把现代民主的选举变成了传统家族的选举，或者说只借用了民主的某些形式而没有民主的实质，这就是知觉扭曲的选举。但从另一方面来看，像选举家族首领这样的制度已经长期存在于传统文化之中，"候选人"是少数传承下来的有地位的家族中的代表人士，在很短的时间内完全改变这种传统的选举方式并进行全新的民主选举，无疑会受到很多限制，人们难以适应。然而，通过调整知觉扭曲的选举方式并把它应用于新的民主的村长选举，要比完全摒弃旧的选举而采用新

---

① Brehm, Jack W., and Arthur R. Cohen, *Explorations in Cognitive Dissonance*, New York: Wiley, 1962, p.17.

的选举方式更容易实行。

文化主义的一个预期是,虽然现代社会中的社会流动使人们经常面对新的情况,但不能因为社会流动而轻易地改变文化的本性,否则会导致文化功能失调,会因此而付出昂贵的代价,所以,保持范式的文化变迁是一种渐进而有效的变化;文化主义的另一个预期是,社会越是具有现代性,交流越多,文化就越容易具有普遍性。由于文化在现代社会中,情景和结构变化的频率和速度越来越高,而关于导向具有惯性的假设否定了导向可以经常而迅速地重新定向的可能,所以我们只能预期文化规则的僵硬度会适度放松,以便它可以适应和包容更多的社会流动和变化。

承认和坚持文化的弹性化是一条既可以保持文化的范式和主题又能适应变迁的路径。由于社会的变迁越来越迅速,文化要保持自己的范式和主题就要发展起可以兼容各种"内容"的"形式"。涂尔干曾论证了各种文化发展所产生的普遍的相同点,他指出,在早期社会中,一个群体的环境在本质上是确定的,那里的道德状况有自己的品质,与其他社群有所不同。随着社会的发展,社会的"共同道德"被升至多样性的各群体道德之上,"继而变得更为抽象……普遍性思想的出现是必然的并变得具有支配性"[①]。

文化的普遍性和弹性会随着社会的发展而增加这种情况,还可以从以下三个方面来进一步阐述:第一,"理性"的行动意向提出了社会流动性所必然要求的文化的普遍性和弹性特质,而韦伯的研究也指出现代生活的理性化这种居支配地位的特质是文化对结构或环境变化的适应性变化所至。

第二,在文化的弹性和刚性这两个现代社会中相互竞争着的因素之间找到适当的平衡,在理论上说得通的,其困难只是操作上的。在协调文化的弹性和刚性时,处理好内容和抽象以及形式之间的关系是关键性的,人们通常更关注它们在现代社会里所发生的矛盾或不协调性,实际上它们之间和谐的一面也很多,甚至经常存在于其矛盾之中。我们看到,社会的混乱不仅仅是

---

① Durkheim, Emile, *The Division of Labor in Society*, Glencoe: Free Press, 1960, pp. 287-291.

由于对行动缺乏内在的引导，而且还会因为导向太过于一般化或松散、不能对特殊经历进行指导所致。因此，在一定意义上来说现代社会或许本质上是非文化的，它对于包括礼拜和教义等在内的替代文化现象来说，是非连续性的或脆弱的。

第三，文化弹性这一现象适用于所有现代社会，它甚至包括最初有严格的信条但已经成功地走上现代化道路的政体，例如某些政教合一的国家和传统的社会主义国家等。在现代社会中，既存在着由最初的文化惯性所产生的预期，它总是企图排斥新的文化倾向的产生；还存在着对保持范式的变化的预期或文化，抑或"知觉的扭曲"等；还会产生文化变迁会向更有弹性的方向发展的预期和现实，这既可以对原有的信条进行新的解释，也使文化更具有调适能力，也即在文化的刚性与弹性之间保持一种动态的平衡。

有时环境会发生巨大而迅速的变化，它既不是保持范式的变化也不是逐步放松文化刚性以应对社会流动性的变化，而是有中断性或非连续性的。人们常常把工业化所引发的变化作为这样的例子，战争或新政体取代旧政体通常也会导致社会关系的剧变，而像20世纪30年代的经济危机在美国、德国等西方一些国家所产生的精神创伤也导致了文化的变化。在这种非连续性或中断性的变化中，通常外部力量不如内部力量那样有更大的改变文化的能力。

显然，我们是在文化的规范是否发生了变化这个意义上来讨论文化的非连续性变化问题的。一些文化主义者似乎有意避开这个问题，或者是把社会创伤的情况简单地归结为异常情况，这种处理问题的方法在理论上有很大的局限性，并且它也偏离了文化惯性理论。

发生了非连续性变化的创伤社会与环境稳定的或不那么迅速变化的社会相比，文化的变化是有明显不同的，但这并不能成为人们即兴创作以把文化变化的结果规范化的理由。如果文化主义者关于文化惯性的假设是正确的，那么在逻辑上创伤社会的非连续性变化应该并不存在，然而非连续性确实存在，因而文化惯性的假设是有局限性的。

一些文化主义者不承认社会剧变会导致文化导向在较短的时期内被改变的可能性，然而这并非不可能，只要行动者在推动变化的新的组织的早期就投身进去，在其中进行学习，就可以理解新的经验并建立起对新规范的认知。没有一个文化主义者预期德国甚至日本在第二次世界大战后短短的几年时间里就形成了民主的政治文化氛围，也没有人预期在非洲某些后殖民主义的部族社会中能够确立起现代国家的形式及其相应的文化，尽管在这些国家中并非不存在着文化的连续性及其预期。非连续性的政治文化变迁最初基本是无形式的，也可以称之为社会的反常状态或非规范化，这种现象的实质是文化失去了粘合结构。学者们在政治文化变迁的连续性与经济和社会发展的关系上也存在着不同的看法。利普塞特认为20世纪前后美国经济的迅速发展是与像无政府主义和工团主义这样的"无目的的抗议运动"所产生的"极端主义"或新的文化运动联系在一起的，但亨廷顿等人则指出这种发展是与政治稳定或保存范式的文化变迁相关的。[1]

　　在社会经济发生非连续性变化的情况下会出现无形式的文化变化是具有一定普遍性的现象，然而这并不是绝对的，甚至在任何情况下都不会发生所有的文化变化都是非连续性的这种情况，例如像家庭这样的私密性很强的社会组织，可以挺过巨大的社会剧变，甚至在所有的变迁中都没有改变家庭存在或家庭特性这一事实。官僚机构有时也是如此，一些国家的官僚体制在政治转型后被保留了下来，它们都是一定文化的载体。还有，如果学习是累积性的，那么老人会显示出强有力的保守倾向，甚至当社会经济巨变发生时也是如此。可以说，一个制度中的导向越是根深蒂固，越具有凝聚力和一致性，它也就越不易迷失方向或发生变化，就会有更多的类似于"知觉的扭曲"这样的机制性的习惯性意义被融入到经验之中。政府的权威有时也会在文化的非连续性变化的环境中保存下来，而且，如果内化的文化特性不能支配行动和互动，那么政府权威会变得更有力量。

---

[1] 〔美〕塞缪尔·P.亨廷顿：《变动社会的政治秩序》，张岱云等译，上海译文出版社1989年版，第85—100页。

在政治文化高度无形式的情景中,人们的政治行动会有很大不同。一些学者指出,在社会和文化非连续性变化的情况下,某些权威保持下来,但是它会呈现某些特点,例如,会趋于仪式化。仪式的特点在于它使人们无需承担义务而顺从,一个人据此行事,不是因为其他原因,而只是因为他被仪式所告知应该如此,他很难有其他的选择。这种情况通常发生在高度顺从的政治文化之中,在那里,为了私人利益而发生的利己的和机会主义的顺从,包括为获得政治权力而实施的顺从行为,扭曲了准则和规矩。狄更斯在他的《美国随笔》中发现,在移民社会或至少部分移民中,由于流动而进入了一个陌生的文化系统之中,因而发生了文化非连续性的情况,这时一个人可能希望耍点小聪明而表示"顺从"[1],即背离自己原来的行为准则和导向。由此看来,政治文化的非连续性并不只是在由剧变所导致的不稳定的文化之中才会发生。

在文化非连续性的情景下,还可能发生的一种变化是人们的从众性减弱,使自己的生活从"外部的"较大的社会退入到较小的"内部的"更为熟悉的家庭、村庄或某些地方性的和宗教的社会细胞之中,有人称之为退却主义。这时,也会出现对权威的反叛和抵抗。从马克思到摩尔和斯考克波尔,人们总是把社会、经济和政治的非连续性与政治暴力联系起来,由于反叛和不妥协总是会付出代价,并且需要更多的能量,因此,退却主义者进入小的社会细胞或尊崇仪式的行为有时就成为一种更为现实和可行的选择,这是一种保持文化连续性的行为。尤其是在社会中有强大的传统的支配性权力起作用的时候,更可能如此。

在社会和文化变迁的非连续性或中断之后会发生什么情况呢?如果人们的个体和集体生活确实需要行动的经济动机和可预测性,那么这就会出现新的文化范式和主题。但是,由于文化范式和主题是靠累积性的学习来形塑的,所以这一过程是缓慢的,通常需要几代人的时间。并且,在历史上的转型时

---

[1] Charles, Dickens, *American Notes and Pictures from Italy*, London: Oxford, 1957, p. 246.

期，这往往是以出现严酷的权力、社会倒退和由倒退所产生的强制动员和反叛为代价的。因此，新政治文化形成的过程是长期的并需要全社会为此付出代价。如果社会的细胞组织一直不受或很难受到社会、经济和政治的非连续性的影响，那么新文化的形成就需时日。

改变人的倾向性或文化范式的另一个值得注意的问题是要在社会的宏观结构中发现易于进行重新定向的特殊因素，例如，年轻人比老年人更易受重新定向因素的影响，因为他们没有厚重的文化积淀；而那些处于主流文化边缘或裂隙间的社会边缘组织或社群就非常易受重新定向的影响，这是由于它们没有固定的受人尊重的社会地位，因而主观上易于接受新的文化，并往往成为重新定向的先锋。[1]

五、政治转型时期的文化变迁

政治转型是研究政治文化变迁重要的时期和现象，在这一时期，文化的连续性和非连续性问题可以集中地展示出来。典型的政治转型是近代以来发生的社会革命，这种革命提供了最清晰和生动的转型案例。

由于社会革命本身是最重要的非连续性事件，它们一般都发生在社会和政治剧变时期，尤其会导致政权的更替和政治转型，所以前面所列举的关于非连续性的预期均适用于转型。我们可以文化论者从革命转型过程中得出的某些预期来评价政治文化变迁理论，这一视角是非常重要的，因为转型过程毕竟不仅仅是社会文化顺其自然的变化或面向必然性的调适，同时也是人们主观精心设计的巨大的社会文化变迁。

一般来说，革命性的转型在短期内很难导致社会和文化的根本性改变，尽管有时会发生形式上的巨大变化。人们当然期望通过迅速的革命行动而实现社会的转型，例如企图通过驱逐地主和重新分配土地、结束封建特权和义

---

[1] Rejai, Mustafa, and Kay Phillips, *Leaders of Revolutions*, Beverly Hills: Sage, 1979.

务、实行普选等来建立一个新的社会,但是,这只是一些形式上的变化,是否能在根本上或社会结构上完成转型则要经过长时间的努力,至少要建立起与这些社会形式相适应的内容或基础,也即相应的生产力水平和市场环境。从文化视角来看,革命这种非连续性事件在相当一段时间内会导致"无形式"的文化,尽管革命者会以某种革命文化来迅速地取代"传统的"文化,但实际上这很难在短时期内实现,也就是说,革命者很难在短期内或一代人的时间里通过教育人民来重新确定文化导向。同时,重新定向的可能性越小,革命前的文化就保留得越多,如前所述,它会使更多的地方组织或制度成为躲避权力转换或抵制文化重新定向的堡垒。

这里的问题是,革命打破了政治生活的常规准则,填补它留下真空的是什么呢?或者说革命文化的形式和内容如何?革命性转型是使用暴力手段推行的,它使用强大的革命权力和法律强制社会取缔旧的和固有的文化模式。"革命性法规"曾是1791年法国大革命中雅各宾专政和1917年布尔什维克掌握政权后使用的一种基本的制度设计,它企图用政治权力正面攻击并改变社会,然而,这样做的效果并不明显[1],以至于革命后不得不有长期的退潮或"补课"。20世纪中叶很多国家在革命或民族主义运动取得胜利后都发生过类似的情况。

"革命性法规"是对革命的或者情景环境发生巨大变化所造成的文化断裂的一种普遍的回应方式,它在特定情况下可以持续稳定地替代规范文化,因而它也是一种文化形式。这种革命性或"文化性"法规被广泛用于判定政治立场或决策,是特定环境中处理矛盾和争端的一种规范方式。但实际上,革命性法规在相当一个时期中只是压制而不是改变了文化,所谓革命的法规或文化一般都无法达到革命者所设想的目标,而只是变更了政权的形式和文化的表现形式,而没有发生实质性的变革,至多也只是"知觉扭曲"的变化。从一些国家的情况来看,在革命后的初期主要是刑法在起作用,以后它的作用会逐步下降,而民法会逐步发展起来,广泛地规范社会的互动方式。这就

---

[1] Massell, Gregory, *The Surrogate Proletariat*, Priceton: Priceton University Press, 1974.

是说，发展会松动革命的文化规范，也只有在这时新的文化才有可能发展自己的适用性。

一些重要的案例说明很多革命在完成后长期达不到革命的预期目标，而更像是回到了革命前的社会状况。在哪一个阶级或阶层真正掌握了权力、推行什么样的发展路线等重大问题上往往如此。例如17世纪的英国资产阶级革命和18世纪的法国资产阶级革命都发生了这种情况，1688年英国的"光荣革命"和1793年法国的"热月政变"，使两国的革命从革命高潮时构建的制度和法规退回到革命初期的状况，史学家们主流的观点认为这是退回到现实的发展水平上了，这实际上意味着政治文化的连续性仍然存在，尽管变化是不可避免的。重构的文化模式和主题之所以大大不同于革命的愿景，而更加趋向于旧的社会和体制范式，其基本原因是革命的超前性缺乏相应的社会和文化结构的支持。

革命本身并不能把新的文化内化到整个社会之中，因而在转型后仍然需要在整个社会中全方位地学习和内化新的文化。虽然革命的教诲对形塑年轻人起着重要的作用，但是它很难取代地方组织的社会化作用；同时，它也不像教师及其类似的角色那样对大多数人有重要而持久的教育作用；它主要是对处于边缘位置的少数群体起作用，他们沉湎于用革命教义替代常规，因为这样可以改变自己的地位，或者是对于那些把革命愿景看成是人生全部意义的革命者起作用，然而这种革命者毕竟人数太少了。传统文化的惯性会在革命减弱以后重新发挥作用，这趋于使转型转变为范式保存的变化，从而在很大程度上趋于把革命转变为只是具有革命修辞或形式上的转型，而很少是具有实质性意义的转型。由此看来，革命转型的短期效应很可能要大于长期效应，人们只能在剧变过程中尽力做一些改变，但当生活再次平静下来后，就不再能改变什么了，或者说其改变是渐进而缓慢的了。

一般来说，在长期的增量的变化中所完成的转变要多于企图通过激烈的革命所完成的转变，尽管在特定情况下革命所推动的转型是必不可少的。我们注意到一些国家把文化变迁看作是一种系统的社会工程,它们通过长期的文化和社会化活动来实现由传统向现代社会的转型,而不是以文化革命的方式来完成这种过渡,但却发生了实质性的转变。①

小 结

文化的连续性是存在的,但是过于僵化的连续性预期或缺乏对于非连续性变化的处理导致了以往的文化主义者在处理政治文化变迁问题时不得不进行牵强的理论补救。尽管如此,从文化主义预设的前提条件中仍可以产生一种有很强说服力的关于政治变迁的文化理论,它认为社会文化变化的特性通常是范式保存的变化,如果这种变化是与现代化进程相适应的,那么它就是趋于规范的、具有普适性和有弹性的文化变迁;它认为突然的社会的非连续性变化的文化是存在的,至少在一定时期内是"无形式的",这时它对个体来说是缺乏凝聚力的,对总体来说是碎片化的;当文化因素或文化惯性及其载体退入到传统的或未受政治转型或新文化冲击的地方性结构中的情况发生时,普遍的一致性就成了仪式主义的和机会主义的;革命及其操作不可能在短期内完成文化的转型,革命者试图借助专制权力或革命法规完成这一转型,然而,从长期来看,这种转型是有回归倾向的。尽管文化主义认为人们只能在很小的程度上设计变化,但我们认为主观推动的实质性的政治和文化变迁是客观存在的,只不过它是在客观的社会结构发生变化的基础上,通过长期和系统的文化工程来实现的。

第六节 社群与国家认同的变迁与构建

人们从现代社会的流动和互动中看到社群认同的给定性和客体性是在不

---

① 李路曲:《新加坡华人社会:西化与儒化的历史角逐》,见马德普主编:《中西政治文化论丛》第 2 辑,天津人民出版社 2002 年版,第 66—98 页。

断发生变化的,纯粹的主观主义阐释也只能停留在现象的描述上,而用更关注于不断生成的认同化的复杂的和多元化的过程的一种建构主义理论来阐明社群特性和认同更符合实际。同时,当代社会中急速扩展的流动和交往,尤其是它所酝酿的各种新的社会和政治运动,正在超越近代以来的社群和国家认同,而造就一种新的共同体及其认同。就目前而言,这种流动和交往主要是使现代化所强化的与族群认同相一致的国家层面的认同减弱了,同时使国家认同不再是以族群或族群同化为基础而形成的认同,而是在尊重族群文化平等共存的前提下强调更为基本的个人价值层面的文化和认同。

一、文化与社群认同的特性与功能

认同是一个人或一个社群的自我认识,它是自我意识的产物:"我或我们有什么特别的素质而使得我不同于你,或我们不同于他们?"① 在绝大多数情况下,认同是构建起来的概念,人们是在不同的压力、诱因或自由选择的情况下决定自己的认同的。本尼迪克特说民族是"想象出来的共同体",就是这个意思。"它是想象的,因为即使是最小的民族的成员,也不可能认识他们大多数的同胞……然而,他们相互联结的意象却活在每一位成员的心中。""民族被想象为一个共同体,因为尽管在每个民族内部可能存在普遍的不平等与剥削,但民族问题却被设想为一种深刻的、平等的同志之爱。"② 在一定意义上说,认同是想象出来的自我,是自我认为自己是什么人以及希望成为什么人,或者说自己的身份如何?不是想象的或难以改变的因素或身份只有祖籍、性别和年龄,人种和民族具有一定的不可想象性或稳定性,但它们仍可以在一定程度和意义上被改变,人们可以通过通婚改变下一代的种族属性,放弃自己的民族和宗教而加入其他的民族和宗教,而个人身份的其他特性都是可

---

① 〔美〕塞缪尔·亨廷顿:《我们是谁?——美国国家特性面临的挑战》,程克雄译,新华出版社2005年版,第20页。
② 〔美〕本尼迪克特·安德森:《想象的共同体——民族主义的起源与散布》,吴叡人译,上海人民出版社2005年版,第6—7页。

以相对自由地随个人意愿而改变的。

在现代社会中，个人和较小的群体都有多重身份，而群体越大，其身份的多重性就会越少，因为他们的需要会在大的社群中得到更多的满足。这些身份有归属性的、经济性的、文化性的、政治性的、社会性的以及国别性的，它们会随着时间和情况的变化而变化，有时人们强调自己与他人之间的共性和同一性，有时却强调自己与他人之间的差异，强调自己的特性。例如在战争或民族冲突进行时，一个人的身份只是相对于敌人而言的，其他的身份则几乎没有任何意义了，这时他也仅仅是强调与敌人的差异而与自己同志的同一性，而实际上无论是敌人还是同志都可能与自己分属或同属一个或多个地域、种族、宗教或国家等，这时这些身份和属性已经不重要了，而它们在其他时期可能会被看得很重要。

社群是认同的基础，在同一社群的基础上往往产生同一种认同，在不同的社群的基础上则产生不同的认同；当然，不同是相对的，有时不同社群产生的认同是相似的。许多认同早期与对特定的气味和声音的感觉有关，这些感觉逐步获得了强烈的情感意义，并转化为认知；拥有共同情感和认知的人往往有着共同的经验，它们会促使个体融入社群之中。个体与社群身份的联结或在社群内身份形成的过程是通过强调但往往是过分强调社群成员共同的因素而完成的，它赋予共同因素以重要而过度的情感，通过一种共同命运的意识来巩固这种联系，偏离这一常规会受到选择性的忽视或否定。在共同命运的感召下，个人和社群之间的认同和互动在社群内部得到强化，而社群以外的人对此社群成员的特定预期，也从反面强化了个人与社群之间的认同感。所以，对一个共同体来说，应对外部世界的内部形象的建构是它发展文化认同的动力，而无论从外部和内部来看，社群或共同体总是认同产生的基础。

在传统上，人们的社群或公共想象主要是介于社群和不可预料的自然之间的，人们是通过符号或图腾来理解自然的，换言之，符号或图腾代表着人们对自然的一种理解，社群是围绕着那些协调群体与自然环境之间关系的符号或信念而建立的。当经济发展和交换使社会组织的规模增大时，社群想象就会转变为人们相互之间的社会关系。人们必须通过建立一个协调时间和空间的想象的共同体，来确立自己与世界的关系，以及构建社群之间的关系。正是在这个意义上，共同体可以理解为具有意识形态的意义。现代国家正是"依靠那些强加在社会之上的统一的虚构（或一致同意）来制造抽象观念的主体"[①]。这意味着一个抽象的和虚构的共同体补偿了个人之间的真实共同体的缺乏。在这个共同体内，"'真实的'差异被确定为是'自然的'，这些差异的特殊性被掩盖在统一性的特征下面……想象的共同体支配了个人或单个的群体，并将行为规范施加其上"[②]。所以，意识形态不过是想象的共同体的产物，现代社会被迫以共同体的想象的形式，不断地重新想象自身的合法性基础。这些想象使共同体的真实基础变得晦暗不清，这种基础往往导致分裂与冲突。当然，这些想象阐明了共同体成员所期望自己的应然角色。

滕尼斯通过将社群与社会进行对比而对前者进行了界定，认为前者是有机的和有道德的，后者是契约式的和非道德的。当然，这种非道德性是相对的。在现代化过程中，契约的力量战胜了道德一致的伦理和谐，构建了现代的社会结构和形式，因而现代社会与共同体是有差异的。[③]

涂尔干从另一个视角分析了这个问题，提出了机械团结和有机团结的概念。他发现在工业社会中正是差异性所导致的分工形成了社会团结的基础，社会和劳动分工在两个人或多个人之间形成的互补造成了一种团结的感觉，因此，"它一定具有道德特征，因为对秩序、和谐和社会团结的需要，一般被认为是符合道德的"[④]。传统共同体所具有的群体意识并没有被摧毁，但却变

[①] Balibar, E., *The Philosophy of Marx*, London: Verso, 1995, p. 48.
[②] Lefort, C., *The Political Forms of Modern Society: Bureaucracy, Democracy, Totalitarianism*, Cambridge: Polity Press, 1986, p. 191.
[③] 〔英〕阿兰·芬利森：《想象的共同体》，见〔英〕凯特·纳什、阿兰·斯科特主编：《布莱克维尔政治社会学指南》，李雪、吴玉鑫、赵蔚译，浙江人民出版社2007年版，第297页。
[④] 〔英〕阿兰·芬利森：《想象的共同体》，见〔英〕凯特·纳什、阿兰·斯科特主编：《布莱克维尔政治社会学指南》，李雪、吴玉鑫、赵蔚译，浙江人民出版社2007年版，第297页。

得抽象了。它变得具有跨场域性或普遍性,与个人主义同时存在,并成为一个矛盾同一体,而且在自由主义的民法中得到规范的表达。因此,现代性所构建的新的道德秩序可以克服现代化导致的失范。但涂尔干同时也认识到,传统共同体的群体良知是规范社会的一种力量,尽管工业社会中的社会团结形式是理性的和非神话式的,但是没有一个社会不需要周期性地重申群体情感和观念以建构团结,因为正是这些内容或传统的良知使人们感受到共同体的存在和力量。①

当代最重要的社群或共同体是民族,以民族为基础建立的政府总是具有合法性,使政府看上去像是根植于民族共同体之中的一种自然的和历史发展的产物。这是由于民族主义早已形成了一种信念,人们总是假定它的存在,人们愿意在这种信念的感召下行动,从而使它能够影响精英和大众的社会行动,并赋予这种信念和行动以合法性。

政治社群的文化特性表现在社群成员对一定的秩序和权威的认同上,正是这种认同构成了秩序和权威的基础。文化包含着社群成员所公认的合法性准则,即包含着人们认为能够公平分配有形物品和符号物品的准则。合法性权威的建立对于社群来说是一个历史过程,对于个人来说是一个心理过程,它是社群成员在共同的历史中所捕捉和凝聚出的共同命运感中所产生的。

政治权威是在对利益和威胁的共同认识的基础上建立和维持的,例如宗教活动把人们日常生活中所包含的对利益和威胁的认知与社群行动联系起来,从而凝聚了社群,并产生了权威。所以,一个政治社群中的人们总是通过吸收一组相同的政治性的符号资源来表达认同感,这种符号资源是他们理解社会关系的一种方式,是想象人们之间如何联系的方式,也是对社会进行分类并赋予其意义的方式。它既是一种认同形式,又是塑造认同的一种手段。

同时,所有的社群内和社群之间都会发生冲突,而所有的文化都拥有支持

---

① 〔英〕阿兰·芬利森:《想象的共同体》,见〔英〕凯特·纳什、阿兰·斯科特主编:《布莱克维尔政治社会学指南》,李雪、吴玉鑫、赵蔚译,浙江人民出版社2007年版,第297—298页。

特定冲突的解释和理由，同时也有如何管理冲突的规则。一定的认同或文化形成着冲突，界定着什么是合适的社会行动，应该如何理解他人的行动，以及什么是值得为之斗争的。于是，文化不仅建构着社会秩序，也是统治的工具。

由此看来，社群的观念或认同是政治的构成因素，而政治是社群意愿的表达，同时也是捍卫和推进想象的共同体的手段。我们应该注意到，社群或共同体不仅被想象为个人存在的一般形式，而且被想象为社会的某一特殊类型，体现并产生着特定的价值。任何民族主义运动都至少是以一个民族或社群为基础的，人们总是通过将其看作是独特的和与众不同的类型来界定它们，它在此基础上管辖其成员并发挥功能。

二、关于社群认同产生的三种观点

关于社群和社群认同的产生，学界有三种基本的理论观点值得重视。一种是原生论的，认为社群特性起源于特定的社会存在，如血缘、语言和习俗，它们在特定的人群中具有高度的一致性，由此形成了一定的社群。另一种是工具主义的，认为社群认同只是策略施展的面具，是具有共有经济利益的人们尤其是精英为了促进与自身利益而推行的政治手段。这两种观点显然是对立的，而第三种观点则是一种介于两者之间、综合了两种理论的建构主义观点。

原生论认为社群特性是自然的、给定的，社群认同正是在此基础上得以形成。这就是说，社群特性是非历史性的，无论历史背景如何变化，自然性和给定性都是认同的核心。由此，同质性是它的一个重要特性，它的政治、社会和文化特性是在社群同质性的基础上产生的。

这种运用本质主义分析方法分析社群特性的主要问题是，它拒绝承认特殊历史环境及其复杂性的作用[①]，它没有解释历史环境变迁对社群认同的影响，实际上它在说明社群特性为什么不受历史环境变迁影响，或把社群特性

[①] Jenkins, R., *Rethinking Rthnicity: Argument and Explorations*, London: Sage, 1997, p. 44.

完全看成是自然化的和静态的概念的原因时缺乏说服力。批评者指出，正是在一定的历史环境中社群特性才能成为凸显出来的现象。它也没有考虑到社群中会存在不一致的复杂情况，因为按照这一理论，社群认同应该是具有同质性和完全一致的，但事实并非如此，同一社群中的人们可能持有不同的观点，尽管其有相似的认识世界的方法。所以，这种社会生物学的研究路径因其生物简化论而受到质疑。

同时，它在说明社群特性的构成时，也因其在牺牲物质因素的同时过于强调符号现象而受到批评。在露丝·本尼迪克特看来："自有人类历史以来，整个世界上不管哪个民族都能够接受别的血统的民族文化。人的生理结构中并无任何东西去妨碍这种接受。人的行为有什么特殊变化，完全不取决于他的生理构造。人在不同的文化里所形成的解决各种社会问题——诸如婚姻、贸易等——的方法，虽有很大差异，但在人的原始能力的基础上都是同样可能的。文化不是一种生理遗传的综合体。"[①] 本尼迪克特·安德森甚至认为原生论是一种"阶级的意识形态"。[②]

工具主义观点将社群和社群特性的形成完全看成是利益集团维护自己利益的结果，社群中的精英把社群认同作为动员工具，动员社群成员追随自己的目标以促进其自身利益。新老马克思主义者认为社群特性是围绕利益进行动员的一个工具，这些利益从根本上来说是建立在社会阶级的基础之上的。因此，社群特性被简化为阶级特性，并用阶级术语予以解释。

而一些用理性选择理论进行研究的工具主义者从理性行动者的角度进行分析，认为理性行动者为了保护自己的利益会选择加入到社群之中。在他们看来，社群特性仅仅是一种附带现象，是更为深入、更有意义的社会分析的一个被制造者，因此，社群或社群特性是精英统治的一种工具，精英可以塑造人们的感觉，并通过使用社群符号来达到与这些符号无关的目标。例如，

[①] 〔美〕露丝·本尼迪克特：《文化模式》，王炜等译，社会科学文献出版社2009年版，第9页。
[②] 〔美〕本尼迪克特·安德森：《想象的共同体——民族主义的起源与散布》，吴叡人译，上海人民出版社2005年版，第12页。

历史上的历次宗教改革运动都是政治精英利用自己对宗教教义的创造或改革来凝聚和号召人们成为社群成员并为社群的利益进行斗争的实践。

为了弥补两者的不足，自20世纪80年代以来，在对社群特性的分析中出现了超越这两种主流观点的一种建构主义的立场或理论。

建构主义在承认一定的给定性的同时对情境保持一定的敏感，尤其强调认同形成过程的给定性和复杂性，同时也不忽略社群认同的政治或工具意义。首先，它从原生论的社群认同的非历史性质和给定性质的假定转向对历史的和政治的过程和实践的强调，认为社群认同正是通过这样的过程和实践而产生的。它突破了那种一以贯之地把社群特性作为认同的核心的假定。其次，它是一种多元地确定社群特性和认同的方式，认为社群本身、性别、民族和历史过程等都是构成认同的因素，承认社群成员在形成认同的过程中存在着差异，这就使它可能形成一种对社群问题更具政治敏感性和精细表达力的研究路径。最后，它也与工具主义观点划清了界限，它不认为社群特性总是具有政治上或工具上的重要性，而是认为社群认同是否具有政治或工具意义完全是由情境决定的。本尼迪克特·安德森认为，民族是一种现代的"文化的人造物"，但这种人造物并不是虚假意识的产物，想象的共同体也不是虚构的共同体，不是政客操纵人民的幻影，而是一种与历史变迁相关，根植于人类深层意识的心理的构建。①

原生论者的给定性和工具主义的纯粹主观性是它们各自研究的起点及根本分歧所在，而建构主义正是通过重组这种区分来建构自己的理论的。它认为，不能简单地认定客体是给定的，实际上客体是由社会性因素构成的，并随着时间的流逝而沉积下来，因而，客体性特征可以归结为沉积下来的社会实践或认同。这一对客体性质的新的假定具有深远的意义，它为去给定化实际上也为去沉积化开辟了路径，因为任何沉积下来的实践或客体性都可能因

---

① 〔美〕本尼迪克特·安德森：《想象的共同体——民族主义的起源与散布》，吴叡人译，上海人民出版社2005年版，第16—17页。

情境或政治争端而被改变。在建构主义者看来,无论这样的认同化是采取激进化的形式还是社群化的形式①,抑或两者兼具,它在很大程度上都是一个历史和政治的情境事件和过程。

如果这种建构主义分析要向后结构主义的方向深入,或强化情境的作用,则需要对两个问题作出解释,第一个是对身体的物质性及身体的特征进行解释,第二个是对与社群特性相联系的政治行为进行解释,通过阐明身体和肤色的含义来质疑物质的给定性。巴特勒在指出意指行为划定了物质的界限的同时,认为身体、肤色和物质也是有意义的。② 进而,现象学的针对身体的研究路径也揭示了身体特征的意义,并指出这些特征在任何意义上都不是自然给定的。一些学者集中关注那些关于重要的具体现象的可见记录,指出这种记录在历史上被社群所不断地深化,它具有文化上的多样性,并且对于个人经验的建构具有强有力的影响。③ 现象学解释使可见记录的偶成性重新复活,并且打破了把种族特性自然化的状况。

探讨诸如身体、肤色和其他的种族特征等作为政治实践的结果而对认同形成的影响,同时强调形成认同的社会性因素及其偶成性,在这个意义上阐述其形成过程,并不意味着社群认同可以随意替代。它将注意力集中在历史、社会和政治过程中,认为人们正是在这些过程中通过经历不断地挑战和应战或协商来建构和想象认同,而不是简单地询问"社群认同是由谁的利益构成的?"由此,我们需要探究形成社群认同的过程,正是在这样的过程中,社群特性成为认同化的重要因素。这种因素是否构成特定群体的利益,要依具体情况而定,由此决定它有或没有政治意义。也许这是今天社群认同政治的最为重要的要素和需要认识的问题之一。如果不关注认同化的维度,以社群的名义提出的主张和要求就不会被理解。尽管认同化或许与社会上被感知的歧

---

① 认同的激进化是指不同社群的同质化,而社群化是指在保留不同社群及其特性的前提下追寻其共有的认同。——笔者注
② Butler, J. , *Bodies that Matter: The Discursive Limits of Sex*, London: Routledge, 1993, p. 30.
③ Alcoff, L. M. , "Towards a Phenomenology of Racial Embodiment", in *Radical Philosophy*, Vol. 95, 1999, pp. 15 - 26.

视和资源的不平等分配相关，但却并不等同。

在原生论和工具主义的认同理论中，都存在着过于简化的问题，这不仅表现在社群特性被简化为认同的某种形式，例如简化为阶级基础上的认同，还表现在它们过于强调社群认同的同质性。这种对同质性、纯粹性和本真性的强调，总是以损害差异性和多样性为代价的。而建构主义的认同理论是由多元解释或多重因素构成的，在它看来，社群是一个能将历史过程、文化环境和政治挑战考虑在内的概念。它承认每个社群都是站在自己特殊的立场上发言，都是出于某种特殊的历史和经历而发表自己的观点，而且"我们的"社群认同决定着"我们是谁"的主观感受。

多元性意味着认同不再是给定的和本质性的，相反，它意味着认同构成的多重性，意味着自我与自身的某些不一致性。由此，它否定了那种纯粹的和完全自我的认同逻辑，否定了同质性文化在民族共同体中的主导地位的认识。需要指出的是，对旧的确定性和传统认同的否定，并不会直接导致对多元性的接受。从"阶级"和"性别"等作为主要概念类别转向其他的概念类别，导致了对多重主体地位的认知，世代的、性别的、性别化的社群的和特定位置的多重认同，抵制了任何类别对认同的独占。根据多元性来思考认同，也超越了认同的多元主义，并将注意力集中在不同认同的差异的连接中。这样，我们试图回答的问题就与主体的认同形成过程连接起来了，这一过程在差异的相互交叠和移位中变得可能。这里的差异并不是对嵌入沉积于传统之中的预先给定的社群特性的反映，而应该被理解为根据客观发展的主观协调的复杂过程。这就打开了传统认同的空间，我们正是通过这些空间来抑制和联结社群认同的差异性。

此外，由于建构主义的认同理论区分了源于差异的合法性的政治和被强迫联合的政治[1]，从而使民主成为必要，因为只有置于民主环境之中，认同才

---

[1] Taylor, R., "Political Science Encounters 'Race' and 'Enthnicity'", in M. Bulmer and J. Solomos (eds.), *Ethnic and Racial Studies Today*, London: Routledge, 1999, pp. 115 - 123.

乐于接受挑战、协商和更新，差异性政治才能够避免被强迫联合。尽管接受认同的多元性不会直接导致民主政治，但只有民主环境才有助于差异性认同在公共生活中得到表达。

三、文化认同的变迁

"真正把人们维系在一起的是他们的文化，即他们所共同具有的观念和准则。"① 进而，文化通过将个体的命运融入社群而提供了对政治行为的描述。这种融入的前提和关键是认同，因为个体是生活于群体之中的，而任何群体或共同体面临的基本问题始终是如何保持其成员的忠诚以及处理个体与社群之间的关系，或者说文化认同是联系个人与社群的唯一基础。社群或共同体的文化认同源于其成员共享的历史经验，并通过政治社会化而得以延续，这意味着个体和社群行动受共同命运感的影响，它使遵循社群规范的行为方式得到回报和强化，而使不遵守这种规范的行为方式被弱化或受到惩罚。传统上，特定的认同使特定的行动具有合理性，并排斥根据其他认同而合理的行动，但在当代文化交流频繁和文化多元化的环境中，文化间的理解和包容是它们共存的重要选择。

由此说来，认同和身份是一种文化现象，是文化的重要组成部分，因此，认同或身份的改变会导致文化的改变，反之，文化的改变也会改变人们的认同和身份。我们知道，"一个人改变不了自己的祖先和肤色，但能够改变自己的文化。人们能从一种宗教皈依另一宗教，学习新的语言，接受新的价值观和信念，认同新的标志和符号，让自己适应新的生活方式。新的一代人的文化往往在许多方面不同于前辈。有时整个社会的文化都会明显改变。"② "有时候，哪怕我们只是回顾了一代人的生活，我们就会看到发生了多大的改变，

---

① 〔美〕露丝·本尼迪克特：《文化模式》，王炜等译，社会科学文献出版社2009年版，第11页。
② 〔美〕塞缪尔·亨廷顿：《我们是谁？——美国国家特性面临的挑战》，新华出版社2005年版，程克雄译，第28页。

这种改变有时就发生在我们最熟悉的行为之中。"① 例如，2010 年欧洲关于延长退休年龄制度的改变引发了大规模的抗议运动。从文化上来看，欧洲人的休闲特性与美国人的以工作为荣的道德曾经是一种文化差异，然而，在近几十年来这种状况已经有所改变，美国人的休闲文化已经发展起来。在亚洲人看来，美国的休闲文化与欧洲的休闲文化已经没有多大差别，一些美国人甚至完全不能理解为什么中国人不愿意享受退休生活，为什么假期还在勤奋工作？而日本在经历了 20 世纪的勤奋之后，也发展起了休闲文化。中国正处于发展时期，勤奋仍是中国人主要的社会文化特征之一，但似乎在一些人中也出现了一种追求休闲文化的趋向。此外，我们看到一些华人在融入欧洲或美国社会之后，生活方式和习俗发生了变化，甚至价值观也逐渐改变了，这时，除了人种上的差异外，他们的身份和认同几乎与当地人没有什么差异。

在全球化时代，新的政治运动正在造就一种新的共同体及其认同，不断超越着近代以来的族群和国家认同，并把以传统的共同体为基础的认同重塑为某种新的形式。这些运动或想象的共同体最为引人注目的是，它们往往不是以地理区域为基础的，但是与民族共同体有相关性。之所以出现这种情况，部分原因在于新的交流方式已经穿越了历史和领土，即社会或全球性流动已经改变了人们的历史依托，而信息的电子化传播跨越了空间上的障碍。

正如我们所看到的那样，大众媒体在共同体的想象中扮演了重要的角色，并日益成为不同形式的交流所发生的场所。一些亚文化可以围绕媒体产品来塑造和煽动社群，使之创造出各种类型的共同体，给成员一种认同感和联系感，并提供建立在共享情感基础上的有影响力的共同体。例如，在互联网上，物理空间和共同体的存在消散了，并转化为所谓"纯粹的"交流，然而，在这种交流中，人们想象了新的共同体，它可能形成一种新的社会和政治运动，这种运动的意识形态中也包含着自己共同体的观念。

---

① 〔美〕露丝·本尼迪克特：《文化模式》，王炜等译，社会科学文献出版社 2009 年版，第 7 页。

像全球范围内的环境主义运动就已经超越了地理空间上的界限，以一种越来越强烈的认同而构建着一种环境与政治的共同体，而这种认同和共同体又与每个人的国家共同体保持着密切的关联性。近几年来，中国形成了一种网络民意，通过互联网，属于不同阶层和地域的人们围绕着各种民生的、社会的和政治的（例如反腐败的）问题阐发着自己的民粹或民主思想，并正在形成一种思潮甚至运动，这种建立在新的共同体基础上的亚文化或政治文化认同将发挥越来越大的作用。

我们知道，任何一种文化或认同都具有连续性和差异性。认同的连续性是指认同主体的一种自我体验和自我经验感，它造就了一种时间和空间意识，是一个社群或共同体中人们历史经验的积累和扬弃的结果，因而给人们灌输了一种历史感。连续性在个体认同那里表现为记忆，在群体认同那里则体现为一种在历史的长河和空间的广袤中具有的历史感。认同的差异性是指认同主体所具有的区分自我和他者之间界限的意识，其作用实际上是同中存异，使得人们在认可、接受和欣赏他者的身份、价值和地位的同时，能够保持自己的特殊性和独立性。有了这种差异性或界限，一种集体认同可以区别于其他的集体认同，个体认同也可以与集体认同保持一种既具有共性也具有差异性的恰当的互动关系。

认同的连续性和差异性是相互关联的：一方面，连续性一定是蕴藏着独特性或差异性的，例如国家认同的连续性是以国家认同中明确的特性或差异性为基础的，它本身就是依托于对国家认同的界限感的清醒认识，不同国家的认同所具有的连续性或历史感都有自身的独特性或个性；另一方面，差异性和界限感又是以连续性为前提的，只有如此，国家认同中的界限感才是有生命力的、生成性的、动态的和包容性的，没有连续性的差异性没有任何意义，所以，国家认同应该是对过去、现在和未来关系的整体性的把握。

然而，全球化对认同的连续性和差异性造成了前所未有的冲击。这一时期，人们的时空观发生了很大的改变，由于距离对人们的意义已经越来越小，人们在这个世界上似乎不再有天然的边界，无论是在现实的还是在虚拟的空间中，人们越来越不被某个特定的地点所局限，人们总是处于流动之中，这使得人们原有的特定的连续性或历史感逐渐淡漠起来，自觉或不自觉地模糊了自己的国家特性或国家认同。这种变化对个人的冲击表现在人们经常不知道自己身在何处，对集体的冲击则更加明显和具有压迫性，因为连续性因素丧失的直接后果就是一个群体、民族和国家的连续性或历史感的淡化乃至遗忘。

与此同时，全球化带来的流动性和对同质性的追求也在民族国家的层面上淡化了差异性，弱化了人们的界限感。具体在国家认同上，则是对本来具有重大差异和鲜明界限的国家认同的弱化和对不同的国家认同的同质性的欣然接受。① 不过，就目前所观察到的情况来看，全球化主要是使现代化所强化的与族群认同相一致的国家层面的认同弱化了，同时使国家认同采取了一种新的形式，它不再是以族群和族群文化同化为基础而形成的认同，而是在尊重族群文化平等共存的前提下强调更为基本的个人价值来形成认同，或者说是在自由、平等、人权、民主的层面上来形成或构建国家认同。

我们可以美国国家认同的发展为例来说明这个问题。在美国 1776 年建国后很长一个时期中，美国的国家特性被等同于盎格鲁-撒克逊特性，是否认同于盎格鲁-撒克逊文化被视为是否认同美国的标志以及移民能否成为美国人的前提。在 18 世纪至 20 世纪上半叶的现代化过程中，美国是采取强制族群和区域认同的方式来强化国家认同的。1861—1865 年的内战是通过战争手段打破南方各州的地方忠诚而使其服从于国家忠诚；解决 19 世纪后期以后涌入美国的东欧和南欧的大量移民的认同问题是通过美国化运动来引导移民放弃原来的语言、习俗和生活方式，转而采用盎格鲁-撒克逊的风俗习惯和生活方式，从而瓦解移民原有的族群忠诚，适应美国的国家认同，这同样是一种强

---

① 可参见王成兵：《历史感和界限感：现代性语境中的国家认同问题》，载《中国社会科学报》，2010 年 8 月 24 日。

制性的族群同化方式。

但是在全球化或后现代化时期，移民大量增加，民权运动兴起，多元主义文化流行开来，对传统的以族群融合为基础的国家认同形成了强大的冲击。此后，对移民的强制同化就被视为种族主义行为了。移民保持自己的文化特性不仅不会受到歧视，反而被认为是多元美国社会有活力的体现。在这种情况下，美国的国家特性不再被等同于盎格鲁-撒克逊文化，它越来越不再被看成是一种共同的文化，国家认同越来越依赖于基本的价值观和政治意识形态。越来越多的人意识到，新的国家认同不再是盎格鲁-撒克逊文化的认同，也不是其他任何族群的文化认同，或者说不再是一种任何文化的表层文化的认同，而是要从更深的层面上寻求认同，把国家认同建立在以个人为基础的平等、自由、人权和民主的基础之上，根据自己的发展水平、民族特性和现实来确定自己国家的认同。

一般来说，人们所论及的文化认同多是对一个文化的表层文化的反映，因为作为文化表象的文化实践是人们直接意识到的内容。它之所以非常重要，原因是它们容易为人们所接受，且往往是人们所偏好的；同时如果一个人不能参与特定群体的文化实践，那么他将被看成是缺乏教养和没有文化。但实际上，特定的文化实践是可以替代的，即一个人可以不喜欢欧洲的休闲文化，而喜欢美国的工作文化；只有两者都不喜欢的人，或缺乏所有文化类型的人，才可以被看作是没有文化的。

在现实中，将自身融入到一定文化实践中的人可能将此种文化认同看作是优越的，并以此作为一种规范性标准，因而他者的文化实践就会被看作是低劣的。但是由于文化实践是可以替代的，依据表层文化对其进行优越与否的判断并不一定准确。尤其是文化认同并不总是来自于表层文化，其更深刻的根源是来自于深层文化，即人的信念和价值对自我意识或认同是有深刻而潜在的影响的。

深层文化中的诸多价值是共有的母体，如同情、正义和忠诚，还有关注生存与成长的高层次价值等，这种深层文化可能有不同的表层表现形式，人们不应认为只有一种或自己社群文化的表现形式是优越的，而其他的社群文化是低等的。表层文化是文化认同的直接形塑因素，深层文化由于其抽象性，其作用是潜在而深刻的，而表层文化与深层文化的统一是构建文化认同的根本所在。

由此看来，如果人们的文化认同局限于表层文化及其特征，就会强化文化间的差异性，那么对它的保护和促进或者导致文化和族群的隔离，或者可能引发社会冲突甚至导致战争，在全球化的今天，更多的是后者；如果让人们理解到表层文化元素的可替代性和深层文化中不同文化群体的共有成分，则会降低仅仅把表层文化看作是文化认同的欲望，而增强追求共同价值的欲望，从而达到缓解冲突压力的目的。上述美国处理多元族群和文化的方法就趋向于此。

小　结

在全球化日益扩展的今天，关于族群认同与国家认同的变迁及其相互关系的争论日渐激烈。多元主义者的目标既不是构建国家认同，也不是构建民族或国家认同，而是构建族群认同。然而，在他们看来，族群认同与国家认同之间存在着一致性，这首先表现为族群认同是国家认同的前提[①]，"创制族群认同和创制国家认同的过程实际上构成了同一历史过程的重要组成部分"[②]。其次，国家认同以族群认同中的文化因素为根基，作为族群认同纽带的血缘、语言或地域因素能够缩小族群间的心理距离，增强各族群间的亲和性，有效地体现国家一体的观念。最后，在全球化的过程中，族群认同与国家认同的命运相同，都有被超越和弱化的趋势。[③] 然而，在多元文化主义的批判者看

[①] 江宜桦：《自由主义、民族主义与国家认同》，台北：扬智文化事业股份有限公司1998年版，第199页。
[②] Tan Chee-Beng, "Ethnic Identities and National Identities: Some Examples From Malaysia", in *Identities*, Vol. 6, No. 4, 2000, p. 441.
[③] 常士䦛主编：《异中求和：当代西方多元文化主义政治思想研究》，人民出版社2009年版，第102页。

来，族群认同与国家认同存在着两种基本的冲突。一是从国家的视角来看，国家层面的统一和认同需要共同的民族性发挥合法化作用，这同时要求民族国家内的族群放弃族群特性，弱化其共同体。二是从族群的视角来看，民族国家中的各族群有着自己独特的权利要求，这些族群权利往往要求国家实行差异政治，一旦这些要求不能得到满足，少数族群就会对国家的权威和合法性提出质疑，进而可能威胁到国家认同。[①] 无论从理论上还是实践上，人们都进行了深入的探索和设计，尽管这些探索和设计还存在着很大的分歧，但都取得了很多有益的成果，在我看来，解决这一问题的关键是实践，尽管这种实践是复杂和长期的。

第七节 政治仪式功能的变迁

政治仪式是从心理和情感的维度将个人与群体的过去、现在和未来联结在一起的一种间接的交流方式，它能够将社会和政治上的理性矛盾转变为情感上的一致，为人们提供一种理解社会的重要的工具。在传统和现代社会中，政治仪式多是强化社群和国家认同的工具，尽管它有时也会成为国家内部社群之间利益争夺和反对国家认同的工具；而在后现代化过程中，由于社会的价值系统是以价值多元而不是价值一致为特征的，它是一个社会、经济、政治和文化变迁以及与此相关的内部冲突持续不断的过程，因此，政治仪式也越来越成为表现这种价值观多样化的工具。

一、政治仪式的政治和文化意义

从文化学上来说，仪式是一种符号，而符号是一种文化现象。符号或仪式从情感和认知两个层面展示着文化和社会。关于符号与文化的关系及其意

---

① 常士訚主编：《异中求和：当代西方多元文化主义政治思想研究》，人民出版社2009年版，第103页。

义,格尔茨有一个具有广泛影响的定义,他指出:"文化是一种包含在符号之中的历史遗传的意义模式,是一套以符号形式表达的、传承下来的概念系统,通过它,人们可以交流、巩固和发展他们关于生活的知识以及对于生活的态度。"① 这个定义有两方面的涵义,一是强调符号或文化是一种共享的理解或意义;二是强调符号或文化是一种世界观,这既包括人们对于现实世界的认知和情感,也包括对人们行为方式的解释和预期。当然,共享的理解主要是存在于拥有共同身份的人们中间,这种身份标志着社群内部的相似性和社群之间的差异性。换言之,符号或文化标志着一种独特的生活方式,它反映在社群成员所共享的"我们"之中,并通过特殊的行为方式表达出来。它揭示着人们如何看待过去、现在和未来,以及如何理解自己所面临的选择。以符号所表达的文化既具有认知的意义,是对社群经验的描述,也具有强烈的情感色彩,它强化着独特的社群纽带,几乎就像一种密码,将一个社群凝聚在一起,并将一个社群与另一个社群区别开来。"人们经历之中的共同体的真实性,存在于他们对符号共同体的从属或承诺之中"②。作为一种政治符号,政治仪式是文化或符号在政治上的表现,也是当代人类社会生活的一种重要的表现方式。在很多情况下,政治就是由一系列符号或仪式展示出来的。

  政治仪式对所有社会的运转和整合都是不可或缺的,它以两种方式反映着社会现实:一种是用情景化的方式实现了社会现实的表达,这是一种规范化的和可重复的方式,容易为所有社群成员所接受,因而能产生重要的影响;另一种是为社会成员解释社会现实提供了一定的认知方式。它以一种特殊的象征性风格表现了社群成员之间的相互依赖,这种观念系统可以使人们明白自己作为其成员的社会以及他们和社会之间模糊却又亲密的关系。因此,"神

---

① Geertz, Clifford, "Religion as a Cultural System", in Clifford Geertz, *The Interpretation of Cultures*, New York: Basic Books, Harper Torchbooks, 1973, p. 89.
② Cohen, A., *The Symbolic Construction of Community*, London: Routledge, 1985, p. 16.

圣的原则只不过是特殊的和变形的社会"①。尽管政治仪式属于精神的领域，但人们发现对神或其他圣物的崇拜是社会成员相互依赖的集体性自我崇拜的一种象征方式，例如"图腾是氏族的旗帜"和"召集符号"，它是一种象征性手段，可以表明认同这一符号和仪式的人都是同一文化群体的成员，使社群成员意识到他们是一个共同体。

我们知道，对政治现象进行文化分析是理解和解释政治生活的一种重要路径。在文化分析方法中不同世界观和不同身份的人理解和解释政治现象的方式是有差异的，这一点与理性选择理论有很大的不同，因为理性选择在很大程度上假定利益最大化是跨文化和具有普适性的，它不需要一种差异理论来解释比较分析中的变量。而文化分析的特点是对社会政治生活进行诠释，它关注的是塑造行为与制度的意义及其样式。它的基本假设是，只有理解了相关的意义，才能正确地理解人的行为。它认为意义在行为、实践和制度中发挥着重要作用，并且为它们设定了框架。

政治仪式向个人提供了归属感，"加强了个人同他所属社会之间的纽带"②。在传统社会中，政治仪式多具有宗教色彩，在当代社会中则更多地是世俗性的。在现实生活中，由于这种或那种原因，在"正式的政治"无法进行的情况下，文化政治例如政治仪式便成为一种有效的替代。围绕着特定的文化实践而形成的各种正式的和非正式的社群在一定条件下是一种政治工具，人们可以利用它来达到那些有时无法直接追求的目标。只要社群的领导人能够确保共享的仪式为大家提供安全感，他们就可以在仪式的旗帜下动员社群成员，产生重要的政治动力。

现实世界中社群的领导人在追求权力的过程中经常运用共享的文化隐喻和恐惧来感召和动员人民，而人们对政策或候选人及其偏好进行选择的更深

---

① Durkheim, E., *The Elementary Forms of Religious Life: A Study in Religious Sociology*, Translation of the French edition of 1912 by J. W. Swain, London: Allen and Unwin; New York: Macmillan, 1915, p. 347.
② Durkheim, E., *The Elementary Forms of Religious Life: A Study in Religious Sociology*, Translation of the French edition of 1912 by J. W. Swain. London: Allen and Unwin; New York: Macmillan, 1915, p. 226.

刻的背景也在于他们的文化理解和身份。① 例如，科恩对尼日利亚的哈乌萨人和塞拉利昂的克里奥尔人的活动曾进行过分析，由于这两个社群都是当地的少数社群，因而他们无法运用正式的选举手段来达到自己的目标。面对这种情况，这两个社群在20世纪中期的几十年时间里经常利用其文化的特殊性及其相关的文化符号和政治仪式进行组织和动员，哈乌萨人发动了一场强调提亚尼伊兄弟感情的宗教复兴运动，而克里奥尔人则组织了一种共济会组织，这实际是在自己的社会、经济和政治处境处于不利地位时强烈的社群内的动员，或者说利用文化资源进行了强有力的政治动员和组织，最终哈乌萨人避免了因长途贸易被主流社群控制而带来的损失，而克里奥尔人在一定程度上保留了自己在国家行政精英中的份额。② 实际上，不仅仅是弱势社群会利用政治仪式作为保护自己的工具，强势的社群也会运用自己的政治仪式作为动员或保护自己的工具，例如在一些国家中强势的统治者总是利用宗教或文化信仰动员人民来打击对他们造成威胁的反对派。在当代一些把自己所信仰的宗教定为国教的主流社群通常都会利用宗教精神和相关的仪式来加强和维护自己的统治地位，同时排斥和防止其他文化或宗教社群在政治上崛起。

二、政治仪式基本功能的演变

传统的政治仪式主要是宗教性的，它具有重要的政治功能。这主要表现在宗教性的政治仪式可以激发起社群成员尤其是信徒的强有力的情感，这些情感与人类生存的基本问题联系在一起，它把自己的政治安排说成是宇宙系统的有机组成部分，从而赋予其合法性和稳定性。它安排了文化符号和宗教组织内部诸仪式之间的关系和位置，并由此产生出相应的权力；它让使用这些安排、权力和管理祭祀场所以及相关的福利、教育和各种社会活动成为可

---

① Kurtz, Donald V., "Strategies of Legitimation and the Aztec State", in Frank MaGlynn and Arthur Tuden (eds.), *Anthropological Approches to Political Behavior*, Pittsburgh: University of Pittsburgh Press, 1991, p.149.
② Cohen Abner, *Custom and Politics in Urban Africa*, Berkeley and Los Angeles: University of California Press, 1969, pp.201-210.

能；它让使用这些安排和权力来发展具有政治功能的组织成为可能。宗教还通过提供周期性的仪式活动来促进公众之间的交流和互动，由此对自己的神话和符号进行持续的诠释和再诠释，以使它适应变化着的社会环境，从而保持自己的生命力。① 例如，半个世纪以来基督教各教派之所以得到了广泛的传播，与它能够对在迅速变迁的社会中人们精神的失落进行慰藉是分不开的，或者说它能够以其教义对现实世界的变化作出人们在某种意义上可以接受的解释。

现代社会的政治仪式主要是世俗性的，它是现代社会中政治精英使用的普遍的文化治理手段，它比宗教仪式的动员能力更为广泛和明确。它通常是一种情绪化的有效而微妙的治理方式，既可以被用来抑止那些对政治决定和政治秩序进行理性批评的公共话语，也可以一种有限理性的情感方式来推举和确认民主选举产生的总统、政府或其他领导人，以此来在领导人和共同体的其他人之间构建差异和等级，并赋予其合法性。政治仪式有时可以表现出权力关系的某种形式，使其性质和内容变得有形和可见，从而具有现实的影响力。

具体来说，政治仪式有多种功能。例如，美国社会中存在着各种各样的政治仪式，总统的就职典礼就是最重要的政治仪式之一，它蕴含着美国公民精神的一整套的共享的信仰，重申了最高政治权威的合法性。在就职典礼中，"出场的这个人，具有象征性的权力，具有政治职务的新头衔和标记，是合法性的载体"②。没有政治共同体的委托和授权，他就没有代表性和合法性，而政治仪式就是正式的委托和授权的方式。没有这种方式的委托和授权，不但合法性受到影响，而且还会弱化这一权力本身。同时，在这一仪式进行过程中，现代传媒通过报道这一重要的政治事件而发挥着整合社会的作用，人们可以通过媒体来间接地参与到这个仪式之中，从而使巨大疆界内不能直接聚

---

① Cohen Abner, *Two-Dimensional Man: Essay on the Anthropology of Power and Symbolism in Complex Society*, Berkeley and Los Angeles: University of California Press, 1974, p.210.
② Bourdieu, P., *Ce que parle veut dire: L'economie des echanges linguistiques*, Paris: Fayard, 1982, p.101.

集在一起的所有的国家成员参与进来，这就加强了所有公民的国家整体感。

国庆节也是一种重要的政治仪式，它其中所蕴含的精神意义构建着国家、民族或政治社群的认同。我们知道，节日是由于在特定时间发生的特定事件而得以形成的，但构成节日的那个特定事件早已过去，我们只能通过一定的仪式去庆祝和纪念它。我们之所以在当下去纪念过去发生的事情，是因为在当下的人们看来它有一定的现实的和未来的精神和意义。我们现在之所以要以阅兵、游行、歌舞等方式庆祝中国的国庆节，记住并分享1949年10月1日那一天我们的先辈是如何欢欣鼓舞地告别了他们苦难的过去并憧憬美好未来的，就是因为这一事件蕴含着重要的精神意义。而要深刻地理解这种精神和意义，就要通过各种方式学习他们长期追求自由、民主、独立和富强的艰苦的历程和经历，了解他们的牺牲精神和奋斗精神，在认知上认清其政治上的正当性。由此，每当我们想起这些时就会由衷地敬仰和感谢我们的先辈，在心理上不由自主地产生一种追随先辈的冲动和力量，就会自然而然地感到祖国的神圣和伟大，就会在情感上产生与祖国同呼吸、共命运的认同感。这就是国庆节这一政治仪式的意义和作用。

由此看来，政治仪式对创造意义和形成行动具有重要的作用，而操控仪式可以增加自己的权力。"作为一种处理权力关系的象征系统，政治仪式被视作存放权威性资源的仓库和生产权威性资源的工厂，其中的各种政治力量通过象征资源的存放、生产、调控和分配等各种方式参与争夺。正因为如此，在政治生活中，政治仪式除了存放和生产象征这种权威性资源外，其本身既是权力争夺的目标，也是用于权力争夺的利器。"[1] "仪式是件重要的工具，影响着人们对于政治事件、政治政策、政治系统和政治领导人的观念。通过仪式，人们发展了关于什么是合适的政治制度、什么是政治领导人的应有品质，如何通过这些标准来衡量他们周围的世界等观念。"[2] 因此，政治仪式是

---

[1] 王海洲：《政治仪式的权力策略——基于象征理论与实践的政治学分析》，载《浙江社会科学》，2009年第7期。
[2] Kertzer, David I., *Ritual, Politics and Power*, New Haven and London: Yale University Press, 1988, p.79.

重要的控制工具，是获取和维持权力的重要机制。它还可以以自己的文化隐喻和意义提供现实的观念，去团结一些人而反对另一些人，以文化的名义进行社群之间的斗争。

与传统社会不同的是，现代社会的政治仪式表现得更加世俗化，更加贴近人们的政治生活。例如，在"文化大革命"中，通常会以在天安门广场召开群众大会、中央领导发表大会宣言的方式阐述党和国家的重大方针，而现在中央主要领导会定期到中央党校去发表讲话，这实际上已经成了阐述党的方针的一个重要方式，两者都是一种政治仪式，前者更具有传统性，而后者更具有现代性。2012年7月23日胡锦涛总书记在中央党校省部级干部研讨班开班典礼上发表重要讲话，所有的中央政治局常委、政治局委员、党和国家领导以及省部级干部都出席了，这实际上是当代一种高规格的政治仪式，表明党中央高度强调这次讲话的重要性。

三、后现代社会中政治仪式功能的某些变化

在现代社会中，政治文化理论对构建一致性的社群和国家认同是持积极态度的，价值整合是社会整合的基础，是平衡整个社会系统的文化机制。因而，政治仪式也就成为既有的共识的一种规范性表达，是预设的社会整合的象征性表达，是产生这种规范性整合的机制，是这种整合的因素。[①] 然而，在后现代化时期，价值的多元化生活方式的个性化使得一致性的国家认同不再那么被认可了，因此，公共仪式也在被这种价值观多样化所利用。

在后现代社会中，将政治仪式看作是产生价值一致的机制已经过于褊狭了。后现代社会或国家的价值系统是以价值多元而不是价值一致为特征的，它是一个社会、经济、政治和文化变迁以及与此相关的内部冲突持续不断的过程，国家的价值整合程度已经大大降低了。人们已经深刻感受到社会的分

---

① Lukes, S., "Political Ritual and Social Integration", in *Sociology*, Vol. 9, 1975, pp. 296-298.

裂表现为多样的和不稳定的政治认同，表现出对抗议运动以及各种形式的社群行动的支持和认同。因此，像所有其他社会领域中的仪式一样，政治仪式已经越来越少地具有普遍性的象征意义了，能够产生普遍忠诚的核心符号已经越来越弱化了。

实际上，从诞生之日起，政治仪式就既是共同体中产生团结的活动，也孕育着冲突，它在维护共同体稳定的同时，也是渴望共同体或社会变迁的文化象征性活动，只不过那时的一致性更为强势，而在后现代社会中这种多元化越来越强势了。在现代化时期，国家整合是主要的发展目标，而在后现代时期这一目标在削弱，尤其是在国家层面或较大的共同体层面上尤其如此。参加仪式可以在人们内心创造出一种社群团结的冲动和意识，但它并不仅仅是指向内部的，而且也是指向外部的一种冲突的表达，增强内部的团结就意味着对外部的威胁，而无论外人是否在场，其所指虽然无形但同样明确。例如诸多国家的国庆庆典都有阅兵仪式，这既是团结国人的一种文化场域和象征性表达，也是向一般意义上的外国、有时也是指向明确的外国的一种示威。近年来东南亚一些国家，还有朝鲜、韩国、伊朗、以色列和美国频繁举行盛大的阅兵式或军事演习，就是加强内部团结和向"敌国"示威的一种举动。

在一个国家或共同体的内部，如果我们分析参加仪式的群体的异质性，例如由性别、年龄、地域、阶层、意识形态或族群所构成的差异，可以看到这些因素会导致他们以不同的方式和目的参与相同的仪式，以及对相同的仪式有不同的解释，由此可以离析出不同的亚群体甚至个人之间的差异。由此看来，政治仪式对于国家的认同是在争论的基础上得到确认的。处于文化多元化中的后现代国家中的政治仪式的一个基本特征就是其异质性的增强，它们不仅仅是国家的符号和自我建构，而且也是各亚国家共同体的符号和自我建构，因此，其参与的目标在凝聚自己社群的同时，也排斥着自己社群以外的社群，甚至可能会动员自己的群体去挑战既有共同体的权力关系。由国家精英主导的政治仪式通常是用来加强国家认同的，以使既有的政治秩序和权力关系合法化,而亚国家群体经常使用仪式的表演来确定自己的认同,调整和改变群体边界,例如,国家内部的抗议活动和仪式都是用来定义"我们"这个亚群体的,甚至与主导的、竞争的、国家的"他们的"各类群体相对立,尽管这种认同和边界通常与国家认同和所认定的边界有着密切的关系。

这种仪式性抗议行为实际上也是对被国家精英垄断的仪式意义和解释的抗议,其实质是不同的社群试图用自己的意识形态或对仪式的不同理解来占据仪式并为其所用,这包括试图定义国家或共同体的集体记忆中哪些因素是有意义的,以及如何解释等。例如,俄罗斯与前苏联的国家精英对十月革命意义的解释是不同的,即使是在现今的俄罗斯内部,不同党派对这同一事件意义的解释也有很大不同。不同的解释,实际上就是对其历史作用及其现实意义有不同的看法,这意味着他们有不同的世界观和意识形态。再比如,我国不同的群体对"文化大革命"和前几年重庆的"唱红打黑"有不同的看法,也意味着人们对这些文化"符号"或"仪式"的历史作用和现实意义有不同的解读。有时候,抗议的社群通过将国家仪式改变为充满争论和反对的仪式,来削弱它传统上所具有的凝聚性和合法化的功能。2008年伊朗总统大选中反对派就是通过对《古兰经》和宗教理论进行重新解释而不是从西方民主理论那里来寻找改变传统权威的理论依据,因而引发了激烈和广泛的抗议活动。在东欧的前社会主义国家,20世纪50—70年代国际劳动节的庆祝活动和庆典仪式已经成为一种常规的集体行动,它实际上也成为政治精英建构国家意识的一种手段。然而,随着社会和政治的变化,一些人改变了对它的政治和意识形态意义的认识,并不再认可国家精英所主导的意义,从而不再参加这样的活动,一些地方甚至设立了与此不同的工人节。例如在波兰,圣约琴夫工人节成为一种反对仪式,它为反对者提供了一种公开的、仪式化的和合法的活动。这是一个从权力的确证仪式转变为争执仪式的过程。而在政治转型后,这种仪式已经不再是国家庆典仪式的一部分了,它在大部分地区消失了,这说明人们不再像过去那样认可它的象征性意义了。

在后现代社会中，以仪式形式表现的政治活动加强了一些非国家群体的政治认同和团结，尤其是当群体界限受到威胁和削弱时，更是如此。冷战后，世界各国都出现了"庆祝活动复兴"的现象，正是这一现象的反映。在文化多元化背景下，社群认同和社群界限的意识被激发起来，这包括对自身传统的认同和复兴，特别是地方认同重新受到重视。在建构和再建构认同的过程中，有着明确政治目的的公共仪式似乎越来越受到传统的操纵，它们常常在主张民族、文化或地域性差异的基础上主张不同文化群体自身的权利，这就可能使公共庆祝活动被用来威胁他人，甚至形成直接的政治利益集团及其相互之间的对立。

在前现代和现代社会中，公共仪式最重要的功能是表达和加强共同的价值信仰，而在当代文化碎片化的多元社会中，它的主要功能是在承认制度、组织和运动的目标和意识形态差异性的前提下，创造一种团结和集体认同。两者的共同点在于追求价值认同，两者的差异在于前者是追求全面而深刻的价值认同，而后者是在承认具有深刻差异的基础上追求一定层面上的认同；前者把国家或共同体层面上的认同看作是最为根本的，而后者认为社群的认同甚至尊重个人价值是最基本的认同形式。然而，无论如何，政治仪式在自由和多元的社会中仍然是不可或缺的，因为尽管社会标准日益多元，缺乏共同的信仰，但它们仍然需要并且能够在一定的层面上构建国家和群体认同。

四、政治仪式的结构特质及其内在动力

政治仪式之所以能够把存在着价值差异的社群成员在政治上团结起来，最主要的原因是它具有鲜明而正式的和激动人心的特质，它可以给参与者以心理上的激励，引起强烈的情感共鸣。参加仪式的人过着情感的而不是思想的生活[①]，共同的参与和情感的投入以及从仪式中得到心理满足是其根本所

---

① Cassirer, E., *The Philosophy of Symbolic Forms*, New Haven, CT: Yale University Press, 1955, p. 24.

在，而追求这些行动的理性涵义并不是人们的主要目的，因为仪式并不是追求理性的最有效方式，通过仪式的象征性来表达政治目标并不严谨。因此，在仪式中重要的是人们的共同参与和情感上的投入，而不是对仪式的理性化解释。人们并不一定要有相同的价值观，甚至也不需要对仪式有相同的解释，然而它仍然能够在一定意义或层面上促进社会团结。① 这并不是因为参与者放弃了他们自己的价值、理性和目的，而是服从仪式是人们情感上的需要，他们个人的理性选择和目的在这里或这个层面上处于从属地位。

政治仪式是高度结构化的、可重复的和规范化的，它通过象征性来规定人们的行为。仪式具有一般符号的两个特性：第一，是其合成意义的特性，它在一定层面上象征并统一了相互作用的各种不同的意义，这些不同的意义由于在亚意识的层面上合成为一个新的意义而格外有力。例如，在近几十年移民浪潮的冲击下，美国各种族在国家认同上出现了巨大的分裂，但在"9·11"事件发生后，尤其是在对它的纪念仪式感召下，美国各种族在国家认同或对各种族来说这个亚文化的层次上取得了一致，尽管它对每个社群或个人感召的程度仍有很大不同。第二，是多重意义性和不明确性。仪式不仅具有多重意义，而且相同的仪式也可能被不同的人以不同的方式理解。例如，在俄罗斯，同是纪念反法西斯战争的政治仪式，一些人把它理解为这是对苏联共产党领导人民取得伟大胜利的纪念，而另一些人则认为这是对人民的反法西斯斗争的纪念，把共产党与人民分割开来了。正是由于这种多重意义使它同时具有不明确性，多重意义导致了它的复杂性和不确定性，与文字明确的政治宣言相比，它一定是含糊不清的。实际上，这种意义不明确的仪式，是在没有价值一致的情况下创造集体归属感的一个重要前提，否则它很难在广泛的或存在着差异的范围内构建集体归属感。换言之，政治仪式的这种多重意义属性或包容性把具有不同认知的人们在仪式的旗帜和感召下统一起来了。

在人们的政治生活已经等级化的时代里，仪式提供了超越等级或社会流

---

① Kertzer, D., *Ritual, Political and Power*, New Haven, CT and London: Yale University Press, 1988, pp. 67 - 69.

动的体验，它向人们提供了自己属于更广泛的共同体的感觉，甚至提供了不同等级的参与者之间相互交融的感觉。它通过表现各亚群体之间的关联性提供了超越群体的体验，通过个人全身心地融入社会而提供了超越个人的体验。

由此看来，后现代时期的政治仪式之所以重要，就是由于它可以在一定意义上处理神圣与世俗、现实与变迁之间的关系。根据启蒙思想的理性主义原则，建立全民主权原则和民主政府应当减少公共仪式的使用，从而以直接而不是间接的话语形式形成共识。基于公民是自由的、自治的主体观念，现代国家在理论上对使用公共仪式形成集体认同和政治合法性的做法持批判态度，它不像前现代的政治共同体那样强调个人自由之上的社会纽带和集体情感。尽管理性主义的这一分析本身是合理的，但它过于理想化。实际上，尽管传统和现代政治仪式的功能已经或正在衰退，但政治仪式在后现代时期的功能却发展起来，或者说传统的政治仪式正在以其新的形式和功能来适应后现代社会的发展和变迁，政治仪式与社会之间内在的逻辑联系仍然是强有力的。例如，有一些传统的政治仪式的形式被保留下来，在对其内涵进行改造以后，来发挥它的现代功效。例如，新加坡弘扬儒家文化的战略就是这种情况。在20世纪70—90年代，为了应对现代化所带来的急剧的社会变迁和民主化压力，新加坡政府大力倡导儒家文化，把其作为现代化过程中的文化工具以平衡人们在现代化过程中的心理失衡，平衡社会关系和政治关系。① 实际上，政治精英和普罗大众都需要用宗教来平衡和稳定过于急剧的社会和政治变迁，无论是在心理上还是把它注入到政治规则中使用，都是如此，甚至成为构建社会和政治秩序所必需的一种道德和价值表现方式。

直接的话语沟通是用知识进行理性的调解，旨在达到理性的一致，而仪式提供了一种即时的和间接的表达方式，它并不需要理性话语来传达或论证，而只是要达到情感的和谐。这种间接劝说可能产生巨大的力量，但也存在着潜在的危险："符号能够用来反对所有的理由，这也意味着它不需要理性就能

---

① 李路曲：《新加坡现代化之路：进程、模式与文化选择》，新华出版社1996年版，第345—356页。

构建自己的世界,可以违抗理性的控制和监督,从而创造和维持一个幻想的世界。"① 因此,在理性难以解决矛盾的情况下,仪式的作用是积极的,但对于这种缺乏理性的仪式的过度使用会造成情感与现实世界的巨大鸿沟或脱节,从而激化而不是缓和矛盾。

小　结

由于政治仪式很少是理性的产物,所以其政治暗示和潜在效果可能是非常矛盾的:它既是保障政治秩序的文化象征性手段,例如通过国家的纪念仪式来强化国民团结,通过就职典礼来加强民选精英的合法性,也可以通过抗议的仪式来动员亚国家群体的政治认同或改变国家认同和政治秩序的内容;同时,在一定的条件下这两者之间还是可以相互转化的。政治仪式功能的变迁和这种矛盾性要求我们在当前纷繁复杂的社会现实和深刻的多元文化场域中去把握这种变化和矛盾,以使其成为有利于社会发展的有利因素。如果简单和短视地对待政治仪式,尤其是在社会转型时期,就可能引起群体矛盾,造成社会的不稳定。

---

① 〔英〕凯特·纳什、阿兰·斯科特主编:《布莱克维尔政治社会学指南》,李雪、吴玉鑫、赵蔚译,浙江人民出版社 2007 年版,第 315 页。

第四章 结构主义理论及其分析方法的演进

第一节 结构主义分析方法的产生与发展

结构主义因超越了集体主义和个体主义的方法论视角而受到重视，但它因忽视了能动性而一度受到严厉的批评。在回应这种批评也即自身发展的过程中，它出现了一种发展趋势及两条发展路径：一种趋势是它超越结构主义的局限而力图展现出结构与能动的关联性；第一条路径是从宏观分析到新历史制度主义，它以缩短研究时限，限定制度问题，压缩思考范围来增强解释力，并在相当程度上处理了结构与能动的关系；另一条路径是在宏观分析中处理结构与能动之间的关系。从方法论上来看，它力图通过制度来进行科学主义与阐释主义的结合。这种结合强调分析性选择和叙事性建构之间存在着强关联性，强调要在对案例进行系统建构的基础上对其进行加工，以便进行系统的比较。

一、问题的提出

结构主义跳出了关于方法论群体主义和个体主义的论

争，跳出了社会和行动这一对持续了一个多世纪的主要的分析概念，提供了新的分析视角和框架。在政治学领域，最早的有影响的结构主义者是马克思主义者阿尔都塞，他认为，社会现实被彼此相对自主的经济、政治和意识形态结构的复杂互动所支配，行为者不具有自主性，他们是结构的承担者。① 系统地应用结构主义方法的是20世纪60、70年代的宏观分析，它摒弃了文化主义和理性主义这两种分析架构，认为它们不能完整地解决认识论问题。它指出涂尔干的群体主义的社会概念是一种独特、综合而一体化的社会关系和文化理解模式，这种社会关系和文化理解在文化限定的空间内限制着个体的认知和行为，它认为行为者或能动体的社会生活和行动是由特定的过程、关系和互动形式所造成的，这里缺乏对个体动机和物质性结构关系的关注。个体主义则将社会关系和过程分解成欠社会化的个体汇集，这些个体的认知和选择受利益最大化的驱动并指导着自己的行为，而不必考虑文化、结构和关系环境如何限制和促动人的行为。

20世纪60、70年代的结构主义者在将后封建现代性的研究转移出描述和形而上学王国的过程中，进行了宏观分析，处理了巨大的历史变迁。尽管这些研究在理论传统和研究内容上存在着很大的差别，但都在努力阐明像社会分化、国家构建、战争、资本主义、工业化、都市化以及思想、人员和资金的跨界流动等大规模过程和制度实际相遇的场所②，确实形成了一种结构性和宏观性研究所广泛共享的模式。这种模式将本体论和方法论结合起来，以适合解释后封建

---

① 〔英〕斯图尔特·麦卡纳拉：《结构与能动》，见〔英〕大卫·马什、格里·斯托克主编：《政治科学的理论与方法》，景跃进、张小劲、欧阳景根译，中国人民大学出版社2006年版，第283页。

② Anderson, Perry, *Lineages of the Absolutist State*, London: New Left Books, 1974a; Anderson, Perry, *Passages from Antiquity to Feudalism*, London: New Left Books, 1974b; Bendix, Reinhard, *Natiorr Building and Citizenship: Studies of Our Changing Social Order*, New York: John Wiley, 1964; Bendix, Reinhard, *Kings or People: Power and the Mandate to Rule*, Berkeley: University of California Press, 1978; Moore, Jr., Barrington, *Social Origins of Dictatorship and Democracy: Lord and Peasant in the Making of the Modem World*, Boston: Beacon Press, 1966; Rokkam, Stein, *Citizens, Elections, Parties: Approaches to the Comparative Study of the Process of Development*, Oslo: Universitetsforlaget, 1970; Skocpol, Theda, *States and Social Revolutions: A Comparative Analysis of France, Russia and China*, Cambridge: Cambridge University Press, 1979; Tilly, Charles, Louise A. Tilly, and Richard Tilly, *The Rebellious Century, 1830-1930*, Cambridge: Harvard University Press, 1975; Wallerstein, Immanuel, *The Modem World System: Capitalist Agriculture and the Origins of the European World-Economy in the Sixteenth Century*, New York: Academic Press, 1974.

现代性的起源和特点,并试图说明人类行动和社会变迁的宏观基础。

宏观分析发展了一种关于结构的概率论方法,认为形成人类身份、利益和互动的是具有现代性特征的资本主义发展、市场理性、国家构建、世俗化、政治和科学革命以及思想传播等大型过程。① 尽管它们并不直接产生行为,但它们通过在特定时空内创造供个体思考、互动和选择的环境和秩序,来促进或限制行动,由此确定认知和行为概率的计算。根据这个理论,人是被嵌入的能动者,运作于相关的结构领域之内,据此可以将人们的行为概率计算出来。

然而,这种宏观分析的能力很快受到理性主义和文化主义的挑战,它们对结构主义及历史制度主义提出了批评。这两种倾向致使比较政治的方法或者是理性选择的简化主义的,或者是反科学的诠释主义的,它们从不同的方面大大削弱了宏观分析导向的影响力,但它们自身也有无法克服的弱点。因此,作为一种回应,一些人寻求用历史和制度分析相结合的方法来逐步发展宏观分析,并通过更为精致的历史制度主义来发展这个传统。它们的相对优势在于将宏观格局分析方法与制度分析方法结合起来,从而在一定程度上处理了宏观过程分析与关于能动体和行动的微观动力分析之间的关系。②

新历史制度主义成为20世纪60、70年代宏大分析研究的最有力的继承者,它研究国家与公民之间、国家与经济之间的交易如何在历史与制度安排中进行③,它将政策研究从过于技术化和政策科学中解脱出来,而将研究焦点转向历史制度框架形成个体和群体利益的形态和聚合方式上,以替代欠调和的马克思

---

① Daston Lorraine, *Classical Probality in the Enlightemnent*, Princeton: Princeton University Press, 1988; Hacking, Ian, *The Taming of Chance*, Cambridge: Cambridge University Press, 1990.
② Tarrow, Sidney., "Big Structures and Contentious Events: Two of Charles Tilly's Recent Writings", in *Sociological Forum*, Vol. 2, 1987, pp. 191 - 204.
③ Hall, Peter A, *Governing the Economy: The Politics of State Intervention in Britain and France*, Cambridge: Polity Press, 1986; Immergut, Ellen M., *Health Politics: Interests and Imtitutiov in Western Europe*, Cambridge: Cambridge University Press, 1992; Pierson, Paul, *Dismantling the Welfare State? Reagan Thatcher and the Politics of Retrenchment*, Cambridge: Cambridge University Press, 1994; Samuels, Richard J., *Rich Nation, Strong Army: National Security and the Technological Transformation of Japan*, Ithaca: Cornell University Press, 1994; Steinmo, Sven, *Taxation and Democracy: Swedish, British, and American Approaches to Financing the Modern State*, New Haven: Yale University Press, 1993.

主义的阶级分析，以及替代简单地讲述行动如何显示偏好、个人偏好如何累加成公共偏好的理论。[①] 它还"倾向于将制度与其他因素一道定位于因果链之中，社会经济的发展程度和观念的分布状况也是他们重点考虑的因素"[②]。制度的作用在于它是推动历史或能动者沿着某一路径发展的相对稳定的一个核心因素。

历史制度主义强调从历史发展和比狭义的"结构"和"制度"更宽泛的意义上定义制度并研究制度与个体行为和文化之间的关系，强调制度运作和产生过程中权力的非对称性、制度发展过程中的路径依赖和政治结果的多元动因。它用历史的方法来考察历史和现实，把历史作为克服人类理性行为局限性的一个主要途径；同时它又用制度来分析历史和现实，以国家、政治制度为中心来分析历史和现实。这就是说，它通过制度来进行科学主义与阐释主义的结合。这种结合强调分析性选择和叙事性建构之间存在着强关联性，而且强调要在对案例进行系统建构的基础上进行加工，以便进行系统的比较，无论是在经验意义上还是在科学意义都是如此。

斯考克波尔指出宏观分析的危机部分地是由于它的表述过于贫乏，它受到批评并从霸权地位上衰落，主要是因为它缺乏理论和方法论上的自觉和清晰。马克思主义曾进行了大量宏观分析的知识工作，它对西方历史的时代变迁所作的唯物的、历史的和宏观的整合分析，它对阶级结构和现代资本主义的逻辑和动力所作的分析，它在构建资本主义社会之因果故事的历史社会理论方面所作的尝试等，为早期的宏观分析提供了主题、工具和动力。它受到质疑的原因在于由社会发展和变迁所引起的人们对它的本质论、功能论和目的质疑，它的解释过于宏观而缺乏对具体行为和事件的明确的解释。如果结构性宏观分析想保持它在比较政治中的核心地位的话，那么它需要处理很多问题，要在方法论上自觉地更新，要更清晰更具体地解释政治现象，使自己更具有说服力。最重要

---

① 〔美〕艾拉·卡兹内尔松：《比较政治中的结构与格局》，见〔美〕马克·I. 利希巴赫、阿兰·S. 朱克曼主编：《比较政治：理性、文化和结构》，储建国等译，中国人民大学出版社2008年版，第113—114页。
② Peter A. Hall and Rosemary C. R. Taylor, "Political Science and the three New Institutionalism", in *Political Studies*, Vol. 44, 1996, p. XLVI.

的方法还是要进行案例的有效建构和合理的比较。

概括来说,比较政治学者已经进行的比较研究可以大体分为大过程的比较、案例比较、变量比较和关联比较。第一种比较方法如沃勒斯坦对世界系统的研究与蒂利和斯普鲁伊特对欧洲国家构建的有力描述,以及米歇尔对社会权力的研究等①,他们都努力越过案例问题,集中关注大的关系和过程,案例只是其中的一个部分,这种比较虽然会使人们对政治模式有一个基本的认识,但它却缺乏具体而直接的说服力。第二种比较方法是以合理的案例选择辅之以综合的实验和多变量方法,并设法克服变量太多和案例太少的问题,让特定的案例匹配特定的变量②,这种方法的不足之处在于案例复杂性的难以驾驭和变量科学性的难以确定会限制它们之间的相互借鉴。第三种比较方法是通过对比,并通过对多变量技术的强式应用,将案例分解成可分析和可比较的变量再进行比较③,这种方法的不确定性不是变量本身的问题,而在于对案例的分解缺乏明确的标准。第四种比较方法是将变量比较和案例比较的成果并入格局分析。这种方法的特点主要是在保持结构性宏观分析特性的基础上吸收了理性选择和后现代主义的某些因素,以弥补结构分析本身的不足。这也是结构主义发展的最主要的取向。然而在现实政治和社会中,这些方法都还难以提供非常清晰的解释。

---

① Tilly, Charles, *Coercion, Capital, and European States, AD990 - 1990*, Oxford: Basil Blackwell, 1990; Mann, Michael, *The Sources of Social Power, Volume I: A History of Power from the Beginning to AD 1760*, 1986 and Volume II: *The Rise of Classes and Nation States 1760 - 1914*, Cambridge: Cambridge University Press, 1993; Spruy, Hendrik, *The Sovereign State and Its Competitors*, Princeton: Princeton University Press, 1994.

② Lijphart, Arend, "Comparative Politics and the Comparative Method", in *American Political Science Review*, Vol. 65, 1971, pp. 682 - 693; Lipset Seymour Martin, *Political Man*, New York: Doubleday, 1960; Collier, David, "The Comparative Method: Two Decades of Change", in Dankwart Rustow and Kenneth Paul Erickson (eds.), *Comparative Political Dynamics: Global Research Perspectives*, New York: HarperCollins, 1991.

③ Barnes, Samuel Henry, Max Kaase, and Klause R. Allerback, *Political Action: Mass Participation in Five Western Democracies*, Beverly Hills: Sage Publications, 1979; Bartolini, Stefano and Peter Mair, *Identity, Competition, and Electoral Availability: The Stabilization of European Electorates 1885 - 1985*, Cambridge: Cambridge University Press, 1990; Dalton Russell J., Scott Flanagan, and Paul Allen Beck (eds.), *Electoral Change in Advanced Industrial Democracies: Realignment or Dealignment*, Princeton: Princeton University Press, 1984; Lipset, Seymour Martin, and Stein Rokkan (eds.), *Party Systems and Voter Alignments*, New York: Free Press, 1967.

二、宏观分析的特征及其嬗变

以历史唯物主义为基础，从阶级分析到把阶级与国家结合起来进行分析，从历史叙事到把案例研究与变量研究结合起来进行分析，是宏观分析在全盛期的特征及其嬗变。这一时期的研究主题是 16 世纪至 20 世纪以欧洲为中心的世界从前现代社会向现代社会的转变，它较为系统和比较性地阐明了这一转变过程中的不同路径，并且说明了这些路径对于社会阶级和政治体制形成的涵义。它以历史唯物主义理论为指导，将阶级结构视为推动历史的动力；同时没有将国家与阶级区分开来，而是以阶级为主导，将国家看成是阶级的附属品。

改变这种比较历史宏观分析目标的突破性著作无疑是摩尔的《民主和专制的社会起源》。① 本书在比较分析英国、法国、美国、中国、日本和印度走向现代国家之路时，企图在内容和方法上有重要的突破。它列举了三种不同的从传统向现代过渡的路线：成功的资产阶级革命、夭折的资产阶级革命和共产主义革命。从方法上来看，摩尔在这一研究中紧紧把握住对具体案例的详细考察，并试图抽象出一种概括性因素。它将革命的转型时期与之后的日常政治形态联系起来，运用阶级分析解读政治体制和政治发展，并将取自发展和发达世界的亚洲和欧洲案例视为可以比较的分析单位。尽管它的研究容纳了许多类型的能动体，但它们主要是受结构关系的趋动，结构关系的逻辑塑造和限制着行动者的身份、愿望和行动。②

从方法上来看，它没有把案例切割成自身可以比较的变量，而是非常详细地考察每一个案例，将它们单独作为一种分析性建构和历史性认可的内容，视其存在于独特而复杂的环境之中，但它的目的又是把每一种案例用于比较。它坚持用一种国别方式进行研究，没有将"革命"和"阶级斗争"视为独立

---

① 〔美〕巴林顿·摩尔：《民主和专制的社会起源》，拓夫、张东东等译，华夏出版社 1987 年版。
② Moore, Jr., Barrington, *Social Origins of Dictatorship and Democracy: Lord and Peasant in the Making of the Modern World*, Boston: Beacon Press, 1966.

于特定时空之外的过程,而在此基础上进行了革命与阶级的比较。由此建构和展开了一种有限的发展式格局①,以超越于历史细节或关于历史路径的过于简化的故事,它认为这种路径包括大规模历史变迁的复杂问题。它通过建构案例,说明这些案例或事件如何受到特定的阶级、革命和政体等格局的支配。尽管《民主和专制的社会起源》主要是结构主义的,但它在一定程度上保留了文化分析的方法,而很少被定量研究所支配,使人们认识宏观社会和历史变迁的动力较少受到过于专门化和变量化的社会科学理论所支配。在这里,摩尔的格局倾向既胆大又谨慎,胆大是因为他的历史社会科学依赖于更少的核心变量,谨慎是因为它坚持概念与环境之间要有更严格的适合度。②

尽管摩尔在《民主和专制的社会起源》中认同多元路径而非单一路径,而且它运用的不是正统意义上的马克思主义方法,但它仍然是立基于历史唯物主义的基础之上来进行研究的。它既没有打破马克思主义将阶级斗争视为政治生活的基本事实这一理论,也没有打破马克思主义对经济原因而非文化和政治原因的强调。③ 但像结构背景下的马克思主义的其他著作一样,摩尔寻求将历史唯物主义的阶级分析与不同类型的国家和政体联结起来,在此基础上,20世纪60、70年代历史宏观分析的大量著作努力将马克思主义延伸至与资本主义共生的政治上的现代性宏观过程,即西方的主权国家以及此后的非西方的新兴国家的政治系统的创建和发展。这些新马克思主义的著作开始吸取本迪克斯的二元主义,即认为传统社会是被西方的政治革命和工业革命所打破的,以及学习他力图把阶级和国家结合起来进行研究,例如通过研究公民权如何向低层社会进行扩散的问题。④

---

① Lasswell, Harold, *World Politics and Personal Insecurity*, New York: McGraw Hill, 1935.
② Pye, Lucian, "Foreword", in Leonard Binder et al., *Crises and Sequences in Political Development*, Princeton: Princeton University Press, 1971.
③ Skocpol, Theda, "A Critical Review of Barrington Moore's *Social Origins of Dictatorship and Democracy*", in *Politics and Society*, Vol. 4, 1973, pp. 1-34.
④ Bendix, Reinhard, *Nation Building and Citizenship: Studies of Our Changing Social Order*, New York: John Wiley, 1964.

在这些把阶级与国家初步结合的基础上，斯考克波尔把马克思的阶级分析与韦伯的国家分析结合起来，成功地创造了一种强结构的宏观分析模型。她的著作展示了结构主义宏观分析全盛期的优点，然而，它同样没有重视比较宏观分析中所应有的能动性因素。她的《保护士兵和母亲》[1] 采取了以政体为中心的视角，这使宏观分析以一种更具格局特征的方式复兴起来。20世纪90年代历史制度主义在卫生、税收、劳动关系和其他领域进行了一些很好的政策研究[2]，它们认定斯考克波尔在修正摩尔遗产时所做的方法论上的三种主要的改进：用一种更为跨局部的和静态的组织唯物主义超越了马克思式的唯物主义；更强烈地向结构方向倾斜，以替代对能动性的强调；从格局比较研究策略转向案例比较研究策略。

摩尔强调阶级关系的结构和过程，而把这种机制简化为阶级利益和阶级控制，所以他并没有明确地阐明社会阶级所需要的政治机制。斯考克波尔与此不同，她指出："每种产权制度，每个市场，都需要政治支持。需要提出的重要问题不是这种支持存在与否，而是谁控制着政治机制，以及他们是如何组织的。"她指出，马克思主义过度地将阶级利益和阶级能力混为一谈，并将国家组织和政治领导人的行为不能违背既定统治阶级的利益或生产方式这一判断视为封闭性而不是开放性的问题。而斯考克波尔是在不放弃阶级分析的情况下关注国家自主性的，认为这种自主性既可能与阶级关系相一致，也可能与之发生冲突。与摩尔只关注现代化带来的经济制度的变迁有所不同的是，她既关注现代化与经济制度变迁的关系，也认为现代化带来了政治制度的变迁；而且它们都是在国内外压力之下发生的，而不仅仅是国内的经济与阶级关系变化的结果。与本迪克斯和亨廷顿相同的是她认为政治制度具有相当的自主性，不同的是她认为这种自主性不能外在于国家与阶级的相互关系或阶级对政治精英自由行动的约束。

---

[1] Skocpol, Theda, *Protecting Soldiers and Mothers*, Cambridge, Mass.: The Belknap Press of Harvard University Press, 1995.
[2] 参阅赵可金：《美国政治的"新制度主义革命"》，载《中国社会科学报》，2010年8月13日。

在《国家与社会革命》中，斯考克波尔试图通过两种主要方式超越摩尔。她像摩尔一样强调一种结构视角，特别关注导致旧的国家组织的崩溃以及新的革命性国家组织的建立和发展，主要是以民族国家为分析单位，将历史能动者看作是受自身结构定位而行动的，因此不将微观因素作为一个独立的分析变量。然而，与摩尔相反，她认为阶级分析方法不足以解释社会和政治的变化。她从德国现实主义和当代对欧洲国家构建及其国家理论那里吸取营养，并发展了一种分析模型，将马克思主义和韦伯理论结合在一起，"认真地将国家当作宏观结构"，从而"更直接地面对什么样的国家是自主的问题"；认为"被适当考虑的国家不仅是社会经济斗争交战的舞台，更是一套行政、警察和军事组织，它们被一个行政权威领导着，并或多或少地协调着。任何国家首要的和基本的事情都是从社会中汲取资源，并安排这些资源，以创建和支持强制性和管理性的组织"[①]。这种国家研究方法可以从"更高的"层面上进行概括，加深了对这一问题的认识。

如果说转向与阶级分析相联系的国家分析代表着对摩尔理论的第一项重要修正的话，那么第二项修正则是方法论方面的，就是将科学比较与历史案例的描述结合在一起。我们知道，比较历史研究中有三种不同的分析和解释逻辑："理论的平行证明"旨在揭示一般理论对于散布的案例是如何成立的；"背景的对比"旨在说明案例的特殊性如何影响和修正一般过程；"宏观因果分析"是运用比较历史方法做宏观结构和过程的因果推导。宏观分析包括摩尔和斯考克波尔都属于第三种研究方法和倾向，是使用历史比较方法作为检测一般假设和大规模变迁的因果关系的工具。这种假设和具体历史事件的关系存在着矛盾，而处理这种矛盾的方法是在对特定环境下的解释性假设和对案例进行历史比较之间进行动态的选择。

---

① Skocpol, Theda, *States and Social Revolutions: A Comparative Analysis of France, Russia, and China*, Cambridge: Cambridge University Press, 1979. 可参阅〔美〕艾拉·卡兹内尔松：《比较政治中的结构与格局》，见〔美〕马克·I. 利希巴赫、阿兰·S. 朱克曼主编：《比较政治：理性、文化和结构》，储建国等译，中国人民大学出版社2008年版，第121页。

尽管摩尔和斯考克波尔是在宏观分析范围内运用"解释"和"比较"这两种方法的,但是它们却分属于更基本的科学方法和历史方法。摩尔使用的是对个别国家的具体因果序列的历史分析,而并未考虑以定性为目的使用大规模多变量分析检测假定的方法。摩尔主要是想在历史建构的复杂性之中建构具体案例,而斯考克波尔则更多地强调变量以及它们在具体案例中的效果。她认为通过运用密尔的求异法,有可能解决较多变量和较少可比案例的问题,以此来提高宏观分析的科学地位。

斯考克波尔扩大了历史宏观分析的范围,将资本主义的阶级关系与现代国家构建结合起来,并更多地使用了变量分析的方法。在尝试超越摩尔的格局分析的过程中,斯考克波尔专注于福利国家的比较研究,她力图确认国家与国家之间的变量比较比以经济或社会为中心的解释方法更为有力①,至少是提供了不可或缺的视角。然而,当这种变量分析的方程式所作出的因果解释被用来解释现实中的社会和政治事件时,就会侵犯案例的完整性,因为它首先要在关键因素之间强行做人为的选择,这时候,起作用的就是支配它们的选择过程。毕竟没有哪种以国家为中心的解释能够很好地理解社会民主化的进程,除非将这种解释放在与群体和社会阶级的意向和集体行动的互动之中。就如同如果不考虑国家因素,以社会为中心的解释对社会和政治现象也不可能具有很强的说服力一样。

斯考科波尔的宏观结构分析推进了历史分析,超越了历史叙事的因果无差异性,但是她仍是一种不考虑微观基础的因果性。实际上,摩尔的分析在一定意义上已经考虑到微观基础,其方式是从理论上具体说明重要的历史能动者,并让它们的意向和偏好内在于它们的个性。斯考克波尔弱化了对阶级

---

① Skocpol, Theda, and Kenneth Finegold, "Economic Intervention and the Early New Deal", in *Political Science Quarterly*, Vol. 97, 1982, pp. 255 - 278; Skocpol, Theda, and Jokn Ikenberry, "The Political Formation of the American Welfare State in Historical and Comparative Perspective", in *Comparative Social Research*, Vol. 6, 1983, pp. 87 - 148; Orloff, Ann Shola, and Theda Skocpol, "Why Not Equal Protection: Explaining the Origins of Public Social Welfare in Britain, 1900 - 1914, and the United States, 1880 - 1920", in *American Sociological Review*, Vol. 49, 1984, pp. 726 - 750.

关系的依赖，与这种弱化相伴随的是她同时也放弃了能动者和能动性的独立因果地位。在强调结构关系如何超越意向性而决定能动性的过程中，她对行动施加限制以至主张"应该强调存在于各种受环境限制的群体和国家之间的客观关系和冲突，而不是强调特定行动者的利益、见解或意识形态"①。结果，没有革命者的革命不仅让她的宏观分析没有微观基础，而且这意味着历史发展似乎只有一种路径和结果，没有其他言之有理的替代性过程和结果，意味着历史在没有人的能动性和自主决策当中展开。"当主要因素是结构和制度，而不是人类学的群体或个体时，意义、行动、意外和谈判，更不用说历史带来的惊讶，都不幸地退却了。"②

三、历史与社会科学相互建构中的"分析性叙事"

对于理性主义者来说，历史提供了用来演绎理性选择及其理论能力的材料，提供了解释的目标，它立基于关于人类动机、信息拥有以及稀缺性条件下互动模式的理论预期之上。对于文化主义者来说，尽管缺乏一种结构和目的，但历史还是提供了人类活动和斗争的场所，这可以从身份的形成和再形成的变化和规律中得到理解。

结构主义的历史宏观分析没有设置一种前提条件来排除任何阐明人类结构和能动性的方法，但是它质疑这些方法的简化程度。在它看来，历史不只是微观权力表演的背景、素材或场所，不只是人类经验变化的记录，还要把握资源来建构叙事性诠释。与历史宏观分析不同的是，社会科学为了确定历史中的模式、意义和真理，常常运用无时间维度的分析工具，或者提出理论

---

① Sewell, Jr., William, "Ideologies and Social Revolutions: Reflections on the French Case", in *Journal of Modern History*, Vol. 57, 1985, pp. 57 - 85; Laitin, David, and Carolyn M. Warner, "Structure and Irony in Social Revolutions", in *Political Theory*, Vol. 20, 1992, pp. 147 - 152.
② Trevor Roper, H. R., "History and Imagination", *Valedictory Lecture as Regius Professor of History*, Oxford: Oxford University Press, 1980.

和概念导向的问题，从而经常会使事实失真。① 尽管社会科学包括各种实验设计的策略、假定、假设性模化、概率分析和历史推演等很多方法，但是它们都摆脱不了一种倾向，那就是在历史与理论之间摇摆。②

在理论上历史和社会科学是可以互相建构的，但在实践中这一建构是复杂而多变的。对于每一种声称它们之间可以互相建构的努力来说，实际上都存在着区隔两者或混淆它们的现实。例如，现代化进程的理论与具体国家的现代化实践是相互构建而形成一个统一体的，现代化进程包括具体的现代化案例但不完全是由具体的现代化案例所构成的，它还有现代化进程中各具体实践之间的联系、一般故事、命题和规律，或者说有一国的具体进程与整个现代化进程之间联结的故事、命题和规律，如果没有对方的存在，它们各自独立地构建都缺乏意义；当然它们之间的区别同样不可忽视，因此，如何正确处理它们之间的关系既是复杂而充满争论的，也是重要的。这种关系不是一成不变的，它必定在时间尺度、案例特征、概念内容以及解释和方法上不断调整和转换。

结构主义与理性主义和文化主义一样，既具有相当的合理性也具有很大的局限性，其局限性主要是要解决与历史及其多样性的协调。历史宏观分析中的"分析性叙事"的主要方法和特点是进行特殊类型的叙事，这不是那种前设叙事的元叙事性，而是进行宏大叙事，例如讲述进步和启蒙之类的宏大叙事和概念或大众社会和社会阶级之类的一般性过程的叙事，以及此后的现代化进程和国家变迁，乃至许多故事史所提供的情节编排。宏观分析中的分析性叙事的目的在于通过运用空间和时间概念"在时空之上重构和谋划本体论叙事和历史行动者之间的关系，阐明其生活的公共和文化叙事，以及这些叙事与其他社会力量的相互交叉"③。它通过选择工具来建构分析性叙事的案

---

① Cohn, Bernard S., "History and Anthropology: The State of Play", in *Comparative Studies in Society and History*, Vol. 22, 1980, pp. 198 - 221.
② Bonnell, Victoria, "The Uses of Theory, Concepts, and Comparisons in Historical Sociology", in Comparative Studies in Society and History, Vol. 22, 1980, pp. 156 - 173.
③ Somers, Margaret R., "Narrativity, Narrative Identity, and Social Action: Rethinking English Working-Class Formation", in *Social Science History*, Vol. 16, 1992, pp. 591 - 630.

例，从而使单个国家的案例研究变得可以比较。这要求通过一种明确的分析对案例加以说明，其目标不是掩盖而是说明差异。同时它也激活了一种深度归纳的研究方法，以此来考察现实的案例，寻求解释大的事件和同类发展，但不强求作出跨案例的概括。从这个视角来看，比较研究所提供的启发对于一种有复杂动机和行动规律的结构社会科学来说是不可或缺的。

这种努力的最伟大例证是托克维尔的《论美国的民主》①，它是开拓性的结构主义教本。这本著名的分析性叙事著作将美国视为是由一个独特的要素群构成的一种复杂的要素格局和一种精心打造的平等主义原型，并发展成为一个具有一定普遍意义的主导性模型。尽管美国是托克维尔的唯一案例，但它总是被建构成针对经验性特别是法国的经验性和概念性的反向事实。而且不是把美国作为一个封闭性的案例，而是在一定的时空之中其内容和性质有所变化的。我们可以在三种意义上来理解这一点：一是它自身的历史、制度、价值和人口的特征是在与他国的经验和全球信息流动发生关联的情况下形成的；二是它的发展与更具一般性地现代欧洲的潮流——尤其是社会和政治平等的潮流——息息相关；三是作为第一个平等主义政权，美国通过一种显见的效果，表现出影响他国愿景、选择和路径的重要意义。

尽管《论美国的民主》包含了一种强因果故事，讲述了自由和平等的政治文化，以及特定类型能动者与所在结构的关系，但它也低估了差异和复杂性，特别是关于种族问题和文明碰撞问题。该书对以下因素作了因果意义的区别：那些仅限于美国环境的具体因素，那些在强动力作用下走向社会平等和大众政治参与的具有普遍性的因素，那些与法律、宗教、传媒和世俗组织深度交融的政治文化因素。在这里，个体和群体的意向以及集体行动被大型结构和意识形态所安排或构造，尔后个体和群体意识也再造着这种安排和构造。人性并非固定为仁慈的或利益导向的，人的行为受结构和制度形态影响，尔后人的行为又再造着行动的背景条件。例如，结构和行动者制造着民主，

---

① 〔法〕托克维尔：《论美国的民主》，董果良译，商务印书馆1988年版。

民主又再造着结构和行动者。受广泛的自由价值和革命恐惧的刺激，托克维尔将类型学的思考与对一个单独的、复杂的、厚重的案例所作的历史、社会和政治的描写结合起来。他理解自己的分析所运用的因素一旦离开了背景就会失去其品质，但他坚持认为对美国的格局研究包含着深度比较的功课。正如阿隆所说，托克维尔"想让历史变得可以理解，但他并不想放弃历史"，他拒绝那种声称驯服或预测历史现象的宏大的超历史的综合。①

托克维尔的这种结合，与韦伯关于历史格局的看法有相似之处。韦伯认为，社会科学应该旨在建构环境，让个体能够确定过去发生的或未来可能发生的事件，就是说，让个体知道自己和其他行动者能够做什么，而不是应该做什么。这种倾向不承认伦理动力是一种独立的激励因素或解释，而只是在相关环境中起作用。这种环境是人们通过概念组织起来并与事件描述相结合的要素链，它揭示出"标准、制度之类的群态"②。韦伯认为，这样一种社会科学企图超越对规制社会生活的法律或习惯进行纯粹形式性的研究，它是一种关于具体现实的经验科学。它的目标是理解人们行动于其中的现实的独特性，是希望理解个体事件在其当代的文化意义，以及理解它们在历史上是那个样子而不是别的样子的原因。它还关注这些法则在独特的格局中所产生的个体后果，因为正是这些独特的格局和个体后果对我们具有意义。它所解释或预测的每一种个体情况在因果上可以解释的条件是，它是发生在之前的另一种群态的后果。我们尽可能往回追溯，直到追溯至一个迷雾缭绕的遥远的过去，这时，法则所适用的现实同样是个体的，现实同样不能从法则那里推断出来。③

托克维尔指向一种特定的为比较分析服务的建构案例的方法，它较少强调变量间相互比较的因果的重要性，而更多强调特殊历史事件中这些变量是如何结合起来的。他这样做是认为关键变量具有重要的作用，将关键变量展开为相互影响的理想类型。这种比较研究偏好现实的和具体的理想类型，而

---

① Aron, Raymond, *Main Currents in Sociological Thought*, London: Penguin Books, 1968.
② Weber, Max, *The Methodology of the Social Sciences*, New York: Free Press, 1979.
③ Weber, Max, *The Methodology of the Social Sciences*, New York: Free Press, 1979.

不是唯名的和抽象的理想类型，偏好那种能够指导调查的理论[①]，例如，它可能偏好建构具体国家的福利案例或概念而不是一般性的福利国家的概念，偏好社会的具体的社会关系而不是仅仅阐述一般性的社会结构或不平等。但这可能会产生选择性的偏见，在什么案例是可以比较的和比较什么内容的问题上可能会发生不够严谨的情况。

与目的是识别和分析一种给定类型中的给定案例的比较方法不同，在这种方法中，案例被理解为要素的结合，而不是理论引导的类型学中的由事例的说明。例如，在摩尔的著作中，每个国家都有自己特殊的一种等级式结合的理想类型，每种案例的定义和复杂性都由其结合的品质来形成，而不是由类型学所定义。他所创作的分析性叙事适合于建立这些要素历时性的相互联系和表演，没有一个要素是完全自我的，而是将过去、现在和未来联结起来的纽带集轨道上的一小段，每个要素都是一个更大过程中的一个组成部分。同时，所有的案例也存在着潜在类型学和比较的功课，只是它们并不是简单的类型学的家族成员。

概括来说，这种分析性叙事运用案例进行分析，运用结构进行比较，将案例限定在由全球性和大过程所强调的共同要素之内，同时对处于一个给定时代或在结构上同等时代的案例进行比较。在这种格局分析中可以运用变量分析的方法，植入多变量分析的结果，以在丰厚的背景中检验命题。但从根本上来说，质性分析和叙事支配着变量分析。

现在看来，由于任何整体式和封闭式的理论都具有明显的局限性，因此我们无需去发展这样一种理论，但是也不像一些实证主义者所说的只进行问题主义研究就可以了，如果没有理论我们将付出更高昂的代价。因此，我们应该发展一种开放式的具有兼容性的理论，以缩小认识问题的代价。实际上现在的趋势就是在理性主义、文化主义和结构主义之间进行各种探讨，在不同理论之间进行沟通，这有一种有益的尝试或方法。我们可以赫西曼和达伦

---

① Lustick, Ian S., "History, Historiography, and Political Science: Multiple Historical Records and the Problem of Selection Bias", in *American Political Science Review*, Vol. 90, 1996, pp. 605 - 618.

多夫的提升抽象水平的策略为例来进行分析。

　　赫西曼通过关注和划分市场的经济和非经济作用而提出了一个有竞争力的解释。他对比了强调市场作为热情征服者的仁慈品质和文明特征的"温和商业论",强调市场资本主义必然摧毁社会道德根基的"自我毁灭论",强调传统因素阻碍了市场对社会的渗透而损害了市场积极作用的"封建锁链论",强调剥夺封建性的过去会带来危害的"封建赐福论"这四种理论。他认为,尽管这些理论是在相互之间没有影响的情况下发展成相对独立的理论的,但将它们结合起来进行研究,似乎可以形成一个具有连续性的意识形态系统。"各种理论无论多么地互不相容,但在某个时间段,当每个论点应用于给定的一个或一组国家时,它们也许都会有其'成为真理的时间'和'成为真理的国家'。"① 而且,当把这些因素结合起来,并在矛盾中把握它们的时候,对特定时空的描述会最为有力。赫西曼观察到不仅"温和商业论"和"自我毁灭论"这两种对立的理论有可能同时成立,而且通过格局策略,我们可以看到现代资本主义社会同时是自我巩固和自我破坏的,因为它的道德基础同时在毁灭和发展。他从分析和检测竞争性命题的相对真理价值发展到分析替代性命题对相互间关系的作用,提出了解决方案。在他的这种动态的方法中,马克思主义在阶级分析和政治经济逻辑方面具有特殊的地位。

　　达伦多夫试图将马克思主义动力学的内核,以及它对结构的关注,从目的论和简化主义中,从政治经济学的狭隘陷阱中拯救出来。他的《工业社会中的阶级和阶级冲突》寻求将马克思主义从它所建基的历史特殊性中拯救出来,方法是提升抽象层次,用一种关于社会结构和群体冲突的更一般性的概念来替代资本主义和阶级,并保留马克思主义对社会变迁和群体冲突的关注。② 他用更具普遍性的权威冲突的概念替代并包括了阶级冲突的概念,用等

---

① Hirschman, Albert O., "Rival Interpretations of Market Society: Civilizing, Destructive, or Feeble?", in *Journal of Economic Literature*, Vol. 20, 1982, pp. 1463 - 1484.
② 〔美〕卡艾拉·卡兹内尔松:《比较政治中的结构与格局》,见〔美〕马克·I. 利希巴赫、阿兰·S. 朱克曼主编:《比较政治:理性、文化和结构》,储建国等译,中国人民大学出版社 2008 年版,第 131 页。

级式社会结构替代并包括阶级式结构,而冲突是在这种社会中展开的。他认为社会变迁的动力来源于结构性和不平等的权威分配,由于这种权威所处的场所是多元的,因而冲突的场所也是多元的。这并没有排除马克思主义的生产力与生产关系和阶级关系的论述,但在他的理论中这两种关系并不总是支配性的,更没有在一般意义上被赋予优先地位,它们的相对重要性依赖于特定历史时期的一种独特的安排和要素定位。他强调这个立场,并想建构中观理论,将探索环境的大理论与具体的观察和具体案例联结起来。[①]

赫西曼和达伦多夫的研究表明结构比较政治研究的复兴并不意味着一种特定理论的诞生,但是要有一个由认识论和方法论支撑的理论方向,其中最重要的是行动和身份必须置于具有相对稳定的结构之内。集体和个体之间的关系是一种强有力的和持久的结构关系,当然,结构本身是人类能动性的产品。但是在学术分工中,结构主义的比较学者主要强调其结构对人的作用,也就是说,强调结构如何组织的情况和影响行动的概率,以此来促进身份的形成和导致行动。在这种视角下,结构和能动性之间的关联首先是制度性的,因为制度既是起构成作用的规则,又是正式的组织,它是在权力和权威运作的条件下人们进行互动的场所。

四、结构主义与能动主义的结合

国家研究一直是结构主义研究的主题之一。国家垄断了基于人民和领土的主权要求,是唯一拥有包容性和强制性的制度群,具有全国规范的性质,这一切将它与所有其他现代组织形式区别开来[②];国家还"代表了一种自主的集体……成为一种独特的社会部门或场所",国家同时也是一种"社会文化现象",这些要素都是在特殊的地点和时间内以不同方式构造出来的[③]。所以,

---

[①] Merton, Robert K., *Social Theory and Social Structure*, Glencoe: Free Press, 1949.
[②] Evans, Peter R., Dietrich Rueschemeyer, and Theda Skocpol (eds.), *Bringing the State Back In*, Cambridge: Cambridge University Press, 1985.
[③] Nettl, J. P., "The State as a Conceptual Variable", in *World Politics*, Vol. 20, 1968, pp. 559-592.

政治学者们无不力图将国家概念整合进社会科学的主要的分析方法之中。实际上,20世纪宏观分析的最重要的著作要么反映了对国家的回归,要么建立在这种回归的基础上,要么把它当作现代资本主义的一种伙伴式宏观结构,要么把它当作一个与马克思主义的阶级分析相竞争的替代性分析方法,无论哪一种研究倾向,国家都是它们最重要的研究对象。然而,以国家为焦点的研究群体曾被批评为其研究有将丰富和繁杂的国家维度简化弱与强、封建对单一的国家维度;并过多地应用规范性偏好,而缺乏对假定的充分检验,及过多地关注国家的强制性而忽视了其自由性的一面。在此基础上偏好于国家主义的分析传统,而忽视了其他学术传统的解释能力。

作为对这种倾向的一种纠偏,新历史制度主义应运而生。这种研究比过去的宏观分析的范围要窄,它从国家、经济和公民社会的宏观结构上移开,重点关注宏观结构之间的联系和宏观结构内的正式组织及其互动关系的规则和实际安排。在这里,制度成为固定互动的场所、关系和大型过程的联结点。它认为,尽管这些联系纽带是由适用各种事例的相似工具所组成的,但都是在特定的位置以不同方式构造出来的。正是这些纽带或格局构成了分析单位。而且,新制度主义把能动者看成是根植于制度环境中的能动者,要素和变量总是被背景和环境模式化,而历史发展则是由行动者在历史的关键时刻所做的偶然选择而形成的,这些选择受将国家、经济和社会联系起来的制度联结点的关系或环境的制约。[1]

这种制度分析的力量和前景不仅在于它所拥有的能够从宏观结构转向跨宏观结构的交易这种能力,而且在于它所采取的将制度设计与拥有特定类型的偏好、利益和身份的政治能动者的形成和存在联系起来的方式。历史制度主义不像理性选择理论那样,将偏好作为分析的起点,不像行为主义那样,将行动作为偏好显示的场所,不像文化主义者那样将文化作为行动的指南,同时与传统的结构主义者只关注结构的作用也有所不同,而是以关注偏好、

---

[1] Immergut, Ellen M., "The Normative Roots of the New Institutionalism: Historical Institutionalism and Comparative Policy Studies", in Arthur Benz and Wolfgang Seibel (eds.), *Theorieentwicklung in der Politikwissenschaft—eine Zwischenbilanz*, Baden - Baden: Nomos Verlagsgesellschaft, 1996.

利益和身份的特定格局如何在特定的时间作为结果而不仅仅是作为原因为特点的。因此，制度主义认识论是关联性的，它跨越了结构和能动性之间的边界，而不是消除它们之间的差异。

人类学家道格拉斯研究了制度如何塑造人类的认知和历史主体如何形成群体并进行合作的意向。个体主义方法论指出只有作为个体的人才能思考和行动，这是无可置疑的，而我们所要解决的问题是在什么条件下思想和感情充分同源，以构成集体的行动。道格拉斯认为，思想和情感在制度背景中被塑造，反之，制度被个体和群体再塑造，以至于循环往复。制度从弱到强地授予个体和群体各种身份，其方式是进行分类定性，以及进行极化、排斥和定序处理，以此塑造着特定类别的合理和可能的思想。但制度本身并非自然的，它们是人们行为的自觉的和不自觉的产物，是被形成的。[1] 道格拉斯表述的价值在于它以制度主义和制度分析而增强了宏观分析的作用，而不在于它拒绝将理性主义的个体主义当作微观基础。

哈依和杰索普提出了一种认识和处理结构和能动之间关系的"策略选择"方法[2]。这种方法认为，结构是出发点，行动是发生在既定的结构脉络之中，而这一结构脉络会导致策略选择性，也即它有利于选择某些策略而不利于选择其他策略。例如，五星级以上的旅馆多是以一种有利于富人和官僚阶层的方式结构起来的，只有高收入者或高地位者才能在这里消费和活动，而低收入者则难以在这里进行消费和活动，这样，这种结构既促进了高收入者的某些行动也限制了低收入者的某些行动。这形成了策略选择的前提。同时，行为者在结构中有反思性和改变结构环境的可能。首先当行为者通过积极行动和学习，积累了经验和了解结构后，就能够在既有限制的条件下重新形成自身认同，并有能力从事应对当前情形的策略算计，从而克服结构对他的阻碍；其次，这种行为

---

[1] Wildavsky, Aaroru, "Choosing Preferences by Constituting Institutions: A Cultural Theory of Preference Formation", in *American Political Science Review*, Vol. 81, 1987, pp. 3 - 21.

[2] Hay, C., *Re - Stating Social and Political Change*, Buckingham, Open University Press, 1996; Jessop, B., *State Theory: Putting the Capitalist State in Its Place*, Cambridge, Polity Press, 1990.

将产生出或者是预期的或者是未预期的效果，从而可能改变结构。例如，政府采取了一项旨在减少失业的政策，然而在减少失业的同时却导致了通货膨胀，从而改变了行动的过去的结构背景而形成了行动的新的结构背景。这一方法提供了一个关于结构和能动相互作用以及彼此改变的清晰理解。①

斯考克波尔的《保护士兵和母亲》在宏观分析中重新审视了结构与能动之间的关系，从而在一定程度上激活了她曾一度因使用变量分析方法而忽视的宏观分析中的阐释性方法。该书的格局方法与她早期的多变量分析形成了鲜明对照，它通过将组织形式与关键政治行动的身份紧密联系起来而削弱了早期的强结构主义。她不再对国家和社会进行人为划分，从而使以政体为中心的研究具有更加明确的和真正的关联性。而且，该书对政治身份、意向和行动特别感兴趣，它致力于理解政治制度和政策在国家和公民社会之间形成双向交流的方式。在作出这种转变的过程中，该书将20世纪60、70年代大型宏观分析与80年代以后历史制度主义研究政治经济和公共政策的精耕细作结合了起来。

斯考克波尔在《保护士兵和母亲》一书中首先通过对美国联邦政府和公民社会中力图影响政策的群体和网络进行分析，认为在利益组织形式和国家形式的相互适应与政策之间存在着选择性的关系。在展开这种观点的过程中，她继续超越过于简单的阶级分析，不排除能动性和身份问题，也没有在以国家为中心和以社会为中心的变量之间划分一种明确的界限和设计一种假想的竞争，从而建立了自己的制度主义路线。其次，更为重要的是它通过互动和交易理论路线，建构了一种动态格局方法，以研究公共政策、国家能力、政治目标与社会群体能力之间的关系。这种努力有两个要点：一是论证了政治化的社会身份、群体政治倾向和能动这一边与政治制度、党派和利益表达系统、游戏规则组成的另一边之间的相互适应和互动条件；二是论证了政治对

---

① 〔英〕斯图尔特·麦卡纳拉：《结构与能动》，见〔英〕大卫·马什、格里·斯托克主编：《政治科学的理论与方法》，景跃进、张小劲、欧阳景根译，中国人民大学出版社2006年版，第288—289页。

政策（既对国家组织也对社会群体的身份和倾向）的反馈效果。① 这种关联性和格局性分析形式让国家与公民社会之间的协商成为具体的公共政策领域的分析中心。这种新的深度历史系统性与分析严格性的结合方式把格局式宏观分析又推进了一步，尽管它在系统性与严格性上仍然存在着矛盾。

小　结

在当今的比较政治研究中，无论是问题导向的还是主义导向的研究，对所有政治事件的解释实际上都离不开如何处理结构与能动之间的关系以及在这两者之间进行策略性的选择。当然，关乎结构与能动之间关系的模型到目前为止还没有被广泛而深入地应用到经验研究之中，这就不能使我们有效地检验、发展和完善这些理论模型。应该记住的是，结构与能动并非只是一个学术问题，它实际也是一个相当日常的问题，它所要解决的是行为者在何种程度上拥有管理自己生活的能力的问题。

第二节　制度变迁的动力、特性与政治发展

尽管新制度主义的不同流派对制度、观念、主体以及它们之间的关系的看法存在着差异，但它们都认为制度变迁的动力产生于制度变迁主体的预期。那么，主体进行制度变迁的方案和构想是如何产生的？理性制度主义的最新成果认为这是主体学习的结果，个体在竞争压力下在实践中的学习活动可以产生对新制度的构想；而历史制度主义则认为这是历史的制度和观念作用于主体的结果。就制度变迁的特性而言，差异性与同构性是制度变迁的基本形式，它们也是一对矛盾统一体，在差异性的基础上观察同构性和在同构性的基础上观察差异性是判定制度变迁的有效方法。制度变迁与政治发展是交织在一起的，从政

---

① Skocpol, Theda, *Protecting Soldiers and Mothers: The Political Origins of Social Policy in the United States*, Cambridge: The Belknap Press of Harvard University Press, 1992.

治发展的角度来解读制度变迁可以丰富我们对这一理论的认识。

一、制度变迁的动力

新制度主义的政治变迁理论所要阐明的是制度结构与政治行为的相互作用和转化过程。这里需要解释的问题是这种过程或变化是如何达到稳定的常态或者稳定的常态是如何被打破的，以及支撑或打断这一常态过程的各种因素的状况如何。贯串于其中的一个重要问题就是制度变迁的动力因素的问题，一般认为它产生于主体的利益预期，但在新制度主义的不同流派中主体的这种利益预期产生的方式是不同的，理性选择制度主义认为它产生于给定主体的内在的利益预期，而历史制度主义则认为它可能产生于已有的外在于主体的制度和观念，尽管这也是产生于早期主体的认识并与现在主体的认识相关联。

制度变迁理论认为，主体只要能从制度变迁预期中获益或避免损失，就会去尝试变革制度。在这种情况下，就会出现制度供给、制度需求、制度均衡与非均衡问题，它们贯串于整个制度变迁的过程。严格来说，制度变迁中的制度供给是指创造一种制度的过程，而不包括维持制度的过程；制度的需求是指当行为者的利益要求在现有制度中得不到满足时产生的对新制度的需要；制度均衡与非均衡是构成制度的多重因素的平衡或非平衡状态，制度变迁的过程就是构成制度的各种因素的均衡与非均衡的循环过程。用这一理论来描述政治转型的过程是非常清晰的：由于经济、社会和文化环境的变化使一个政治体制中的行为者感到制度的束缚时，他们就会反对旧制度的维护者，尝试去变革制度，由此会产生对新制度的需求而不得不设法提供一种替代制度，在这一过程中会出现混乱或制度的非均衡现象，而他们会努力地通过处理各种矛盾并来达到新制度的均衡，这就是民主的巩固。

在回答新制度为什么会取代旧制度或制度变迁的动力来源这一问题之后，接着就需要回答制度创新的方案和构想是如何产生的？近年来诺斯等人提出的解释是，这是制度学习的结果。曼扎维诺斯与诺斯等人给出的学习定义是：

学习是根据从周围环境接受到的反馈而对心智模型进行的一系列复杂的修正。① 心智模型指的是人类认知系统创立的、用以阐释周围环境的内在表征（internal representations）。② 这一定义的出发点是个体，显然与理性选择制度主义的微观分析路径是一致的。它同时认为，在一个组织或社会对一定的新制度达成共识后，探求对这个制度的集体性解决方案或制度创新也就有了可能。③

诺斯认为新的制度意识来自于实践，因此他特别强调组织从实践中学习的模式。他指出这种学习模式是一个组织通过重复的互动而获得协调技巧和发展出日常规则的过程。④ 在大多数理性选择制度主义者看来，制度是否要改变主要是看行动者对改变制度的成本和新制度带来的收益两者的权衡，而诺斯则进一步认为，一个组织中的成员所获得的知识、技能和学习的种类会反映出制度限制中的回报——激励状况，这对主体所认定的成本收益有很大的影响，从而深刻影响着制度变迁。因为知识发展的方式塑造了我们对周围世界的认知，而这些认知又进一步引导我们对知识进行探索；同时，这一认识过程也影响着我们如何解释和看待现实世界，即认为哪些是合理化和正当的，并按照这一认识的标准来改造现实世界，进而影响着人们建立契约或制度的成本。⑤ 无论在哪个国家内部，由于人们的知识获取或知识发展方式的不同而在现实发展中都会产生不同的发展思路和模式，例如在中国建国前后存在着新民主主义道路与社会主义道路的争论，在当代存在着左和右的发展模式的争论，这些都实实在在地影响着制度变迁或政治发展。由此看来，学习是这样影响制度变迁的：竞争迫使组织持续不断地在技能和知识方面进行投资以

---

① C. Mantzavinos, Douglass C. North and Syed Shariq, "Learning, Institutions, and Economic Performance", in *Perspectives on Politics*, Vol. 2, No. 1, 2004, p. 76.
② Douglass C. North, "Economic Performance through Time", in *The American Economic Review*, Vol. 84, No. 3, 1994, p. 364.
③ Douglass C. North, "Economic Performance through Time", in *The American Economic Review*, Vol. 84, No. 3, 1994, p. 364.
④ Douglass C. North, *Institutions, Institutional Change and Economic Performance*, New York: Cambridge University Press, 1990, p. 74.
⑤ Douglass C. North, *Institutions, Institutional Change and Economic Performance*, New York: Cambridge University Press, 1990, p. 74, 76.

求生存；这些技能和知识在被个人和组织习得后，将形成他们对机会和选择的感知，进而根据自身利益的认识和需要逐渐地改变制度。①

在诺斯看来，学习的主体是个体，个体的学习活动可以产生对新制度的构想，这是制度变迁的起点。学习的对象是实践，是实践中的客体，包括个人、组织和制度的行为和运行等。那么，影响学习的因素又有哪些呢？在诺斯看来，整体性制度结构在鼓励试验和创新方面扮演着关键的角色。根植于制度框架内的激励会引领实践学习的过程，并推动隐性知识（tacit knowledge）的发展，进而导致个体在决策过程中推动体制发生渐进式演进。② 例如，新加坡的集选区制度是执政的人民行动党政府在面对反对党势力扩展的压力下而学习国外和国内已有的选举制度的结果，在实践中它不断地学习和探索如何根据社会政治环境的变化来操作这种制度，使其得以不断地完善，从而使其在温和化和稳定化民主化进程方面发挥了重要作用。③ 诺斯的这一观点已经超越了一般理性选择制度主义对制度变迁前"制度真空"的假定。同时，诺斯对试验和创新的强调也突破了理性选择制度主义追求在互动中设计制度的观念。④ 诺斯指出，在一个充满不确定性的世界里，没有人知道他们所面临的问题的答案，而允许尽可能尝试的社会是最有可能解决这些问题的。⑤

制度学习的结果就是要进行制度设计。制度设计是制度变迁的起点，制度变迁往往是从制度设计开始的，在现代社会中尤其如此。制度设计既是指设计一种新的制度，这是它的核心涵义，也包括如何操作制度，即在制度内的自由运作或裁量的程度和方式，因为实际上这通常也会在一定程度上改变

---

① Douglass C. North, "Five Propositions About Institutional Change", in Jack Knight and Itai Sened (eds.), *Explaining Social Institutions*, Ann Arbor: University of Michigan Press, 1995, p. 15.
② Douglass C. North, *Institutions, Institutional Change and Economic Performance*, New York: Cambridge University Press, 1990, p. 81.
③ 李路曲：《新加坡选举制度的创新》，载《中国社会科学报》，2012年3月23日。
④ 李振：《制度学习与制度变迁：新制度主义进展》，见李路曲主编：《比较政治学研究》第4辑，中央编译出版社2013年版，第15页。
⑤ Douglass C. North, *Institutions, Institutional Change and Economic Performance*, New York: Cambridge University Press, 1990, p. 81.

制度的作用甚至制度本身。因此，在一般情况下，制度设计是微观的或增量式的，它是制度的"度"的变化。然而，不仅这种"度"的变化会逐渐发展成质的变化，而且有时也需要并且人们会进行导致质性变化的制度设计。一般来说，制度设计是由发展或环境变化导致的人们需求和环境的改变而推动的，在这种情况下人们不再愿意遵守固有的规则，或者说固有的规则不再适用于发展的要求了，国家或相关行为者就有动力或压力进行制度的重新设计。在现代国家中制度设计越来越频繁、越来越主动，它通常依赖于那些通过互动、协商和辩论的社会过程来解决新的问题，由此将制度原则与惯例连接起来，在此基础上设计和建构新的制度。在这一制度设计的过程中，塑造或重复塑造了各种集体身份，并规定了政治组织的常规的道德义务、因果信念、组织原则和权力关系。

二、制度变迁的特性与政治发展

由于制度得到制度内人的捍卫和制度外人的确认，也因为它们的历史被编码成各种规则和规范，所以制度的惯性是很强的，要改变它们的内部结构和规则并非易事，或者说，尽管制度中的各种因素是在不断运动或变化着的，但制度本身发生质性变化却需要相当的时间积累起足够的推动变化的因素。通常政治制度比经济制度更难以变化，例如资本主义的经济萌芽已经产生至少100年之后其相关的政治体制才发生变化，中国当代的经济改革已经30多年了，但政治体制则基本保持着原有的特质，尽管也发生了一点变化。而且，对于大多数变化而言，多是反映了对一种经验的本土化适应，因此现实中的制度变迁大多具有一种惯性或路径依赖，对于发展和解决现实问题而言，并不一定是一种向着理想的制度安排的发展或变化，而是充满曲折的，准确地说是在人们理想的制度安排与本土因素博弈之间的徘徊。只有在一个较长的时间里才会发生质性变化，即使在政治制度的转型时期也具有这种特质，虽然转型时期制度的变化相对较大，但我们会发现这种制度上的变化多是形式上的，实质性的变化较少，而且它还会发生制度上的一定程度的回归。正是在这一意义上有人说制度变迁是"无效能的"，这种"无效能"反映了制度变迁的一个本质特征。但从另一方面来看，这种无效能是相对的，它也正是"有效能"的表现，这就是说无论有效能还是无效能都是相对的。

政治行为者是在各式各样的组织和社会关系中进行活动的，这些组织和社会关系就是政治行为发生的背景，文化主义认为一定的文化关系是确定政治行为的背景或因素，新制度主义则认为一定的制度关系是确定政治行为的背景或因素，无论如何，只有在一定的背景中行为才有确定性和指向性，否则无从对其考察，无法确定行为的涵义和指向性。从制度主义的视角来看，这种组织关系和社会关系以一定的格局形式构成了制度，同时它们也是制度运作的背景或环境。由此，一定的制度包含着一定的组织和社会关系，同时这些组织和社会关系又超越于一定的制度之外，构成了这一制度的部分的背景及另一些制度。显然，任何一个社会中的制度是复杂的、多元的、复合式的，同时也是变化着的，它们是按照不同的原则和逻辑组织起来的。无论是古代的专制制度还是现代的民主制度，无论是西方的多元政治制度还是东方的中央集权的政治制度，没有任何一个国家中只存在一种单一的一套制度和原则。在古代社会中，存在着不同的文化社群以及在此环境中形成的各种制度；在现代社会中，不但仍有这种文化差异造成的制度差异，同时还有现代与传统造成的制度差异。虽然一个国家或国家制度以及政治体系这种概念试图表明一种制度上的一致性和同质性，但在现实世界中任何一种国家制度甚至任何一种亚国家制度的一致性或同质性都是相对的，都不可能达到一种理想的状态，多数制度都存在着很大的内部差异性和异质性。同时，它们还会在经常变化的环境中面临制度的失衡和冲突。因此，我们不但要关注制度的变化，关注单一制度的变化，还要关注在一套相互竞争的制度结构、规范、规则、身份和惯例之中运作的组织和制度的变化。正是由于这种变化的复杂性和多元性，使制度总是处于不停的运动和变化之中，因此，制度正是一种动态平衡的产物。从政治发展来看，无论是历史上政治制度和政治形态的变迁，还是当代的民主化和政治转型，都是政治行为者由于环境的变化而在一定的压力下进行着改变制度的结果，由于他们是在复杂的、存在着各种差异以及不同地位的特定的制度或文化环境中进行政治活动的，因此改变制度的动机、态度、方法、路径乃至结果也就有很大的不同，从而寻找其中的同质性以达到制度平衡的过程也就十分艰难，通常需要付出很大的代价。

外部因素与制度没有内在而有机的联系，因此相遇时它会直接冲击制度，给制度以很大的变化压力。内部因素因是制度的内在因素并与制度有着有机的联系，因而它们在多数情况下是制度稳定的因素，当然这也是相对的，从内部因素也是处于不断运动和变化的意义上来看，它们在一定条件也是导致制度变化的动力，在有些情况下会成为制度变迁的主要因素。所以，那种认为只有在外力作用下制度结构才会发生改变的假设显然是低估了内部因素在推动制度变化中的作用。制度内部存在着要求变化的因素及其压力，从新制度主义的观点来看，这是由制度内部各种理想化的需求与现实之间的持续差距所产生的。例如，在封建社会内部，由于资本主义因素的发展，资产阶级产生了与封建统治阶级的矛盾，从而产生了制度变迁的需求并最终改变了封建制度本身。实际上，现代全球化背景下多是外部因素与内部因素相互影响而产生制度变迁的要求。

当然，内部的活跃因素既可以导致变化，同时也可能受到规则的制约，并在新的背景下被制度化。典型的情况是，一种制度或规则会因为受到不合乎自身道德和因果信念的因素的冲击而受到威胁，而它力图抑制或减少这种冲击并形成一种凝聚认同的解释和一致性的规则，为此而作出的各种努力可能形成一种产生变化的合力，这就会制度化变化过程并决定着变化的结果和方向。随着人们逐渐对制度安排形成新的信任，这种信念会使制度的规则、程序与各种结构之间出现各种转换并形成新的常规。我们可以看到，当代东亚一些国家政治转型和民主巩固的过程是各种政治力量的冲击制度或减少这种冲击进行博弈的过程，它们最终会决定着政治转型的路径和结果，并在新的博弈的基础上形成新的信任和规则，以达到新的民主制度的平衡或巩固。

新制度主义及其制度变迁理论只能从理论上规范地阐述制度结构和制度变迁，而无法十分精确而全面地阐明现实中的制度结构和制度变迁，这不仅是由于现实制度变迁的复杂性和不可见性使任何人都无法发现所有影响和决定制度变迁的因素，而且还由于规则和变化轨迹常常会受到各种潜在因素或同一因素不断变化的干扰，从而使制度变迁发生不规则的运动。例如，对于一个事件或一项制度，同是事件参与者或制度中人却常常会因为进场的角度、时间以及所处背景和立场的不同而对这个事件或制度有不同的认识或作出不同的解释，在以色列与哈马斯的冲突中，在中国的左右两种政治派别对中国制度变迁的解释上，不但在同一派系内部会因进场的角度、时间对同一事件有着不同的看法，而更大的看法上的差距更可能出现在不同的派系之间，因而在现实中我们很难通过一项协定而圆满地解决复杂的冲突，所有的事件参与者也很难在同等程度上愿意接受同一制度规则的约束。在不同的条件下，相同的制度安排也会产生不同的结果。在复杂而多元的制度背景下对制度的作用及其变迁进行详细而全面的分析是极其困难的，因为它往往是多个自主过程相互作用的结果，而且总有潜在的因素发生作用。

这一复杂性还表现在不同学派的制度变迁理论对政治变迁的解释存在着很大差异。理性选择制度主义把制度看成是理性和集体行动的产物，因此制度变迁可以根据收益最大化和集体行动原则予以预期，但正如同理性主义假设的缺陷一样，理性制度主义对许多政治现象尤其是"非理性"现象的解释不能完全令人信服或给人以不确定性。规范制度主义把制度看成是规范与价值的体现，并把这种规范与价值看成是一种解释性变量，这比结构主义留下了更多的能动性空间，然而也正因为如此，它解释的确定性减少了。价值规范决定着制度化，而它们是在不断变化的，所以它预期制度也会持续地演变。在这一变化中，制度既引起了一致性与标准化，也导致了改变与偏差，因为在对制度或规则的阐释与应用中，总会存在着模糊的领域，这不仅因为个体会在自己的价值与经验方面发生变化，还因为行为者面对环境的变化时会对规则作出调整。① 也许历史制度主义对制度变迁的解释最为"合理"，但也同样具有很大的不确定性，它依赖演化模式来解释制度是如何发生变迁的，既预言了为适应不断变化的需求作出的增量式的调整②，也阐述了连续性与非连续性的转换，在这种转换中，新的制度形式得以发展③。这种解释是"合理的"，但在一定程度上忽视了主体进行制度变迁的能力。

制度和规则的运动是永恒的，不同制度之间和同一制度体系内不同亚制度之间的交流和碰撞，常常会在原有的制度内流入新的因素从而改变原有的规则或制度，从而改变人们的需求，最终导致规则和制度间"合法性"的碰撞。具体来说，不同的制度或亚制度都与一定的背景或环境相联系，外在的文化冲击和内在的社会结构和群体利益的变化都会导致这种背景或环境的变化，这就会直接导致制度的结构、作用和特性发生变化。由于背景或环境是易变的，这就使制度一直面临着变化的压力。此外，从不同的角度观察，或从不同的利益和立场出发，对特定制度的要求是不一样的。从特定的角度或立场来看，有的制度是建立在程序正义基础上的，有的则是建立在结果正义基础上的，或者在此时此地从此一角度来看为程序正义的因素而在彼时彼地从彼一角度来看就可能是结果正义的因素了，在现实中会经常出现这种合法性或利益的冲突，从而推动制度变迁。例如，当一个正在从传统走向现代的村社引入西方的一项选举制度时，严格遵从程序正义可能选出的一位这个村社中的大家族的首领，而如果追求结果正义则需要对选举进行适度的非程序的干预，以使经过现代思想熏陶的外来的或回归的新人当选，这就可能推动

---

① Vivien Lowndes, "Varieties of New Institutionalism: A Critical Appraisal", in *Public Administration*, Vol. 74, No. 2, 1996, p. 193.
② Paul Pierson, "The Path to European Integration: A Historical Institutionalist Analysis", in *Comparative Political Studies*, Vol. 23, 1996, pp. 122 - 163.
③ Stephen D. Krasner, "Approaches to the State: Alternative Conceptions and Historical Dynamics", in *Comparative Politics*, Vol. 16, 1984, pp. 223 - 246.

选举制度的改革。从政治发展和政治制度变迁的角度来看，原来一种合理的制度，由于环境的变化或社会结构的发展，人们对这种制度存在的作用、合法性和道德基础提出了质疑，认为它不再有存在的价值或必须作出改变。例如，在一定的历史时期中一些早发现代化国家会对后发现代化国家推行意识形态霸权并试图控制这些国家的意识形态和发展命脉，同时在后发现代化国家内会产生反对外来规范入侵、捍卫自己制度的使命和传统的行为。这种处于严重冲击下的制度很有可能会重新检视它的精神气质、行为准则、忠诚以及它与社会各群体之间的契约，从而出现重新组织和筹措资源的情况，甚至改变自己以适应新的环境，最终产生一种新的制度安排。

人们通常感到一种制度尤其是政治制度是稳固甚至恒久不变的，但实际上内部的变化和外部的冲突总是存在的，只是在一定的历史时期较为缓慢和温和而已。回溯世界历史进程，大的制度变迁是不可避免的；越是现代，制度变迁的周期和节奏会越快。在这种情况下，制度的动态平衡也就越发重要。在现实的不断变化的世界中，任何一种只热衷于利用现有制度的体系都会逐渐变得不合时宜而渐失合法性，而任何只热衷于探究新制度的体系会因为不能达到稳定而无法有效平衡人们的要求和利益，也难以确立自己的合法性。好的制度体系是在变化和稳定之间达到动态的相对平衡。那种企图达到理想的最佳平衡状态的想法和努力，尽管是美好的，并且也是我们努力的目标，但在现实中往往是不可取的，因为这是对动态平衡原则的破坏，使环境总是处于变化之中，无法实现制度的相对稳定。它实际上也是不可能的，因为变化的复杂性使我们无法全面掌握影响制度变迁的所有因素，致使纯粹的理想的状态无法实现。这种难以实现还表现在这种制度平衡需要跨越时间和空间，是一种动态的平衡。在一种制度处于相对稳定状态并能够基本平衡各种利益的情况下，我们应充分发挥它的作用，因为这种现成的制度通常比探究新制度获得的回报更加确定、迅速和容易；当然，在导致制度变迁的各种因素已经发展起来并十分活跃时，就需要对制度进行改革了，此时不改革就会导致新的不稳定和利益失衡。

三、制度变迁的同构性、创新性与政治发展

我们可以从量性与质性或同构性与创新性变化中来进一步认识制度变迁。一般来说，制度变迁主要有两种变化路径：一种是自下而上的自发性的制度变迁，它是在人们受到利益诱致的情况下所主动进行的制度变革。"它由个人或一群（个）人，在响应获利机会时自发倡导、组织和实行。"[①] 因此，自发性变迁具有渐进性、自发性、自主性的特征，新制度的生产者和供给者只不过是对制度需求的一种自然反应和回应。在这种变迁中，原有制度往往也比较容易允许新的制度安排渐进地出现，以保持其活力。这种变迁的最著名的例子是在封建社会后期资本主义萌芽的产生和发展。但是在特定的制度中，或者当这种自下而上的制度变迁发展到一定程度时，也可能会遇到来自上层及多面的阻碍。例如，在20世纪60年代初期和70年代后期在中国农村一些地方发生的土地联产承包制都一度受到传统的上层的压制；在世界资本主义因素发展到一定程度后，就遇到了封建贵族的压制。实际上，科斯所论述的这种自下而上的特点在经济制度的变迁中更为明显，而在政治制度的变迁中相对较弱。

另一种变化路径是自上而下的强制性制度变迁，一般来说都是由国家强制推行的。"强制性制度变迁由政府命令和法律引入和实行。"[②] 它表现出突发性、强制性、被动性，其变迁的动力主要来自于制度间竞争造成的压力。在强制性变迁中，创新主体是新制度安排的引进者而非原创者，制度是外来的而非内生的，因此它的推行具有强制性；同时，与诱致性变迁只是在现存制度体系不变的情况下作出增量式的制度创新不同，强制性变迁往往要改变

---

① 〔美〕科斯（Coadse, R.）、阿尔钦（Alchain, A.）、诺斯（North, D.）：《财产权利与制度变迁——产权学派与新制度学派译文集》，刘守英等译，上海三联书店1991年版，第384页。
② 〔美〕科斯（Coadse, R.）、阿尔钦（Alchain, A.）、诺斯（North, D.）：《财产权利与制度变迁——产权学派与新制度学派译文集》，刘守英等译，上海三联书店1991年版，第384页。

现存的根本制度即实现制度的转型。当然，有时这种转型更多的是形式上而非实质性的。例如，从经济制度上来看，在1949—1958年的公有制改造运动中，由于制度变迁受到当时的政治环境或左倾路线和主要领导人价值偏好的强力推行，中国农村的合作社制度和企业制度的国有化的制度变迁一开始就被纳入了强制性的轨道，整个变迁体现为上层设计和推动的过程，一系列轨迹性特点也在决策与实施过程中逐渐形成：如制度变迁服务于国家工业化、集体化和左倾意识形态的灌输，制度变迁的速度和方式由中央和地方党的组织以及政府推动，不断追加公有化的规模和速度，甚至追求制度变迁的意识形态绩效等。这种制度性创新脱离实际，因而没有有效地提高制度的效率。这从我国1979年改革开放时人均GDP很低、与40年代后期同时进行和平建设的国家相比差距拉大这一事实中，可见一斑。另一个相反的例子是70年代末期我国党和政府在农村推行的联产承包责任制从根本上改变了农村的土地制度，这一制度变迁的成功在于这种制度设计回归现实，真实发挥了个体在制度变迁中的自主作用。从政治制度来看，19世纪末中国的"戊戌变法"是从国外引入民主制度自上而下推行政治制度变革失败的例证，而40年代后期美国占领当局在日本推行的自上而下的民主改革则是这种制度变革在政治上成功的例证。

在任何一种制度变迁中，主体既可以推动制度的变革，同时也会受到原有制度的制约，以致不得不改变自己的变革目标，从而使制度改革的结果与理想的改革结果相去甚远。例如，从理论上来讲，在民主制度中人们有权自由地设计政治制度，改变治理方式。然而，在变革原有社会和政治结构的过程中，制度设计者会强烈地感觉到各种既有结构的惯性束缚着变革，而制度改革者自身也存在着认识和能力上的局限性，致使原有的制度结构不断地改变政治行为者进行制度变革的动机和能力。无论是历史上还是现代伟大的变革、无论是整个制度的变革还是制度内部的变革，变革者往往都会改变原有的雄心壮志而转变为已有规则或制度的重新解释者，再按照自己的扭曲了的

"新的"理论来引导人们的行为准则和道德信念。近几年来美国总统奥巴马推行的医疗制度和税收改革方案都是在多方博弈的基础上大大修改了原有的方案后才获得国会通过的。在现代社会中,要逐步培育公民的和民主的身份认同和参与感,最后再发展组织能力以进行相应的制度变革。由此看来,由于受制度变迁条件的制约,改革者往往难以直接达到目的,而是逐步而曲折地进行制度改革。

在制度变迁中引入"同构性"(isomorphism)概念是理解制度变迁特点的重要工具,它与差异性是一个矛盾统一体。一般来说,制度变迁是指制度的变化、差异性和多样性方面,这方面是人们关注的重点,但制度变迁中的同构性是它的一种潜在的重要特征,我们只有对它予以足够的重视才能深刻理解制度变迁的特点及其深刻的涵义。迪马乔和鲍威尔指出,制度同构性概念是理解渗透于现代组织生活中的政治和仪式的有效工具[1],也是理解制度和制度变迁的重要概念。现代组织在形式和实践上表现出极大的相似性,一旦组织形成,就会产生同质性的强制推动力,而理解这种同质性现象,最恰当的概念就是制度的同构性。它是指在相同环境下,某一组织与其他组织在结构与实际发生状况的相似性。

制度变迁中的同构性有三种基本来源:一是强制性同构。强制性同构来源于一个制度所依靠的其他制度或组织以及社会文化对它施加的压力。例如,新中国建立时,建立什么样的制度面临着重大选择,从党史材料来看,最终我国在马克思列宁主义这一强有力的意识形态和苏联社会主义这一强有力的制度模式的影响实际也是压力下选择了苏联模式或社会主义的中央集权的政治经济体制。一个制度内部亚制度的建立更有可能发生强制性同构的情况,例如当建立一个基层组织时,人们不得不在上级或其他亚制度及文化的压力和要求下按照其他已有的邻里组织的模式进行建构,建立起特定制度系统中

---

[1] Paul J. DiMaggio and Walter W. Powell (eds.), *The New Institutionalism in Organizational Analysis*, The University of Chicago Press, 1991.

的等级化的组织结构以获得等级化的管理和支持,否则可能会被看作是"另类"而得不到相应的支持和管理,难以运作。

二是模仿性同构。在社会发展需要制度变迁时,推动变迁的主体总是面临着不确定性,要思考建立什么样的制度,而这正是导致模仿的强大动力。当组织技术难以理解、目标模糊时,或者当环境产生不确定性或具有象征性时,人们就有可能按照其他组织的形式来建立或形塑自己的组织。例如,中国改革开放 30 多年来在经济组织、社会组织和基层组织的建设方面进行的改革创新很多都是在对国内以前或国外的制度建设进行模仿和借鉴的基础上展开的。实际上,新组织模仿旧组织的现象遍及整个社会和整个发展过程,例如,1979 年改革开放初期的联产承包制实际是对 1961 年的土地承包制的模仿,国营企业的股份制改革以及允许民营口企业的发展都是对我国过去和国外类似制度的借鉴和改造。在制度变革时期,管理者通常都会积极寻找可以模仿的模型,创新大都是在模仿基础上进行的。通过模仿可以节省重复劳动,从而较快地产生出可行的方案。[1] 模仿行为既可能是通过员工的流转而间接地、无意识地扩散开来;也可能是通过咨询公司和行业协会而直接推广。即便是组织创新,也多是在组织模仿的基础上进行的,尽管这种创新有时不是通过对同类事物的模仿进行的,但它可能是对不同事物的同类因素进行了借鉴,因而这也可以把它看成是制度模仿来进行解释。[2] 实际上,模仿之所以是一种普遍现象,在于被模仿的对象或旧的组织制度是在适应当时特定的现实环境的基础上产生的,新的组织制度要想建立也必须适应现实的环境,这就决定了它们的同构性。

三是规范性同构。它通过文化传统和学校教育进行传播,社群的文化传

---

[1] Richard Michael Cyert and James G. March, *A Behavioral Theory of the Firm*, Englewood Cliffs, N. J.: Prentice Hall, 1963.

[2] Paul DiMaggio and Walter W. Powell, "The Iron Cage Revisited: Institutional Isomorphism and Collective Rationality", in Walter W. Powell and Paul DiMaggio (eds.), *The New Institutionalism in Organizational Analysis*, Chicago: University of Chicago Press, 1991, p. 69.

统规范着人们的行为和组织制度的建构,学校所进行的正规教育对所有人传播着相似的传统和现代知识,从而也规范着人们的行为,有助于建立同构性的组织或制度。

制度同构性理论可以解释一些制度和组织变得越来越具有同质性的事实,例如,1640年英国资产阶级革命把查理一世送上断头台和1789年法国大革命中雅各宾专政把革命推向高潮后又都出现了革命的"倒退"或向"现实的回归",出现了旧制度的"复辟"和新制度缓慢发展的局面,从中可以明显看到新制度不可能以一种"全新"的形式出现,它在很大程度上是在对旧制度的模仿和改革的基础上进行创新和发展的。同构性这一概念也能够深化我们对组织生活中常见的创新缺失、组织中的精英行为的类似性等问题的认识。[1]

四、关于制度变迁的本体论问题

在新制度主义的不同理论分支中,存在着解释制度变迁的本体论方面的差异和争论,而本体论对这些理论分支或不同研究取向的理论对制度变迁的解释有很大影响,因而这也是我们判断制度变迁理论解释力的一个重要的视角。

我们可以本体论完全不同的理性选择制度主义和历史制度主义为例来介绍和分析它们之间的差异。理性主义是以个人为主体,认为制度和观念都是个体的产物,它把制度看成是人们为了取得稳定而有意设计的结果,是人们手中的工具。"考虑到行为者是理性的,因此一旦对制度产生了某种逻辑上的需要,它就会被创造出来。"[2] 在理性选择理论中,个人是一个主权者,这意味着社会现实中的一切事情都是人依据"个人效用最大化"的理性原则来安排的,制度是旨在帮助个人实现效用最大化的工具,即它是用来解决理性主

---

[1] Paul J. DiMaggio and Walter W. Powell (eds.), *The New Institutionalism in Organizational Analysis*, The University of Chicago Press, 1991.

[2] James G. March and Johan P. Olsen, *Rediscovering Institutions*, New York: The Free Press, 1989.

义中的集体行动问题的,是为了从这种集体合作中得到最大收益。当制度不再服务于行为者的利益时,制度就会被取消,它们只为个体行为提供短期的约束。① 由此,在一种制度的收益不再能抵冲其成本之时,就会发生制度变迁。但恰恰是在这个问题上它受到了本体论方面的质疑。

人们会发现有很多制度或组织在它们当初的目标及其功能已经完成时并没有消失,而是继续存在下来并发展出了其他相关的功能和目标,这与理性制度主义的假设显然不符。如果制度仅仅是工具性产品而不具有主体性,那么它们就不能在与原有的理性个体的预期相悖时改变自己,而事实是改变了自己。我们知道,只有掌握它们的主体即行为者才能推动变革,而这个主体可能是理性的个体或集体,也可能是制度本身。把个人看成是行为者的理性主义在这里遇到了本体论的问题。因为在它看来,制度的设置在个体看来是非理性的,但他们必须进行这种非理性的活动,以调节相关的各个个体,否则就无法生活或进行有效的活动。这就提出了一个集体行动的问题:制度是一种供集体享用的公共物品,但同时它并不是最有效地满足任何单一个人的利益,因而按照理性主义这是非理性的。这一理论演绎具有深刻的意义。制度是解决集体行动问题的,它提供了这一理论需要解决和解释的稳定问题,但是,如果这样的制度自身是集体行动问题,那么人们就不可能诉诸制度本身来解决这样的问题,即不能用集体行动来解决制度变迁或新的集体行动的问题。考虑到这些,理性选择的既有理论就有内在的理由来转向观念,以此来解释变迁。② 然而,对于理性选择制度主义而言,正如诉诸制度没有解决理性选择遇到的稳定问题一样,诉诸观念则是没有解决它所遇到的变迁问题。因为按照理性选择理论,观念并不是"外在的"东西,而是行为者内在的思想,它可以随时产生以协调自身的行动。观念需要被发展、展现、重复、扩散、改

---

① Peters, G., "Institutional Theory in Political Science: The 'New Institutionalism'", London, Pinter, 1999, p. 148.
② 〔英〕马克·布莱斯:《制度与观念》,见〔英〕大卫·马什、格里·斯托克主编:《政治科学的理论与方法》,景跃进、张小劲、欧阳景根译,中国人民大学出版社 2006 年版,第 308—310 页。

变等，其中没有一个是不需要成本的，而观念的变化并不能按照个人收益最大化的原则来计算。事实上，正如制度的提供是一个集体行动问题一样，观念的传播也是如此。因此，理性主义采用观念陷入了与采用制度一样的困境。

按照历史制度主义理论，制度对于人来说是既有的、先在的，因此它被视为是限制而不是促进政治行动，这似乎使制度变迁难以进行和解释，也无法预测。因而它只能转向观念来解释变迁。在这一点上，它对理性主义假设行为者具有固定不变或"给定"利益的观念提出了挑战。伯尔曼在《社会民主党人的时刻》一书中说明了历史制度主义是如何运用观念来解释历史变迁的。他指出，两次世界大战之间德国社会民主党僵化地继承了马克思主义，这使得政策创新变得非常困难。而瑞典社会民主党没有受这一意识形态遗产的束缚，自由地将马克思主义阐释为一种目标而不是工具。前者把最终纲领和当前纲领、手段和目的混为一谈，后者则把两者区分开来，这使得它们在政策和执政方式上有很大的不同，当然也导致了结果的差异。德国社会民主党因受经济危机是资本主义的必然产物和行将崩溃的理论影响，未采取措施挽救德国经济，从而间接有利于纳粹主义的崛起。而瑞典社会民主党并不认为这是资本主义的末日，并发展出关于国家在经济中的新角色的新观念，在这一理论指导下积极采取国家干预的措施挽救了瑞典经济[①]，从而抑制了极端民族主义或法西斯主义的发展。在伯尔曼的分析中，解释的是变迁而不是稳定。观念所导致的结果差别是解释的目标，他将人的偏好问题化，随问题而变化，而不是给定的，这是理性选择所做不到的。

理性选择理论的本体论将个人作为社会和政治生活中不可化约的单位，任何外在于个人的东西，诸如制度或观念，必定是"给定的"，是以利益最大化为导向的个人设计，是用来实现个人利益的。在这样一个世界中，个人想要的东西是通过假设给定的，这种假定就是这些行为者对于手段和目标的计

---

① 〔英〕马克·布莱斯：《制度与观念》，见〔英〕大卫·马什、格里·斯托克主编：《政治科学的理论与方法》，景跃进、张小劲、欧阳景根译，中国人民大学出版社2006年版，第312—313页。

算是理性的利益，观念只能是行为者为了自己的利益而加以创造和利用的东西，它们不可能从根本上改变行为者实际所欲的利益，因为如果这样的话就使观念和制度先在或外在于个人了，而这就违背了理性选择理论的本体论。如果主张只有个人是真实的，他们的需求被视为是相似的和给定的，那么观念只能是工具。信仰、意识形态等可以被视为信息工具或聚焦之点，但它们绝不会被视为一个自身具有能动性或主体性资格的动力源，除非放弃这一理论自身的本体论核心。①

按照历史制度主义，个人受到作为背景的观念和制度的影响并被建构，这样，观念影响着行为者或能够告诉行为者他们需要什么，以及当社会的观念或制度变化时个人的偏好也会随之改变。这里关键的问题是，伯尔曼的分析并不违背其自身的本体论基础，通过提出一个在本体论意义上优先于个人的制度和观念的世界，他能够解释观念如何通过改变行为者关于自身利益的认识来引起变化，这一改变观念的方式在基于个人主义本体论的理论中是无法想见的。在伯尔曼的例子中，观念确实被成功地"镶嵌"在既有理论的体系之中，然而更为重要的是，在这样做时，这一理论形成了新的洞见，可以给我们以新的知识。在理性主义的分析框架中，观念之所以不能改变人的认识，不能产生新的洞见，正是因为其本体论局限的缘故。② 由于历史制度主义与理性选择制度主义的出发点和立足点不同，所以尽管它们的最终目标都是要解释稳定和变迁问题，但它们所面临的直接问题或最初的问题是不同的。对于历史制度主义而言，解释变迁是直接面对的问题所在，因而也是首先要解决的问题。存在的问题是如果行动者的偏好和行动是先在的制度背景的产物，那么事情怎么会发生变化呢？对于理性选择制度主义而言，解释稳定是直接面对的问题所在，因而这是首先需要解释的问题。问题是其个人主义本

---

① 〔英〕马克·布莱斯：《制度与观念》，见〔英〕大卫·马什、格里·斯托克主编：《政治科学的理论与方法》，景跃进、张小劲、欧阳景根译，中国人民大学出版社2006年版，第314页。
② 〔英〕马克·布莱斯：《制度与观念》，见〔英〕大卫·马什、格里·斯托克主编：《政治科学的理论与方法》，景跃进、张小劲、欧阳景根译，中国人民大学出版社2006年版，第314页。

体论设置了一个流变的世界，诉诸制度不能解决问题，因为制度本身也是集体行动问题。结果是，两种理论都要转向观念求助，以再次帮助它们超越内在的理论局限。

向观念的转向使我们能够看到本体论是如何发挥作用的。理性主义对个人主义本体论的执著意味着它只能将观念看作是功能设置即工具，以帮助它获得想要的东西。如果个人是理论的原点，那么观念能够改变行为者想要的东西这一想法在本体论上是难以认可的，观念便无法改变个人的理性或偏好。由于观念是被个人制造出来的，因此它不能被看作是个人的构成物，否则会使理论出现内在的不统一。实际上，诺斯等人提出的制度变迁的动力来自于个体在实践中的学习这一观点，为理性主义解释制度变迁提供了新的依据，解决了理性主义在解释制度变迁时本体论方面的矛盾，但它为个体理性的随意改变提供了依据，因而可能使制度变迁具有太多的不确定性。

历史制度主义没有这样的问题，其本体论将制度而不是个人作为原点。在这样的本体论中，个人早已是产品而不是生产者。然而这提出了一个问题，即在这一框架中如果制度先在于个人，那么制度是什么？回答是：制度是关于如何组织事物的"结晶化的观念"。行为者具有关于建构什么制度能产生一个可欲结局的观念，这与理性主义具有相同的取向和相容性。然而历史学者又向前迈进了一步，主张这样的制度一旦建立起来便形体化，有一定的独立性和主体地位，外在于个人，并可以反过来影响行为者的需求。一如制度可能在本体论上优先于个人，构成制度的观念也就优先于个人。这样，制度变迁成为一个特定的观念的问题。从这一角度观之，观念不可化约为个人的偏好，相反它决定了这些偏好的内容，因此行为者得以依据原有的观念挑战现有的制度并改变自己的偏好以促使事物发生变化，而这不违背历史制度主义的本体论。[①]

---

① 〔英〕马克·布莱斯：《制度与观念》，见〔英〕大卫·马什、格里·斯托克主编：《政治科学的理论与方法》，景跃进、张小劲、欧阳景根译，中国人民大学出版社2006年版，第314—316页。

小　结

　　为了对制度变迁的不确定性进行解释，不同流派的制度主义者都进行了努力。学者们已经考察了结构、制度或规则的一些重要的变化过程，例如，对个体行为者或作为单一行为者的集体为了实现某些相对明确的目标而具体化制度设计的情况进行了研究，对冲突设计即多个行为者因追求相互冲突的目标而形成的反映政治交易和权力运作结果的制度设计进行了研究，对学习即行为者因自己或他人经验的反应或借鉴而修改制度设计的情况进行了研究，对竞争性选择即各种相关的现存规则为了保留下来并得到复制而展开竞争、从而产生了各种规则的混合体并随着时间而发生变化的现象进行了研究。[①] 这些研究都在不同方面和不同程度上证明了制度变迁的动力、特征和结果，但这些研究仍然不能避免自身的局限性。新制度主义的不同流派对制度变迁的动力、过程和结果的解释有很大不同，这本身就说明制度变迁的过程是复杂的，这不仅因为它要受到各种表面的和潜在的因素的干扰，还由于行为都是发生在一定的制度和文化背景中的，这就是说，同样的行为发生在不同的制度和文化背景中会有不同的涵义，而只有这样的行为才有确定性和指向性，所以，制度变迁的结果总是在人们理想的制度安排与本土因素之间进行博弈的过程中形成的。在解释制度变迁时关注本体论可以使我们在代表不同理论的主张之间进行裁判，而这是制度变迁如何成为可能所需要思考的问题。

---

① 〔美〕詹姆斯·马奇、约翰·奥尔森：《新制度主义详述》，载《国外理论动态》，允和译，2010 年第 7 期。

第五章 比较政治学理论的发展趋势

当代比较政治中的三大研究范式即理性主义、文化主义和结构主义有一种相互兼容的发展趋势。它们在弥补自身的缺陷,不断发展自己的研究方法的同时,还通过吸收其他研究范式的方法来发展自己,目前,这三大范式之间相互吸收借鉴已经成为普遍的研究路径。三大研究范式都以现代性为核心,建构了各种具有兼容性的亚理论或研究模型,甚至试图把这三大研究范式整合进一个研究框架或模型之中,在与时代的根本问题即现代性及其价值关联相一致的基础上来解释政治现象。

第一节 问题的提出

在比较政治研究中,试图克服现有理论的缺陷并进行理论构建的努力从没有停止过。对于当代比较政治学中的理性主义、文化主义和结构主义研究范式,一直有学者试图通过对其本体论和方法论的深刻分析,来探讨这三大研究范式之间相互兼容的方式,取长补短,进而在这种兼容之中提出新的理论或研究模型。这就需要从社会理论发展的历史背景中把握这种交流或兼容，以扩展研究视野。例如，帕森斯对古典社会理论的系统化和修正为调和个体与集体的结构与行动问题提供了基础，韦伯从世界历史和比较主义的角度来研究现代性的辩证法，探究理性与非理性究竟是如何在个体和社会层面上证明其规范和经验意义的，这都使我们看到理性主义、文化主义和结构主义研究范式背后的一致性，正是这种一致性为它们之间的兼容奠定了深厚的思想基础。

可见，当代比较政治学的一项重要任务就是在理性主义、文化主义和结构主义之间进行创造性的对话和交流，在深刻理解利益、身份和制度的基础上构建新的结构与行动组合。这必然是一个长期的探索过程，但在这一过程中一定会不断创造出一些好的研究模型和方法甚至理论。

第二节 三大研究范式的本体论与方法论特征

阐明不同研究范式的本体论和方法论特征及其理论边界是寻找和确定它们之间一致性的基础。我们知道，本体论是指各研究范式或流派对世界"是什么"的界定，就是说，每种研究视角都假定某种存在的特质，这些存在的特质构成我们生活的实体及其特性。方法论是指各研究范式或流派认识和改造世界的一般方法，它是解决"怎么办"的工具。

理性主义的本体是个体，它认为世界是由个体构成，只有个体行动者才能选择、认知和学习，离开个体，集体就无所适从。所以，在理性主义看来，所有对集体的解释必须通过对个体的认知来实现。而对个体的理解则立基于对理性选择的目的进行的解释，即指导人的行动的欲望和信念是怎样的。换言之，凡事都有原因，是原因引发行动。因而理性主义只承认跟随意图的集体过程与结果，或者说只承认个体理性行动的社会后果，尽管这些后果经常是非理性的、出乎意料和难以避免的。理性主义本体论描述了一个由理性的个体与经常非理性的集体组成的世界，即对个体利益的理性追求导致了非常普遍的非理性社会后果。

　　文化主义认为文化群体是构成世界的基本因素，它探讨主体间的和超个体的规范，认为同一群体的成员拥有共同的观念、倾向或看待世界的方式。无论是政治的、宗教的、经济的还是社会的组织，无论是一个共同体还是一个社会，都拥有一定的共同价值观。主体间的意识由认知与良知这两个要素构成，它既包含现实的即实然的共同知识，也包含关于世界应该如何的共同理解即应然的状态或知识。共同的认知和良知构成了社群文化，进而构成了一定社会秩序的基本架构。同时，文化与社群还是个体与群体身份的基础，自我实际上是在与他人的互动中发展起来的一个"社群之我"。文化既外在于个体，又内在于个体。说它是外在的，是因为它在物质上是真实的，并从过去传承而来；说它是内在的，是因为个体已社会化于文化之中。所以，文化主义的本体论认为文化个体遵从构成个体和群体身份的社会规则。与理性主义不同的是，文化主义中的利益概念不完全是前定的，在很大程度上是有条件的和视情况而定的，它认为理智并不具有必然性和普遍性，理性思考的类别与理性的本质因文化而异。

　　结构主义在本体论上是整体主义的，认为世界是由结构这个实体构成的，结构决定着人们的认识和行为。[①] 它研究不同结构之间的联系和互动，关注个体、集体、制度及组织间的关系。结构主义认为，只有当某个事物与其他事物相联系，并且是某个结构中的一部分时，人们才能了解这个事物。因此，实体是根据与其他实体的关系而非通过它们自身的特性来加以定义的。华尔兹[②]指出，在定义结构时，首先需要回答的问题是：部分得以组织起来的原则是什么？任何一个部分或结构都有它组织起来的原则，例如，一个政党是一种结构，形成这种结构的原则是其党纲中的组织原则。当然，尽管党纲是为了适应一定的环境而制定的，但要认识这个政党仅仅通过它的党纲还不够，

[①] 〔美〕亚历山大·温特：《国际政治的社会理论》，秦亚青译，上海人民出版社2008年版，第20页。
[②] 〔美〕肯尼斯·华尔兹：《国际政治理论》，信强译，上海人民出版社2008年版，第81页。

还要把它放在它所处的政治、经济和社会环境中来观察它。因此，政党这个结构就是另一些结构的一个有机组成部分。由此看来，结构主义是从人们之间的政治、社会和经济关系来进行观察的。与理性主义和文化主义不同，结构主义否定了行动者本身的能动性并简化其假定。

从方法论来看，理性主义企图根据理性及利益来解释所有的行动，其所有推论几乎都基于同一个理性假设，即个体对自身利益最大化的永恒诉求。它认为行为体行为的主要依据和目的是实现自身利益的最大化；相应地，个体行为体的政治行为也可追溯至其对自身利益的追求；而群体行为、选择和制度的构建则被视为行为个体诉求的累积，忽略由个体行为向群体行为转化过程中可能出现的偏离、异向或异质变动及相应影响。[1] 理性选择理论同时认为这一"普适性的"理性标准不仅是理论性的，更是经验性的。[2] 这一理论指明了个体在政治活动中进行选择的基本依据，构建了具有明确界定条件的可验证理论，提出了对社会政治现象进行量化研究的可能与依据，揭示了政治研究中因果机制从自变量与因变量的关系中产生的普适效用。[3] 理性主义认为"客观外在世界"是通过影响行动者"主观内在世界"的欲望和信念来影响行动的，换言之，理性主义是实证主义的，它将理性利益局限于客观因素的影响，认为促进社会改变的是独立的和外在的物质冲击，从而避开了复杂的主观因素的作用。所以，经验导向的理性主义是唯物主义的，因为它假定物质条件决定主观意识并最终决定理性选择。

文化主义认为人的情感、态度以及人类互动的价值与意义等主观倾向对行动有决定性的作用。它认为只有深入了解行动者所使用的意义框架，才能

---

[1] 〔美〕马克·I.利希巴赫、阿兰·S.朱克曼主编：《比较政治：理性、文化和结构》，储建国等译，中国人民大学出版社2008年版，第6页。
[2] Margaret Levi, "A Model, a Method, and a Map: Rational Choice in Comparative and Historical Analysis," in *Comparative Politics: Rationality, Culture, and Structure*, Mark Irving Lichbach and Alan S. Zuckerman (eds.), Cambridge, New York: Cambridge University Press, 1999, pp. 21-22.
[3] Margaret Levi, "A Model, a Method, and a Map: Rational Choice in Comparative and Historical Analysis," in *Comparative Politics: Rationality, Culture, and Structure*, Mark Irving Lichbach and Alan S. Zuckerman (eds.), Cambridge, New York: Cambridge University Press, 1999, p. 20.

探索文化是如何影响身份、行动和社会秩序的；认为一个社会的文化背景最终决定了该社会的政治特点和制度构建模式，其潜在涵义是一种文化背景下的规则构建方式是无法移植到另一文化背景下的社会中的，除非该社会的文化背景被彻底改变。

文化主义诠释有四个基础性命题：首先，诠释方法建立在参与者具有不同的观察视角的基础之上，因而，它试图从行动者的视角来认识事物，在此基础上产生对他人的看法、情感、动机和经验的理解。其次，由于一种行动的意义需要根据行动者的具体处境来理解，所以，行动者所处社会的规范和实践就是重要的影响因素，诠释要包含价值关联，由文化来决定行动的意义。再次，部分必须通过整体来理解，同时整体也必须借助部分来认识。换言之，意义必须在历史中或通过个体与社会的关联才能确定。最后，对物质世界的理解不同于对人类社会的理解，人类社会必须从内部而非从外部来理解，必须超越理性主义的唯物主义及因果联系，应探索行动的内在意义而非外在原因。所以，实证主义者的研究根植于通则思想的因果解释，这种思想认为存在重复发生的规律性过程；而诠释主义者寻求根植于个殊思想的诠释性理解，认为每个群体或社会都是独特的。

结构主义把结构作为行动的决定因素，认为结构这种无法观察到的自然或社会之物具有因果力，进而探寻这种因果力及其历史动力。这意味着它反对理性主义的原子简化论，认为社会行为不能仅仅通过受制于自身的物质原子及其运动规律来加以解释，例如，不应只关注社会革命的暴力或政治冲突，而"应该考察作为整体的革命，考察它们的许多复杂性"[①]。而且，结构主义将原因看作具有必然性的自然发生的因素，这意味着它不同于理性主义的演绎—通则式解释法，不认可那种通过必然性的实证主义来确定原因的逻辑。

以特定的本体论和方法论为基础，各研究范式都发展出了自己的比较方

---

① 〔美〕西达·斯考切波：《国家与社会革命：对法国、俄国和中国的比较分析》，何俊志、王学东译，上海人民出版社2007年版，第294—295页。

法，这些方法在个殊性与通则性、涵盖性与因果性之间寻找和确定自己的立场。

理性主义方法论视个体为理智的思考者，将人们的爱好与信念植根于物质世界，将行动者作为思想实验的实施者。因此，理性主义列出了针对思想实验的"决定性"证据，这些证据是可证伪、可观察的，也就是说，他们同时提出了无效假设和反例。例如，贝茨提出了一系列回归等式，证明政治制度和公共政策影响着肯尼亚的粮食库存，即制度的实施可能会将丰足转变为饥馑、将干旱转化为粮食危机，并指出这种情况在许多发展中国家的农业政治中也是普遍存在的。① 总之，理性主义秉持定量方法和一种实证主义的科学哲学，并试图构建一种知识结构来对非理性行动进行解释。

文化主义是通过对意义进行比较分析或诠释来理解事物的。由于意义是特定文化所特有的，所以文化主义主要进行案例研究，认为案例是独特的，个案的特征是由历史偶然性决定的，个体发展基本上是由不断发生的历史偶然事件所决定的。所以，文化分析路径对跨个案的概括持否定态度，反对通则研究，认为根据不同地域或社群的随机样本进行研究，得出独立于空间、时间和背景的概括，是难以成立的。理论和实验从来不会在所有环境下都以完全相同的方式呈现，个案不是一般规律的表现，修正、例外和条件性才是常规现象。因此，比较主义者不应根据理想类型的理论和概念来进行思考，因为它们并不存在。

结构主义通过把社会结构模式化来观察各结构之间的相同点和不同点，据此把这些结构模式划分为不同的种类，从而使我们可以对这些特定的结构种类进行分析和概括。由于这种结构划分或结构种类有其特定的适用范围，既不是普遍主义的也不是个殊主义的，所以，结构主义处于理性主义的普遍主义和文化主义的特殊主义之间，它的分析单位通常处于全体与个体、一般

---

① 〔美〕罗伯特·H. 贝茨：《超越市场奇迹：肯尼亚农业发展的政治经济学》，刘骥、高飞译，吉林出版集团有限责任公司 2009 年版，第 4 页。

与个殊之间,是通过将个案划分为不同的种类并建立起分类框架来达到概括目的的。所以,根据研究对象的内容与形式即特定结构种类进行分类研究就是结构主义比较方法的基本特征。

第三节　三大研究范式的一致性探寻

由于各研究范式是建立在特定的本体论和方法论基础之上的,因此它们的比较方法及其在个殊与通则问题上的立场都有一定的局限性。

在理性主义看来,外部条件而不是人的意识是理论的起点,它假定理性行动者可以有效地适应自己所处的环境,并实行机械行动主义的主体性预期和采用意图性、理性与利益相一致的简约描述来解释人的行动,于是,行动者只有一种简单的计算自己利益的行动取向。然而认知心理学家指出理性选择理论中的期望收益模式在人类社会现实中并不具有普遍性。[1] 个体对于行为结果的判断不仅需要很强的经验支持,还会受到各种外在因素的影响——这就意味着即使进行理性选择的意识是普遍的,但其选择结果仍会根据经验、外在因素的影响而各有不同。[2] 而且,根据外部条件变化解释行动会使理性主义不可避免地轻视个体和群体的"身份"所具有的意义。按照理性主义的观点,个人和社群的身份被看成是稳定和有序的社会关系及互动的外部因素,而非人的构成因素,将此作为相互协作与社会秩序的基础,无法抑制人们对分配、权力与产权的过度追求,因为人们投资于制度是为了建构自己的经济和政治生活,以更好地维护自己在这些制度中的地位和利益。因此,在这种唯物的理性主义看来,利益是社会秩序的障碍而非基础,尽管它在规范的意义上视利益为平等或普遍的目标,但在实证的意义上却视目标是随利益的变

---

[1] Geradol L. Munck, "Rational Choice Theory in Comparative Politics", in *New Directions in Comparative Politics*, Howard J. Wiarda et al., (eds.), Boulder, Colo.: Westview Press, 2002, p.170.

[2] Geradol L. Munck, "Rational Choice Theory in Comparative Politics", in *New Directions in Comparative Politics*, Howard J. Wiarda et al., (eds.), Boulder, Colo.: Westview Press, 2002, p.170.

化而不断变化的,这意味着价值最终是在分化而非团结人们。①

　　文化主义强调群体的内部作用,它认为社会变迁的动力来自于文化和理念,历史的宏大叙事中的所有因素都存在于一定的文化和社群之中,因此,尽管社会冲突与社会变迁的物质维度是不可否认的,但冲突与变迁最终要通过诠释来理解。② 文化主义的困境在于文化的存在与因果作用是难以观察的,而难以观察的规范就难以检验,由此引发的问题是:规范实际上能导致行动和结果吗?这种模糊性源于文化概念本身的不清晰,并由此产生了难以界定不同文化的边界的问题;进而,也很难在一个理论性的框架下对文化与诸如社会组织、政治活动和价值观等相关概念进行区分。③ 而且这种规范还会随着人、环境和时间的变化而变化。文化主义也试图克服它的这种局限性,它看到文化范畴界定上的特殊性,认为解决文化的研究单位问题最好的方式是对文化认同进行分层和分情境定义;④ 同时,在阐释文化对社会发展的作用时摆脱本质主义或文化决定论,而将文化视为社会发展的一种限制条件;有学者还重新解释了结构与文化的关系,认为结构是一定文化的反映,尽管也有其相对独立性,文化是经济发展作用于社会的媒介和中间变量。⑤ 但这些努力并没有得出令人满意的答案。总之,文化主义对物质与理念不加区分、认为物质必须根据理念来理解的研究路径使它具有很大的局限性。

　　结构主义强调是结构而非行动产生结果,结构是重要的,而个体的行动、欲望和信念并不重要,认为同一结构系统或类别中的个体是同质而无差异的,

---

① 〔美〕罗伯特·H. 贝茨:《超越市场奇迹:肯尼亚农业发展的政治经济学》,刘骥、高飞译,吉林出版集团有限责任公司 2009 年版,第 151 页。
② 〔美〕詹姆斯·C. 斯科特:《弱者的武器:农民反抗的日常形式》,郑广怀、张敏、何江穗译,译林出版社 2007 年版,第 27 页。
③ Marc Howard Ross, "Culture and Identity in Comparative Political Analysis", in *Comparative Politics: Rationality, Culture, and Structure*, Mark Irving Lichbach and Alan s. Zuckerman (eds.), Cambridge; New York: Cambridge University Press, 1999, p. 61.
④ Marc Howard Ross, "Culture and Identity in Comparative Political Analysis", in *Comparative Politics: Rationality, Culture, and Structure*, Mark Irving Lichbach and Alan s. Zuckerman (eds.), Cambridge; New York: Cambridge University Press, 1999, p. 62.
⑤ Ronald Inglehart and Christian Welzel, *Modernization, Culture Change, and Democracy: The Human Development Sequence*, New York: Cambridge University Press, 2005, p. 2.

是缺乏个性的角色扮演者。这种认为目标个体之间缺乏策略互动的情况，意味着它脱离了具有复杂性特征的政治，同时也简化了人类的活动、创造和复杂性，抹煞了集体行动与联合过程。由此，它反对将社会视为基于个体意识与行为而形成的社会关系与文化理解的总和，认为特定区域内的社会生活与活动是由互动的过程、关系及社会结构所决定的。[①]

在这三种研究范式的核心命题中，理性主义否定了价值与背景，文化主义否定了选择与约束，而结构主义否定了行动与方向。为了克服这些缺陷，它们都在相互批评中汲取其他范式的优长来发展自己，这一发展过程的主要趋势是探寻不同研究范式之间的一致性，并在坚持自己的核心假说和研究特点的基础上吸收其他研究范式的理论。各研究范式的狭义的理论都有明确的界限，很容易证伪，但其排他性忽视了复杂的经验世界或缺乏因果力，因而不能对丰富的社会生活进行令人满意的解释；广义的理论因吸收了其他理论而显示出了经验上的吸引力，但又可能会在一定程度上缺乏分析的效力。于是，在这三种研究范式之间，产生了纯粹主义与综合主义、狭义理论与广义理论的竞争。

狭义的理性主义是纯粹的意图主义者，他们视理性为行动的原因，而对环境与文化的作用予以简化，把它们看成是个体的信念和欲望的附属。广义的理性主义扩展了理性主义的边界，其方式是深入微观而研究文化，探索宏观而考察制度。一种广义的理性主义是向文化主义扩展，它将偏好与信念既看作原因又看作结果，当然它没有把角色本身完全看成是由价值所建构的，也没有完全转向研究认知。另一种广义的理性主义是向结构主义扩展，将环境既看作原因又看作结果。当然，它并没有完全倒向结构主义，并不探求结构如何影响行动者本身的构成。

狭义的文化主义认为行动者是在文化导引下进行选择的，物质结构是观念即价值与信念的反映，因此它是通过分析文化如何决定选择和结构来进行

---

① Ira Katznelson, "Structure and Configuration in Comparative Politics", in *Comparative Politics: Rationality, Culture, and Structure*, Mrak Irving Lichbach and Alan S. Zuckerman (eds.), Cambridge; New York: Cambridge University Press, 1999, p. 83.

研究的。广义的文化主义不仅承认主体的价值与信念，而且承认主体间的价值与信念，它认为文化并不直接决定选择，而是在根本上构成了选择的规则，所以主体间的文化方法支持的是一种广义的文化观。主体间的价值不再像狭义的文化主义那样只强调"我的价值"和"我相信什么"，而把文化看成是"我和我们的问题"，是"我们相信什么"而不是"我相信什么"，这就解决了狭义的文化主义难以解决的很多现实问题。

狭义的结构主义是唯物主义的，它认为基础或下层结构驱动着边缘或上层结构，视选择与文化为结构的派生物，所以它并不承认文化对行动有重要的影响，将行动者的能动性最小化。广义的结构主义承认结构中的理性与非理性对行动与倾向有重要的影响，研究集体行动与社会规范的结构及其物质化驱动力，即通过把理性和文化纳入到结构之中来发展结构主义方法。

传统的理论让方法与理论核心保持一致，所以，它让理论内部各种亚理论的差异最小化，而让理论间的差异最大化。在这种立场下，变化或发展通常是微不足道的，研究得出的观点有时经不起证伪。综合主义的立场推动方法超越其传统内核以综合其他方法，因而是在保持传统内核的基础上尽可能扩大传统内部的差异而缩小传统之间的差异。它的扩展通常更具吸引力，经得起证伪，但通常这种研究路径所得出的洞见是模糊的，应用效果也不明显。因此，还有待于进一步的理论思考和建构。

第四节 以现代性为核心的理论构建

利希巴赫分析了韦伯关于现代性问题的研究，指出韦伯曾经用理性主义、文化主义和结构主义的话语进行了理论的构建，由此，利希巴赫认为，这三大理论传统应该以现代性为核心来寻找一致性并进行理论构建。[①]

---

① 〔美〕马克·I.利希巴赫：《社会理论与比较政治学》，见〔美〕马克·I.利希巴赫、阿兰·S.朱克曼主编：《比较政治：理性、文化与结构》，储建国等译，中国人民大学出版社2008年版，第346—348页。

我们知道，构建现代性是现代化产生以来时代的根本主题。韦伯曾经从理性、文化与结构的视角阐述的现代性问题，仍然是当今比较政治研究的主题。在当今世界，启蒙运动所倡导的世界民主化与全球市场化仍然是世界变迁的潮流，民主与市场的发展是理性的张扬，但它对国家和社会秩序的冲击却产生了非理性的后果并破坏了国家结构。与此同时，反启蒙运动也改变着公民社会。如果说全球公民社会对国家束缚的冲击是理性主义的张扬，那么其中所包含的民族多样性的扩展、文化生活中的各种形式的后现代主义、原教旨主义和相对主义的发展或复兴，则是非理性的表现，它们导致了社会与文化的冲突甚至破坏着公民社会。在自由主义和市场发展的同时，理性与非理性、现代性与后现代性的冲突日益成为全球性的发展悖论和现象。

这就决定了理解现代性并解决其矛盾后果，成为当今比较政治学三大理论范式的共同旨趣。正是基于这一共同的研究主题，从不同视角观察人与社会的理论范式结合起来，通过提出能够兼容不同范式特征并有效地进行研究的新范式来研究社会矛盾。

当代比较学者试图从韦伯的思想中汲取养料来兼容三大研究范式。从韦伯以利益为起点考察集团身份与社会阶级关系的研究中得到启发，当代理性主义者围绕理性来探讨现代性问题，指出工具理性是现代世界支配性的思维方式。与韦伯对理性的矛盾后果的阐述相似，当今的理性主义者不仅探讨了非意图的和消极的理性后果，而且探讨了非意图的和积极的理性后果，例如，他们指出理性可以解决民主与资本主义的问题，认为一个有效率的经济市场加上社会契约和政治自由主义创造了理性，这可以克服许多现代性的病症。[①]

韦伯曾考察宗教伦理与规范秩序形成的关系，从文化主义的视角探讨理性驱动问题。从中得到启发，当代文化主义者通过关注非理性现象来探讨现代性问题，试图赋予理性以意义和重要的价值。犹如韦伯对西方现代理性的非理性

---

① 〔德〕马克斯·韦伯：《新教伦理与资本主义精神》，康乐、简惠美译，广西师范大学出版社 2010 年版，第 23—51 页。

起源的研究一样,当今的文化主义者探讨文化如何建构理性和如何形成思想的背景,并设立理性的边界。文化主义者对于多样性与社会冲突这种现代性问题的解决办法倾向于强调非理性,认为在真实的社群中所发现的价值与信仰的同质性会建构更加完整的人类身份,而这是解决现代性悖论的根本所在。

韦伯曾考察不同种类的国家与社会结构,从结构主义的视角对理性与非理性的作用进行了研究。从中得到启发,当代的结构主义者也强调制度对理性的作用,认为理性选择的目的会受到社会和权力的反作用或限制,他们试图阐释约束理性与非理性力量的"铁笼"。像韦伯对制度动力的研究一样,今天的结构主义者探讨现实物质世界对理性的限制,主张借助制度与组织来解决现代性的非理性,指出只有建立强大的理性化的国家体制和公民社会,才能应对来自国际和国内的经济、政治竞争所导致的失序。

由上述可见,理性主义、文化主义和结构主义的思想和方法之间存在着基本的一致性,即它们都是围绕着现代性这一核心问题进行阐释的。人们可以在这三种相互关联的方法中理解和调和个体与集体、结构与理性的关系。当然,当代社会的主要问题虽然是现代性问题,但除此之外还有其他问题,例如这三种研究范式也都在试图解决后现代性的问题,这必然会对三者之间的互补与兼容以及它们自身的变化产生进一步的影响。

第五节 兼容性理论和模型的发展

如上文所述,建构一种研究模型把理性主义、文化主义和结构主义纳入到一个研究系统或单位中,是当今比较政治学研究的主要趋势,例如,理性主义对于背景的考虑,结构对文化的兼容等,尽管这种纳入或综合的程度和方式并不相同。帕森斯的"单位行动"的概念及研究模型实际是综合三大研究范式的较早的尝试。[①] 他通过阐释和系统化一些经典社会思想的观点,提出

---

① 〔美〕塔尔科特·帕森斯:《社会行动的结构》,张明德、夏遇南、彭刚译,译林出版社 2003 年版,第 48—56 页。

意志主义行动的"偏好的行动框架"理论，将利益、身份和制度的思想综合进一个研究框架之中，试图以此来结束各研究范式间的论争，并实现一定程度的整合。他的这一尝试或行动理论改变了他本人最初的观点——认为规范和价值决定了个体决策和个体互动产生着社会秩序，而指出社会秩序是由一种结构—功能因素所决定的。这一研究使比较政治学的学者们更深入地理解了比较政治学三大研究范式之间的联结与分裂及其相关要素，从而形成了沿着这一路径并运用这些要素进行阐释的重要研究方法或模型。[1] 但"单位行动"的概念和研究模型所进行的综合努力存在着重要的缺陷，它未能在"单位行动"这一框架内合理解释行动的产生、过程和结果。

韦伯的"社会行动"思想给这方面的研究以重要启迪。这一思想把行动与环境看得同样重要，认为所有的行动都是社会性的。在此基础上，利希巴赫扩展了"单位行动"的概念，力图协调个体与集体的结构与行动问题。他指出，行动者拥有目标，其处境由环境和手段组成。其中环境是外在的客观要素，不是行动者的意图，而是行动者发展信念的限制因素；手段是行动者发挥能动性的选择或行动方式。行动者运用自己的主观判断来理解自身的处境，并通过遵守若干规范的行动来应对自己的处境。[2] 所以，目标追求和手段选择是由规范思考、理想标准或价值预期决定的，这就更合理地阐释了三种研究范式之间存在着相互关联的一面。

进而，利希巴赫认为社会性或"社会嵌入"的"单位行动"从三个层面即内层（或个体层）、中层（或集体层）和外层（或方法层）揭示了各研究范式间的重要关系尤其是统一性。[3] 在内层或个体层次上，"社会嵌入"的"单位行动"认为每个人都处于特定的环境之中，在特定的环境中一个人可以在

---

[1] Elster, Jon, *Nuts and Bolts for the Social Sciences*, New York: Cambridge University Press, 1989.
[2] 〔美〕马克·I. 利希巴赫：《社会理论与比较政治学》，见〔美〕马克·I. 利希巴赫、阿兰·S. 朱克曼主编：《比较政治：理性、文化与结构》，储建国等译，中国人民大学出版社 2008 年版，第 339 页。
[3] 关于三个层次的划分，也可参见〔美〕B. 盖伊·彼得斯（B. Guy Peters）：《比较政治学的理论与方法》，陈永芳译，台北：韦伯文化国际出版有限公司 2005 年版，第 111—138 页。

一定程度上控制自己周围的世界,他具有一定的能动性或主体性,有目的,有自由意志,可以运用理性并采取行动,其结果是个体具有创造力和责任感。意图解释的哲学和个体决策的技术强调能动者具有三个重要特征:一是有欲望即目标、意图和目的;二是拥有关于自身处境的信念即信息与知识;三是为了实现目标进行选择即行动。因此,在个体层面上,欲望与信念指导着行动。[1]

在中层或集体层次上,"社会性单位行动"在强调人都是特定社会秩序的组成部分的同时,对组成集体的个人集合进行了思考,指出结构与行动或个体与集体问题涉及三种行动者特性和三种相应的社会特性之间的关系:个体的欲望反映并产生社会规范,个体的信念顺应并最终影响物质条件,个体行动聚合成并回应着集体行动。总之,在集体层次上,文化规范与环境条件影响着社会行动。[2]

在外层或方法层次上进行宏观综合。由于"社会性单位行动"包含着各种构成要素,所以围绕不同要素形成了不同的研究方法。理性主义方法专门研究个体选择与社会行动,文化主义方法专门研究个体的欲望与文化规范,结构主义方法专门研究个体的信念与环境条件,它们从不同方面研究个体与社会环境的互动和关系。

个体与社会、个体与规范和个体与环境这三种关系决定了人们的政治关系:人是持续活跃的主体,他制造着制约自己的被动的客体,制造着历史、社会、环境和规则,而历史、社会、环境和规则也制约和造就着个体;人既是自主的创造者又是依附性的被创造物,既是创新者又是囚徒;这个世界既是事实,又是反事实;在人与世界的关系中,既有约束,又有建构。"社会性单位行动"试图说明理论构建的中心问题是将这种微观、中观与宏观层次的分析统一起来,以解释人的行动问题,从这一视角出发,可以为个体与结构的关系提供有说服力的解释。

---

[1] Elster, Jon, *Nuts and Bolts for the Social Sciences*, New York: Cambridge University Press, 1989.
[2] 〔美〕马克·I. 利希巴赫:《社会理论与比较政治学》,见〔美〕马克·I. 利希巴赫、阿兰·S. 朱克曼主编:《比较政治:理性、文化与结构》,储建国等译,中国人民大学出版社 2008 年版,第 339—341 页。

解决结构与行动的关系问题需要将个体、集体和社会这三个层次联结起来，考察它们之间的互动。这一研究的逻辑是以个体为起点，探讨有目的的个体行动是如何导致无意图的、非预期的集体行动结果的，这些新的结果又是如何渐渐地凝固成结构的，凝固而成的社会秩序是如何限制和使个体产生意识和行动的，由此循环到新的起点。因此，结构与行动的关系问题具有重要的规范意义，因为人类社会秩序的基本问题就是要处理个体间的价值冲突和协调社会价值，为此必须确立一定的行动原则，并让个体的价值与这一行动原则或社会原则相协调，从而在一定的社会伦理的基础上整合社会。简言之，社会必须确立合法性。同时，结构和行动的关系问题还具有重要的实证意义，它关乎实证政治理论中的所有主要问题，同时，个性、文化、经济、社会和政治等问题都与结构和行动问题紧密相关。所以，个体与社会的关系问题与分析者的哲学或价值取向紧密相关，尤其是在自由与决定论的层面上，它具有理性或非理性的倾向性。

"社会性单位行动"结构与帕森斯的"个体单位行动"不同的是，前者认为存在着文化与理性行动、结构与理性行动这两种结构与行动的关系，以此把理性、文化和结构关系结合在一起。因此，社会秩序依赖于制度与身份、身份与利益以及利益与制度的和谐。同时，聚合问题存在于"社会性单位行动"的所有构成要素之中，存在于行动（个体行动与集体行动）、价值（个体偏好与集体偏好）和信念（个体认知与制度发展）之中。理性化贯串于整个行动之中，其中个体与集体的行动通过组织而得以协调；理性化也贯串于思想领域，价值中的实体理性被抽象与系统化；理性化还贯串于物质领域，开发出制度中的功能理性。因而"社会性单位行动"的内层或个体层次的（欲望、信念和个体行动）与中层（社会领域的思想文化、物质结构和群体行动）联系在一起，这是在帕森斯的个体主义"单位行动"理论中没有说清楚的东西。由此可以看到，个体的欲望是个体思想文化的反映，个体的信念建立于个体得以存在的物质结构的基础之上，而个体的行动是相关集体活动的一部分。这里有一个跨越构成"社会性单位"各部分分野的问题，例如，个体行动通常反映着集体的价值，集体价值也影响着个体行动。所以，人们可以考察集体层次、个体层次和跨越个体与集体的分野，这种分野联系既存在于社会性单位的各部分之中，又处于各部分之间，"社会性单位行动"正是在这种关系中行动的。

如前所述，各个理论传统都有自己的社会秩序和社会变迁理论，理性主义阐述了个体如何应对理性行动的非意图的社会后果以及建立新制度的路径；文化主义阐述了文化如何将结构制度化以及文化如何变迁从而改变环境的路径；结构主义阐述了结构的历史动力及其制度和社会的变迁。但是任何比较政治学的理论和方法都不可能对现实世界的所有复杂性和变化进行详细而全面的研究，所以，研究模型就成为必要的、选择性的和启发性的工具，但研究模型具有针对性和具体性，只能对现实的特定领域进行较为全面而精确的描述，在研究过程中肯定会强调和突出某些理论特征而弱化另一些特征。"社会性单位行动"理论在研究特定问题时即是如此。

"社会性单位行动"理论也是一种类型学或者分类框架，它通过展示各种类型之间的可比性，探索类型演化及其中的替代与冲突变化，最终将比较政治学中三种主要的研究范式综合起来。它运用比较政治学中常用的类型学或四种类型进行比较研究：一是在类型间进行比较，以说明它们的相似点和不同点，例如在理性主义、文化主义和结构主义之间进行比较。二是在个案间进行比较。三是对一种类型与其范畴内的一个真实案例进行检验，以说明其适用性。这种情况通常是使用一种理想类型作为界定个案的标准，以它来检测经验案例，从而确定谬误和评估偏差。四是从研究范式的视角来研究个案，运用它们的理想类型理论来解释特定的案例，而真实案例是各理想类型的独特、具体和非理想化的组合。[①] 这四种比较方法能够把一般与特殊、理论与案

---

① 〔美〕B. 盖伊·彼得斯（B. Guy Peters）：《比较政治学的理论与方法》，陈永芳译，台北：韦伯文化国际出版有限公司2005年版，第1—23页。

例严密地结合起来，能够将个案及其发展放在一般背景之中来考量，能够对具体事件及其环境进行类型分析和一般性比较，能够使我们集中分析那些具有现实性和理论性意义的案例。理想类型的比较分析可以使我们认识到从理论转向案例的种种陷阱，因为理想类型只是一种有用的虚构，不能穷尽和准确描述现实。因此，正如韦伯指出的，它不应被具体化为某种"真实的"而非"唯名的"东西，它不能被用来"演绎"案例，同样也不能通过找出与真实案例的偏差而被证伪。[1]

小 结

当代比较政治学三大研究范式的研究主题不外乎选择、文化和环境，本体论不外乎理性、规范和关系，关键性研究变量不外乎利益、身份和制度，实际上，它们都是从不同的视角研究人的行动，或者说，可以在人的行动问题上找到一致性。比较政治学中的问题处境与研究设计基本是由这三类要素形成的自然模型组成，而这三种理论或模型的前途就在于通过它们之间的批判性对话来揭示它们之间的各种接合，在这些接合之处，一个范式的缺陷可以得到其他范式的弥补。尽管各种亚理论或研究模式的出现也在一定程度上反映了"主义导向"转向"问题导向"的研究趋势，但是这种趋势不是放弃理论而是通过构建对研究对象更具有针对性的研究模型来弥补理论的不足和增强其适用性。它表现在从对普适理论的追求转向在特定问题领域内运用理论工具对其构成条件进行专门分析；在特定问题领域内主要的方法论和各类观点视角得以展示并呈现相融合的态势，以求对特定的问题领域作出较为全面的理解。

需要注意的是，比较政治学理论是在早年人们看到"问题导向"的研究缺乏说服力的情况下针对其研究缺陷而发展起来的，因此，看到现有理论存

---

[1] 〔美〕马克·I. 利希巴赫：《社会理论与比较政治学》，见〔美〕马克·I. 利希巴赫、阿兰·S. 朱克曼主编：《比较政治：理性、文化与结构》，储建国等译，中国人民大学出版社2008年版，第345页。

在缺陷就又回归"问题导向"并不是一种明智之举。而对比较政治学的各种研究范式进行深刻的理解和批判，寻找它们之间的一致性，推动各研究范式之间的创造性交流，进而兼容和综合各种研究取向，才有可能发展出具有强释力的理论。实际上，任何研究都可以纳入一定的理论与概念框架之中，虽然"问题导向"的研究声称不遵循任何理论框架，但其研究策略一般都与一定的理论方法中的某种研究策略兼容，因而我们无法在理论性研究与实践性研究之间作出严格的区分。所以，"理论导向"和"问题导向"的比较主义者都应该认识到，对理论进行批判性的理解是阐明、重述和扩展经验性研究的最好方式。

英文参考文献

[1] Adam Przeworski and Henry Teune, *The Logic of Comparative Social Inquiry*, New York: Wiley-Interscience, 1970.

[1] Aiden Southall, *Cross-Cultural Studies of Urbanization*, New York: Oxford University Press, 1973.

[2] Anderson, Perry, *Lineages of the Absolutist State*, London: New Left Books, 1974a.

[3] Anderson, Perry, *Passages from Antiquity to Feudalism*, London: New Left Books, 1974b.

[4] Aron, Raymond, *Main Currents in Sociological Thought*, London: Penguin Books, 1968.

[5] Arthur Stinchcombe (亚瑟·斯廷奇克姆), *Constructing Social Theories*, New York: Harcourt, Brace and World, 1968.

[6] Arend Lijphart, *Democracy in Plural Societies*, Yale University Press, 1977.

[7] Arrow, Kenneth, *Social Choice and Individual Values*, New Haven: Yale Univereity Press, 1950.

[8] Asher, H. B., *Causal Modeling*, rev. edn., Beverly Hills, CA: Sage, 1983.

[9] Bendix, Reinhard, *Kings or People: Power and the Mandate to*

Rule, Berkeley: University of California Press, 1978.

[10] Bevir, M., "Foucault, Power, and Institutions", in *Political Studies*, Vol. 47, 1999.

[11] Blalock, H., *Causal Inference in Nonexperimental Research*, Chapel Hill: University of North Carolina Press, 1964.

[12] Blondel, J., *Comparative Government*, Prentice-Hall, London, 1995.

[13] Bonnell, Victoria, "The Uses of Theory, Concepts, and Comparisons in Historical Sociology", in *Comparative Studies in Society and History*, Vol. 22, 1980.

[14] Brain Barry, *Sociologists, Economists and Democracy*, Chicago: University of Chicago Press, 1978.

[15] Brehm, Jack W., and Arthur R. Cohen, *Explorations in Cognitive Dissonance*, New York: Wiley, 1962.

[16] Brysk, Alison, "'Hearts and Minds': Bringing Symbolic Politics Back In", in *Polity*, Vol. 27, 1995.

[17] Buchanan, James, Robert Tollison, and Gordon Tullock (eds.), *Toward a Theory of the Rent-Seeking Society*, Economics Series No. 4, College Station: Texas A & M Press, 1980.

[18] Buchanan, James and Gordon Tullock, *The Calculus of Consent*, Ann Arbor: University of Michigan Press, 1962.

[19] Butler, J., *Bodies that Matter: The Discursive Limits of Sex*, London: Routledge, 1993.

[20] Campbell, D. T., "'Degrees of Freedom' and the Case Study", in *Comparative Political Studies*, Vol. 8, 1975.

[21] Carole Pateman, "Political Culture, Political Structure and Political Change", in *British Journal of Political Science*, Vol. 1, 1971.

[22] Carole Pateman, *Participation and Democratic Theory*, Cambridge: Cambridge University Press, 1970.

[23] Cassirer, E., *The Philosophy of Symbolic Forms*, New Haven, CT: Yale University Press, 1955.

[24] Clifford Geertz (克利福德·格尔茨), *The Interpretation of Culture*, London: Basic

Book, 1973.

[25] Cohen, A. , *The Symbolic Construction of Community*, London: Routledge, 1985.

[26] Cohen Abner, *Two-Dimensional Man: Essay on the Anthropology of Power and Symbolism in Complex Society*, Berkeley and Los Angeles: University of California Press, 1974.

[27] Cohn, Bernard S. , "History and Anthropology: The State of Play", in *Comparative Studies in Society and History*, Vol. 22, 1980.

[28] Coleman, J. S. , "A Rational Choice Perspective on Economic Sociology", in N. J. Smelser and R. Swedberg (eds.), *The Handbook of Ecnomic Sociology*, Princeton: Princeton University Press, 1994.

[29] Collier, David, "The Comparative Method: Two Decades of Change", in Dankwart Rustow and Kenneth Paul Erickson (eds.), *Comparative Political Dynamics: Global Research Perspectives*, New York: HarperCollins, 1991.

[30] Daniel Little, "On the Scope and Limits of Generalizations in the Social Science", in *Synthese*, Vol. 97, 1993.

[31] Dankwart Rustow, "Transitions to Democracy: Toward a Dynamic Model", in *Comparative Politics*, Vol. 2, No. 3, 1970.

[32] Daston Lorraine, *Classical Probality in the Enlightenment*, Princeton: Princeton University Press, 1988.

[33] Hacking, Ian, *The Taming of Chance*, Cambridge: Cambridge University Press, 1990.

[34] Debra Saze and John Ferejohn, "Rational Choice and Theory", in *Journal of Philosophy*, Vol. 91, 1994.

[35] DeNardo, James, *Power in Numbers*, Princeton: Princeton University Press, 1985.

[36] Denzau, Arthur, and Robert MacKay, "Structure-Induced Equilibria and Perfect-Foresight Expectations", in *American Journal of Political Science*, Vol. 25, 1981; "Gatekeeping and Monopoly Power of Committees: An Analysis of Sincere and Sophisticated Behavior", in *American Journal of Political Science*, Vol. 27, 1993.

[37] Dewi Fortuna Anwar, "Indonesia: The Presidential Election and Its Aftermath", in *Asian Affairs*, Vol. 9, Autumn 1999.

[38] Diamond, Larry, *Developing Democracy: Toward Consolidation*, Baltimore: Johns Hopkins University Press, 1999.

[39] Donald Green (唐纳德·格林), Ian Shapiro (伊恩·夏皮罗), *Pathologies of Rational Choice Theory*, New Haven, CT: Yale University Press, 1994.

[40] Douglass C. North, "Economic Performance through Time", in *The American Economic Review*, Vol. 84, No. 3, 1994.

[41] Douglass C. North, *Institutions, Institutional Change and Economic Performance*, New York: Cambridge University Press, 1990.

[42] Douglass C. North, "Five Propositions about Institutional Change", in Jack Knight and Itai Sened (eds.), *Explaining Social Institutions*, Ann Arbor: University of Michigan Press, 1995.

[43] Downs, Anthony, *An Economic Theory of Democracy*, New York: Harper, 1957.

[44] Durkheim, E., *The Elementary Forms of Religious Life: A Study in Religious Sociology*, Translation of the French edition of 1912 by J. W. Swain, London: Allen and Unwin; New York: Macmillan.

[45] Durkheim, Emile, *The Division of Labor in Society*, Glencoe: Free Press, 1960.

[46] Duverger, M., *Political Parties: Their Organization and Activity in the Modern State*, London: Methuen, 1954, trans. of *Les Partis Politiques*, Paris: Armand Colin, 1951; M. I. Ostrogorski, *Democracy and the Organization of Political Parties*, London: Macmillan, 1902.

[47] Duverger, M., *Political Parties: Their Orgnization and Activity in the Modern State*, 3rd edn., trans. B. North and R. North, London: Methuen, 1964.

[48] Eckstein, H., "Case Study and Theory in Political Science", in F. I. Greenstein and N. W. Polsby (eds.), *Handbook of Political Science, Vol. 7: Strategies of Inquiry*, 1975.

[49] Edgerton, Robert B., *Sick Societies: Challenging the Myth of Primitive Harmony*, New York: Free Press, 1992.

[50] Edinger, L. J., *Politics in Jermany*, 2^d edn., Boston: Little, Brown, 1977.

[51] Ehrmann, H. W., *The Political in France*, 5th edn., New York: Free Press, 1992.

[52] Elster, Jon, *Nuts and Bolts for the Social Sciences*, New York: Cambridge University Press, 1989.

[53] Elster, Jon (ed.), *Readings in Social and Political Theory*, New York: New York University Press, 1986.

[54] Étienne Balibar, *The Philosophy of Marx*, London: Verso, 1995.

[55] Evans, Peter R., Dietrich Rueschemeyer, and Theda Skocpol (eds.), *Bringing the State Back In*, Cambridge: Cambridge University Press, 1985.

[56] Foucault, M., "Governmentality", in G. Burchell, C. Gordon and P. Miller (eds.), *The Foucault Effect: Studies in Governmentality*, London: Harvester Wheatsheaf, 1991.

[57] Frye, Timothy, "The Politics of Institutional Choice: Post-Communist Presidencies", in *Comparative Political Studies*, Vol. 30, 1997.

[58] Fuller E. Torrey, *Witchdoctors and Psychiatry: The Common Roots of Psychotherapy and Its Future*, New York: Harper & Row, 1986.

[59] Gabriel A. Almond & G. Bingham Powell, Jr. Scott, *Comparative Politics: System, Politics, and Policy*, Poresman and Company, 1966.

[60] Gabriel Almond, "The Intellectual History of the Civic Culture Concept", in G. Almond and S. Verba (eds.), *The Civic Culture Revisited*, Boston: Little Brown, 1982.

[61] Gary King, Robert Keohane and Sidney Verba, *Designing Social Inquiry*, Princeton, NJ: Princeton University Press, 1994.

[62] Geertz, Clifford, "Religion as a Cultural System", in Clifford Geertz, *The Interpretation of Cultures*, New York: Basic Books, Harper Torchbooks, 1973.

[63] George Tsebelis, "Decision Making in Political Systems: Veto Players in Presidentialism, Parliamentarism, Multicameralism, and Multipartism", in *British Journal of Political Science*, Vol. 25, 1995.

[64] Geradol L. Munck, "Rational Choice Theory in Comparative Politics", in *New Directions in Comparative Politics*, Howard J. Wiarda et al. (eds.), Boulder, Colo.: Westview Press, 2002.

[65] Gerring, J., "What Is a Case Study and What Is It Good For?", in *American Political Science Review*, Vol. 98, 2004.

[66] Ginitis, H., *Game Theory Evolving*, Princeton, NJ: Princeton University Press, 2000.

[67] Giovanni Sartori, *Parties and Party System*, Cambridge: Cambridge University

Press, 1976.

[68] Granato Jim, Ronald Inglehart and David Leblang, "The Effect of Culture Values on Economic Development", in *American Journal of Political Science*, No. 40, 1996.

[69] Green, D. and Shapiro I. , *Pathologies of Rational Choice Theory: A Critique of Applications in Political Science*, New Haven, Conn: Yale University Press, 1994.

[70] Guillermo O'Donnell and Philippe Schmitter, *Transiton from Authoritarian Rule: Tentative Conclusions about Uncertain Democracies*, Baltimore, MD: Johns Hopkins University Press, 1986.

[71] Hammond, Thomas, and Gary Miller, "The Core of the Constitution", in *American Political Science Review*, Vol. 81, 1987.

[72] Harry Eckstein, "A Culturalist Theory of Political Change", in *American Political Science Review*, Vol. 8, 1988.

[73] Harry Eckstein, "Culture as a Foundation Concept for the Social Science", in *Journal of Theoretical Politics*, Vol. 8, 1996.

[74] Harry Eckstein, "The Idea of Political Development: From Dignity to Efficiency", in *World Politics*, Vol. 34, 1982.

[75] Harry Eckstein, "Civic Inclusion and Its Discontents", in *Daedalus*, Vol. 113, 1984.

[76] Hay, C. , *Re-Stating Social and Political Change*, Buckingham, Open University Press, 1996; Jessop, B. , *State Theory: Putting the Capitalist State in Its Place*, Cambridge: Polity Press, 1990.

[77] Hechter Michael, "The Insufficiency of Game Theory for the Resolution of Real-World Collective Action Problems", in *Rationality and Society*, Vol. 4, 1992.

[78] Herbert Kitschelt, "Comparative Historical Research and Rational Choice Theory: The Case of Transitions to Democracy", in *Theory and Society*, Vol. 22, No. 3, 1993.

[79] Herbert Simon, *Models of Bounded Rationality*, *Vol. 2*, Cambridge: Mass MIT Press, 1982.

[80] Hermens, F. A. , *Democracy or Anarchy? A Study of Proportional Representation*, Notre Dame, IN: The University Notre Dame Press, 1941.

[81] Hirschman, Albert O. , "Rival Interpretations of Market Society: Civilizing, Destructive, or Feeble?", in *Journal of Economic Literature*, Vol. 20, 1982.

[82] Hirschman, Albert O. , *The Passions and the Interests: Political Arguments for Capitalism Before Its Triumph*, Princeton: Princeton University Press, 1977.

[83] Holmberg, S. , "Down and Down We Go: Political Trust", in P. Norris (eds.), *Critical Citizens: Global Support for Democratic Government*, Oxford: Oxford University Press, 1999.

[84] Howard J. , Wiarda, *New Directions in Comparative Politics*, Westview Press, 1991.

[85] Immergut, Ellen M. , 1996, "The Normative Roots of the New Institutionalism: Historical Institutionalism and Comparative Policy Studies", in Arthur Benz and Wolfgang Seibel (eds.), *Theorieentwicklung in der Politikwissenschaft—eine Zwischenbilanz*, Baden-Baden: Nomos Verlagsgesellschaft, 1997.

[86] Immergut, Ellen M. , *Health Politics: Interests and Institutions in Western Europe*, Cambridge: Cambridge University Press, 1992.

[87] Ira Katznelson, "Structure and Configuration in Comparative Politics", in *Comparative Politics: Rationality, Culture, and Structure*, Mrak Irving Lichbach and Alan S. Zuckerman (eds.), Cambridge, New York: Cambridge University Press, 1999.

[88] Iris Marion Yong, *Inclusion and Democracy*, Oxford University Press, 2000.

[89] Ivan Doherty, "Democracy out of Balance: Civil Society Can't Replace Political Parties", in *Policy Review*, April/May 2001.

[90] James Coleman, *Foundations of Social Theory*, Cambridge, MA: Harvard University Press, 1990.

[91] James G. March and Johan P. Olsen, *Rediscovering Institutions*, New York: The Free Press, 1989.

[92] James Johnson, "Why Respect Culture?", in *American Journal of Political Science*, No. 44, 2000.

[93] James Johnson, "Conceptual Problems as Obstacles to Progress in Political Science", in *Journal of Theoretical Politics*, 2003.

[94] Jenkins, Richard, *Rethinking Rthnicity: Argument and Explorations*, London:

Sage, 1997.

[95] John F. Witte, *Democracy, Authority, and Alienation at Work*, Chicago: University of Chicago Press, 1980.

[96] John Stuart Mill, *Representative Government*, London: Everymen, 1910.

[97] Jon Elster, "More Than Enough", in *University of Chicago Law Review*, No. 64, 1997.

[98] Jones, Mark, *Electoral Laws and the Survival of Presidential Democracies*, Notre Dame: University of Notre Dame Press, 1995.

[99] Jowitt, Kenneth, *The New World Disorder: The Leninist Extinction*, Berkeley: University of California Press, 1992.

[100] Kertzer, David I., *Ritual, Politics and Power*, New Haven and London: Yale University Press, 1988.

[101] King, G., R. O. Keohane and S. Verba, *Designing Social Inquiry: Scientific Inference in Qualitative Research*, Princeton University Press, 1994.

[102] Krueger, Anne, "The Political Economy of the Rent-Seeking Society", in *American Economic Review*, Vol. 64, 1974.

[103] Larry Diamond, "Introduction Persistence, Erosion, Breakdown and Renewal", in L. Diamond, J. Linz and S. M. Lipset (eds.), *Democracy in Developing Countries, Vol. 3: Asia*, Boulder, CO: Lynne Rienner, 1989.

[104] Larry Laudan, *Progress and Its Problems*, Berkley, CA: University of California Press, 1977.

[105] Larry Laudan, *Beyond Positivism and Relativism*, Boulder, CO: Westview Press, 1996.

[106] Lasswell, Harold, *World Politics and Personal Insecurity*, New York: McGraw Hill, 1935.

[107] Laitin, David, and Carolyn M. Warner, "Structure and Irony in Social Revolutions", in *Political Theory*, Vol. 20, 1992.

[108] Leslie A. White, *Science and Culture: A Study of Man and Civilization*, New York: Farrar, Strauss & Giroux, 1969.

[109] Lefort, C., *The Political Forms of Modern Society: Bureaucracy, Democracy, Totalitarianism*, Cambridge: Polity Press, 1986.

[110] Lehmbruch, G., and Schmitter, P. (eds.), *Patterns of Corporative Policy-making*, London: Sage, 1982.

[111] Lijphart, A., "The Comparable Cases Strategy in Comparative Research", in *Comparative Political Studies*, Vol. 8, 1975.

[112] Lijphart, A., "Comparative Politics and Comparative Method", in *American Political Science Review*, Vol. 65, 1971.

[113] Lijphart, Arend, "Comparative Politics and the Comparative Method", in *American Political Science Review*, Vol. 65, 1971; Lipset Seymour Martin, *Political Man: The Social Bases of Politics*, New York: Doubleday, 1960.

[114] Lijphart, A., "The Comparable Cases Strategy in Comparative Research", in *Comparative Political Studies*, Vol. 8, 1975.

[115] Linz, J. J., "Presidential or Parliamentary Democracy: Does it Make a Difference?", in J. J. linz and A. Valenzuela (eds.), *The Failure of Presidential Democracy: Comparative Perspectives*, Baltimore, MD: Johns Hopkins University Press, 1994.

[116] Lohmann, Susanne, "A Signaling Model of Informative and Manipulative Political Action", in *American Political Science Review*, Vol. 87, 1993.

[117] Louis J. Cantori & Adrow H. Liegler, Jr., *Comparative Politics in the Post-behavioral Era*, Lynne Rienner Publishers, 1988.

[118] Lukes, S., "Political Ritual and Social Integration", in *Sociology*, Vol. 9, 1975.

[119] Lustick, Ian S., "History, Historiography, and Political Science: Multiple Historical Records and the Problem of Selection Bias", in *American Political Science Review*, Vol. 90, 1996.

[120] Mackie, T., and Marsh, D., "The Comparative Method", in D. Marsh and G. Stoker (eds.), *Theory and Methods in Political Science*, Basingstoke, UK: Macmillan, 1995.

[121] Marc Howard Ross, "Culture and Identity in Comparative Political Analysis", in *Comparative Politics: Rationality, Culture, and Structure*, Mark Irving Lichbach and Alan

S. Zuckerman (eds.), Cambridge, New York: Cambridge University Press, 1999.

[122] Massell, Gregory, *The Surrogate Proletariat*, Priceton: Priceton University Press, 1974.

[123] Mancur Olson, *The Logic of Collective Action: Public Goods and the Theory of Groups*, Cambridge: Harvard University Press, 1971.

[124] Mancur Olson, "Economics, Sociology and the Best of all Possible Worlds", in *Public Interest*, Vol. 12, No. 2, 1968.

[125] Mancur Olson, *Power and Property*, New York: Basic Books, 2000.

[126] Mann, Michael, *The Sources of Social Power*, *Volume I: A History of Power from the Beginning to AD 1760*, 1986; and *Volume II: The Rise of Classes and Nation States 1760 – 1914*, Cambridge: Cambridge University Press, 1993; Spruy, Hendrik, *The Sovereign State and Its Competitors*, Princeton: Princeton University Press, 1994.

[127] Margaret Levi, "A Model, a Method, and a Map: Rational Choice in Comparative and Historical Analysis", in *Comparative Politics: Rationality, Culture, and Structure*, Mark Irving Lichbach and Alan S. Zuckerman (eds.), Cambridge, New York: Cambridge University Press, 1999.

[128] Margret Levi, "Social and Unsocial Capital", in *Politics and Society*, No. 24, 1993.

[129] Mark Kesselman, Joel Krieger, William A. Joseph, *Introduction to Comparative Politics*, New York: Houghton Mifflin Company, 2006.

[130] McKeJvey, Richard, "General Conditions for Global Intransilivities in Formal Voting Models", in *Economeerzca*, Vol. 48, 1979.

[131] Mechael Hechter, "Should Values Be Written Out of the Social Science's Lexicon?", in *Sociological Theory*, Vol. 10, 1992.

[132] Mehran Kamrava, *Understanding Comparative Politics: A Framework for Analysis*, London and New York: Routledge, 1996.

[133] Merton, Robert K., *Social Theory and Social Structure*, Glencoe: Free Press, 1949.

[134] Moore, Jr., Barrington, *Social Origins of Dictatorship and Democracy: Lord and*

Peasant in the Making of the Modem World, Boston: Beacon Press, 1966.

[135] Neison, Richard R. and Sidney G. Winter, *An Evolutionary Theory of Economic Change*, Cambridge: Harvard University Press, 1982.

[136] Newman, B. J., *The Marketing of the Present: Political Marketing as Campaign Strategy*, Sage, 1994.

[137] Nettl, J. P., "The State as a Conceptual Variable", in *World Politics*, Vol. 20, 1968.

[138] North, Douglass, *Institutions, Institutional Change and Economic Performance*, Political Economy of Institutions and Decisions Series, Cambridge: Cambridge University Press, 1990.

[139] Ostrom, E., "A Behavioural Approach to the Rational Choice Theory of Collective Action", in *American Political Science Review*, Vol. 92, 1997.

[140] 0Van Evera, S., *Guide to Methods for Students of Political Science*, Ithaca, NY: Cornell University Press, 1997.

[141] Patricia A. Weitsman, *Dangerous Alliances: Proponents of Peace, Weapons of War*, California: Stanford University Press, 2004.

[142] Pattie, C. J. and Johnston, R. J., "Local Battles in a National Landslide: Constituency Campaigning at the 2001 British General Election", in *Political Geography*, Vol. 22, 2003.

[143] Paul J. DiMaggio and Walter W. Powell, *The New Institutionalism in Organizational Analysis*, The University of Chicago Press, 1991.

[144] Peter A. Hall and Rosemary C. R. Taylor, "Political Science and the three New Institutionalism", in *Political Studies*, Vol. XLIV, 1996.

[145] Peters, G., *Institutional Theory in Political Science: The "New Institutionalism"*, London: Pinter, 1999.

[146] Przeworski, Adam, and Michael Wallerstein, "Structural Dependence of the State on Capital", in *American Political Science Review*, Vol. 82, 1988.

[147] Putnam, H., *Reason, Truth and History*, Cambridge: Cambridge University Press, 1981.

[148] Pye, Lucian W., and Sidney Verba, *Political Culture and Political Development*,

Priceton: Priceton University Press, 1965.

[149] Pye, Lucian, "Foreword", in Leonard Binder et al., *Crises and Sequences in Political Development*, Princeton: Princeton University Press, 1971.

[150] Robert H. Werlin, "Starting Small on Big Urban Problems: The Case for Small-Scale Pilot Projects", in *Open House International*, Vol. 11, 1986.

[151] Rejai, Mustafa, and Kay Phillips, *Leaders of Revolutions*, Beverly Hills: Sage, 1979.

[152] Richard Michael Cyert and James G. March, *A Behavioral Theory of the Firm*, Englewood Cliffs, N. J. : Prentice Hall, 1963.

[153] Riker, W., *Federalism: Origin, Operation, Significance*, Boston: Little, Brown, 1964.

[154] Rober J. Jackson and Michael B. Stein, *Issues in Comparative Politics: A Text with Readings*, New York: St. Martin's Press, 1971.

[155] Robert Jackman and Ross Miller, "Social Capital and Politics", in *Annual Review of Political Science*, Vol. 1, 1998.

[156] Robert Putnam, *Making Democracy Work*, Princeton, NJ: Princeton University Press, 1993.

[157] Rogowsk, Ronald, *Rational Legitimacy*, Princeton: Pricetion University Press, 1974.

[158] Rokkam, Stein, *Citizens, Elections, Parties: Approaches to the Comparative Study of the Process of Development*, Oslo: Universitetsforlaget, 1970.

[159] Ronald Inglehart and Christian Welzel, *Modernization, Culture Change and Democracy: The Human Development Sequence*, New York: Cambridge University Press, 2005.

[160] Ronald Rogowski, *Rational Legitimacy: A Theory of Political Support*, Princeton: Princeton University Press, 1974.

[161] Ronald Inglehart, "The Renaissance of Political Culture", in *American Political Science Review*, Vol. 82, No. 4, December 1988.

[162] Ronald Inglehart, *Modernization and Post-Modernization*, Princeton, NJ: Princeton University Press, 1997.

[163] Ronald Inglehart, *Culture Shift*, Princeton, NJ: Princeton University Press, 1990.

[164] Ross, Marc Howard, *The Culture of Conflit: Interpretations and Interests in Comparative Perspective*, New Haven and London: Yale University Press, 1993.

[165] Ross, Marc Howard, *The Management of Conflict: Interpretations and Interests in Comparative Perspective*, New Haven and London: Yale University Press, 1993.

[166] Roy C. Macridis, *The Study of Comparative Government*, New York: Random House, 1955.

[167] Bartolini, Stefano and Peter Main, *Identity, Competition and Electoral Availability: The Stabilization of European Electorates 1885–1985*, Cambridge: Cambridge University Press, 1990.

[168] Sartori, G., *Comparative Constitutional Engineering: An Inquiry into Structure, Incentives and Outcomes*, London: Macmillan, 1994.

[169] Schmitter, P. and Lehmbruch, G. (eds.), *Trends towards Corporatist Interest Intermediation*, London: Sage, 1979.

[170] Schwartz, Thomas, *The Logic of Collective Choice*, New York: Columbia University Press, 1986.

[171] King, Gary, Robert O. Keohane, and Sidney Verba, *Designing Social Inquiry: Scientific Inference in Qualitative Research*, Princeton: Princeton University Press, 1994.

[172] Scott, James C., *Weapons of the Weak: Everyday Forms of Peasant Resistance*, New Haven: Yale University Press, 1985.

[173] Shepsle, Kenneth, and Barry Weingast, "Political Preferences for the Pork Barrel: A Generalization", in *American Journal of Political Science*, Vol. 25, 1981a.

[174] Shepsle, Kenneth and Barry Weingast, "Structure-Induced Equilibrium and Legislative Choice", in *Public Choice*, Vol. 37, 1981b.

[175] Sherry Ortner, "Theory in Anthropology Since the Sixties", in *Comparative Studies in Society and History*, Vol. 26, 1984.

[176] Sherry Ortner, "Patterns of History", in E. Ohnuki-Yierney (ed.) *Culture Through Time*, Stanford, CA: Stanford University Press, 1990.

[177] Shugart, Matthew, "The Electoral Cycle and Institutional Sources of Divided Govern-

men", in *American Journal of Political Science*, Vol. 89, 1995.

[178] Sir Ivor Jennings, *Cabinet Government*, Cambridge University Press, 1969.

[179] Skocpol, Theda and Margaret Somers, "The Uses of Comparative History in Macrosocial Inquiry", in *Comparative Studies in Society and History*, Vol. 22, 1980.

[180] Skocpol, Theda, "A Critical Review of Barrington Moore's Social Origins of Dictatorship and Democracy", in *Politics and Society*, Vol. 4, 1973.

[181] Skocpol, Theda, *Protecting Soldiers and Mothers*, Cambridge, Mass: The Belknap Press of Harvard University Press, 1995.

[182] Skocpol, Theda and Kenneth Finegold, "Economic Intervention and the Early New Deal", in *Political Science Quarterly*, Vol. 97, 1982.

[183] Somers, Margaret R., "Narrativity, Narrative Identity and Social Action: Rethinking English Working Class Formation", in *Social Science History*, Vol. 16, 1992.

[184] Spiro, Melford E., "Some Reflections on Cultural Determinism and Relativism with Special Reference to Emotion and Reason", in Richard A. Schweder and Robert A. LeVine (eds.), *Culture Theory: Essays on Mind, Self, and Emotion*, Cambridge: Cambridge University Press, 1984.

[185] Stephen D. Krasner, "Approaches to the State: Alternative Conceptions and Historical Dynamics", in *Comparative Politics*, Vol. 16, 1984.

[186] Strauss, Claudia, "Models and Motives", in Roy G. D'Andrade and Claudia Strauss (eds.), *Human Motives and Cultural Models*, Cambridge: Cambridge University Press, 1992.

[187] Swidler, Ann, "The Concept of Rationality in the Work of Max Weber", in *Sociological Inquiry*, Vol. 43, No. 1, 1973.

[188] Tarrow, Sidney, "Big Structures and Contentious Events: Two of Charles Tilly's Recent Writings", in *Sociological Forum*, Vol. 2, Iss. 1, 1987.

[189] Taylor, Charles, "Interpretation and the Sciences of Man", in *Philosophical Papers: Volume 2, Philosophy and the Human Sciences*, Cambridge: Cambridge University Press, 1985.

[190] Taylor, R., "Political Science Encounters 'Race' and 'Enthnicity'", in M. Bulmer and J. Solomos (eds.), *Ethnic and Racial Studies Today*, London: Routledge, 1999.

[191] Timothy C. Lim, *Doing Comparative Politics: An Introduction to Approaches and Is-

sues, London: Lynne Rienner Publishers, 2006.

[192] Todd Landman and NeilRobinson (eds.), *The SAGE Handbook of Comparative Politics*, Sage Publications, 2009.

[193] Torcal, M., "Political Disaffection in New Democracies", Unpublished Manuscript, 2000.

[194] Torrey, E. Fuller, *Witchdoctors and Psychiatry: The Common Roots of Psychotherapy and Its Futures*, New York: Harper & Row, 1986.

[195] Trevor Roper, H. R., "History and Imagination", *Valedictory Lecture as Regius Professor of History*, Oxford: Oxford University Press, 1980.

[196] Tsebelis, George, *Nested Games: Rational Choice in Comparative Politics*, Berkeley: University of Caiifomia Press, 1990.

[197] Tsebelis, George, *Veto Players: How Political Institutions Work*, Princeton: Princeton University Press and Russell Sage, 2002.

[198] Van Evera, *Guide to Methods for Students of Political Science*, Ithaca, NY: Cornell University Press, 1997.

[199] Vivien Lowndes, "Varieties of New Institutionalism: A Critical Appraisal", in *Public Administration*, Vol. 74, No. 2, 1996.

[200] Verba, Sidney, "Comparative Political Culture", in L. Pye and S. Verba (eds.), *Political Culture and Political Development*, Princeton, NJ: Princeton University Press, 1965.

[201] Waltz, Kenneth N., *Theory of International Politics*, Reading, MA: Addison Wesley, 1979.

[202] Ward, H., "The Fetishisation of Falsification: The Debate on Rational Choice", in *New Political Economy*, Vol. 1, 1996.

[203] Weber, Max, *The Methodology of the Social Sciences*, New York: Free Press, 1979.

[204] Wildavsky, Aaron, "Choosing Preference by Contructing Institutions: A Cultural Theory of Preference Formation", in *American Political Science Review*, Vol. 81, 1987.

[205] William Reisinger, "The Renaissance of a Rubric: Political Culture as Concept and Theory", in *International Journal of Public Opinion Research*, No. 7, 1995.

中文参考文献

［1］〔英〕阿兰·芬利森：《想象的共同体》，见〔英〕凯特·纳什、阿兰·斯科特主编：《布莱克维尔政治社会学指南》，李雪、吴玉鑫、赵蔚译，浙江人民出版2007年版。

［2］〔意〕阿纳尔多·巴尼亚斯科：《信任与社会资本》，见〔英〕凯特·纳什、阿兰·斯科特主编：《布莱克维尔政治社会学指南》，李雪、吴玉鑫、赵蔚译，浙江人民出版社2007年版。

［3］〔印〕阿玛蒂亚·森：《以自由看待发展》，刘瞋等译，中国人民大学出版社2002年版。

［4］〔美〕本尼迪克特·安德森：《想象的共同体：民族主义的起源与散布》，吴叡人译，上海人民出版社2005年版。

［5］〔美〕芭芭拉·格迪斯：《范式与沙堡：比较政治学中的理论建构与研究设计》，陈子恪、刘骥等译，重庆大学出版社2012年版。

［6］〔美〕巴林顿·摩尔：《民主和专制的社会起源》，拓夫、张东东等译，华夏出版社1987年版。

［7］〔美〕B.盖伊·彼得斯：《比较政治的理论与方法》，陈永芳译，台北：韦伯文化出版有限公司2005年版。

［8］陈嘉明等：《现代性与后现代性》，人民出版社2001年版。

［9］常士闿主编：《异中求和：当代西方多元文化主义政治思想研究》，人民出版社2009年版。

[10]〔英〕戴维·比瑟姆:《马克斯·韦伯与现代政治理论》,徐鸿宾等译,浙江人民出版社1989年版。

[11]〔英〕D. G. E. 霍尔曼:《东南亚史》下册,中山大学东南亚历史研究所译,商务印书馆1982年版。

[12]〔德〕恩格斯:《路德维希·费尔巴哈和德国古典哲学的终结》,见《马克思恩格斯选集》第四卷,人民出版社1972年第1版。

[13]高春芽:《理性的人与非理性的社会》,中国社会科学出版社2009年版。

[14]高春芽:《当代民主转型理论中的理性选择与结构约束》,见李路曲主编:《比较政治学研究》第5辑,中央编译出版社2013年版。

[15]G.波卡斯:《公共服务》,见《朝向明天》,台北:教育出版社1974年版。

[16]〔美〕G. E. 布莱克:《现代化的动力——一个比较史的研究》,景跃进、张静译,浙江人民出版社1989年版。

[17]〔美〕汉斯·摩根索:《国家间的政治——权力斗争与和平》,徐昕、郝望、李保平译,北京大学出版社2006年版。

[18]〔美〕赫伯特·西蒙:《现代决策理论的基石》,杨砾等译,北京经济学院出版社1989年版。

[19]〔英〕安东尼·吉登斯、克里斯多弗·皮尔森:《现代性——吉登斯访谈录》,尹宏毅译,新华出版社2001年版。

[20]〔美〕加布里埃尔·A.阿尔蒙德、小G.宾厄姆·鲍威尔:《比较政治学:体系、过程和政策》,曹沛霖、郑世平、公婷、陈峰译,上海译文出版社1987年版。

[21]〔美〕加布里埃尔·A.阿尔蒙德、西德尼·维巴:《公民文化——五国的政治态度与民主制》,徐湘林等译,东方出版社2008年版。

[22]江宜桦:《自由主义、民族主义与国家认同》,台北:扬智文化事业股份有限公司1998年版。

[23]〔澳〕杰佛瑞·布伦南、〔美〕詹姆斯·布坎南:《宪政经济学》,冯克利等译,中国社会科学出版社2004年版。

[24]景跃进、张小劲主编:《政治学原理》,中国人民大学出版社2006年版。

[25]〔美〕克里福德·格尔茨:《文化的解释》,韩莉译,译林出版社1999年版。

[26]〔美〕科斯等:《财产权利与制度变迁——产权学派与新制度学派论文集》,刘

守英等译，上海三联书店1991年版。

[27]〔奥〕威尔海姆·赖希：《法西斯主义心理学》（修订版），张峰译，重庆出版社1990年版。

[28]〔美〕劳伦斯·迈耶、约翰·伯内特、苏珊·奥格登：《比较政治学——变化世界中的国家和理论》（第2版），罗飞等译，华夏出版社2001年版。

[29]〔美〕罗伯特·古丁、汉斯—迪特尔·克林格曼主编：《政治科学新手册》，钟开斌、王洛忠、任丙强译，生活·读书·新知三联书店2006年版。

[30]李路曲：《关于民主化、制度化与发展水平关系的思考》，载《晋阳学刊》，2008年第1期。

[31]李路曲：《政党制度制度化与民主化的变迁》，载《新视野》，2009年第5期。

[32]李振：《制度学习与制度变迁：新制度主义进展》，见李路曲主编：《比较政治学研究》第4辑，中央编译出版社2013年版。

[33]〔奥〕路德维希·冯·米塞斯：《人的行动》（上册），余晖译，上海人民出版社2013年版。

[34]〔美〕露丝·本尼迪克特：《文化模式》，王炜等译，社会科学文献出版社2009年版。

[35]〔英〕罗德·黑格、马丁·哈罗德：《比较政府与政治导论》，张小劲、丁韶彬、李姿姿译，中国人民大学出版社2007年版。

[36]吕元礼：《亚洲价值观：新加坡政治的诠释》，江西人民出版社2002年版。

[37]〔英〕大卫·马什、格里·斯托克编：《政治科学的理论与方法》，景跃进、张小劲、欧阳景根译，中国人民大学出版社2006年版。

[38]〔美〕马克·I.利希巴赫、阿兰·S.朱克曼编：《比较政治：理性、文化和结构》，储建国等译，中国人民大学出版社2008年版。

[39]〔德〕马克思·韦伯：《经济与社会》，见王焱编：《宪政主义与现代国家》，生活·读书·新知三联书店2003年版。

[40]〔德〕马克斯·韦伯：《马克斯·韦伯社会学文集》，阎克文译，人民出版社2010年版。

[41]〔德〕马克斯·韦伯：《新教伦理与资本主义精神》，于晓、陈维纲译，生活·读书·新知三联书店1987年版。

［42］〔美〕尼考劳斯·扎哈里亚迪斯主编:《比较政治学:理论、案例与方法》,宁骚、欧阳景根等译,北京大学出版社 2008 年版。

［43］〔美〕鲁恂·W.派伊、西德尼·维巴:《政治文化与政治发展》,普林斯顿大学出版社 1965 年版。

［44］〔美〕塞缪尔·P.亨廷顿:《变化社会中的政治秩序》,王冠华、刘为等译,沈宗美校,生活·读书·新知三联书店 1989 年版。

［45］〔美〕塞缪尔·P.亨廷顿:《变动社会的政治秩序》,张岱云等译,上海译文出版社 1989 年版。

［46］〔美〕塞缪尔·P.亨廷顿:《第三波——20 世纪后期民主化浪潮》,刘军宁译,上海三联书店 1998 年版。

［47］〔美〕塞缪尔·P.亨廷顿等:《现代化:理论与历史经验的再探讨》,张景明译,上海译文出版社 1993 年版。

［48］〔美〕塞缪尔·P.亨廷顿:《文明的冲突与世界秩序的重建》,周琪、刘绯、张立平、王圆译,新华出版社 1996 年版。

［49］孙立平:《现代化与社会转型》,北京大学出版社 2005 版。

［50］特乌·米特伯:《囚徒困境:理性选择的悖论》,见斯坦因·U.拉尔森主编:《政治学理论与方法》,任晓等译,上海人民出版社 2006 年版。

［51］〔美〕雷德曼（Todd Landman）:《比较政治的议题与途径》,周志杰译,台北:韦伯文化国际出版有限公司 2003 年版。

［52］〔法〕托克维尔:《论美国的民主》（上、下）,董果良译,商务印书馆 1993 年版。

［53］佟得志主编:《比较政治文化导论——民主多样性的理论思考》,高等教育出版社 2011 年版。

［54］王成兵:《历史感和界限感:现代性语境中的国家认同问题》,载《中国社会科学报》,2010 年 8 月 24 日。

［55］王海洲:《政治仪式的权力策略——基于象征理论与实践的政治学分析》,载《浙江社会科学》,2009 年第 7 期。

［56］王绍光:《民主四讲》,生活·读书·新知三联书店 2008 年版。

［57］〔美〕亚当·普沃斯基:《民主与市场》,包雅钧等译,北京大学出版社 2005

年版。

[58]〔英〕亚当·斯密:《道德情操论》,蒋自强等译,商务印书馆1997年版。

[59]〔美〕詹姆斯·马奇、约翰·奥尔森:《新制度主义详述》,允和译,载《国外理论动态》,2010年第7期。

[60]张小劲、景跃进:《比较政治学导论》(第二版),中国人民大学出版社2008年版。

[61]周淑真、柴宝勇:《美国两大政党处理文化冲突的理论与实践》,载《当代世界与社会主义》,2005年第6期。

图书在版编目（CIP）数据

比较政治学解析 / 李路曲著．
—北京：中央编译出版社，2015．4
ISBN 978 – 7 – 5117 – 2576 – 9

Ⅰ．①比⋯
Ⅱ．①李⋯
Ⅲ．①比较政治学 – 研究
Ⅳ．①D0

中国版本图书馆 CIP 数据核字（2015）第 052456 号

比较政治学解析

出 版 人：刘明清
出版统筹：董　巍
责任编辑：侯天保
责任印制：尹　珺
出版发行：中央编译出版社
地　　址：北京西城区车公庄大街乙 5 号鸿儒大厦 B 座（100044）
电　　话：(010) 52612345（总编室）　　(010) 52612339（编辑室）
　　　　　(010) 52612316（发行部）　　(010) 52612317（网络销售）
　　　　　(010) 52612346（馆配部）　　(010) 66509618（读者服务部）
传　　真：(010) 66515838
经　　销：全国新华书店
印　　刷：北京时捷印刷有限公司
开　　本：787 毫米×1092 毫米　1/16
字　　数：271 千字
印　　张：19.75
版　　次：2015 年 4 月第 1 版第 1 次印刷
定　　价：70.00 元

网　　址：www.cctphome.com　　邮　　箱：cctp@cctphome.com
新浪微博：@中央编译出版社　　微　　信：中央编译出版社（ID：cctphome）
淘宝店铺：中央编译出版社直销店(http://shop108367160.taobao.com)　(010)52612349

本社常年法律顾问：北京市吴栾赵阎律师事务所律师　闫军　梁勤
凡有印装质量问题，本社负责调换，电话：(010) 55626985